A STUDY ON THE EFFECT OF
PHYSICAL ACTIVITY PLAY ON PRESCHOOLERS'
DEVELOPMENT

体力活动游戏
对幼儿发展影响的
实证研究

郭 叶 著

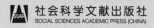

社会科学文献出版社
SOCIAL SCIENCES ACADEMIC PRESS (CHINA)

前　言

　　游戏是儿童的天性，也是伴随儿童成长而"成熟"的"玩伴"。儿童通过身体的活动认识自我、探索世界，游戏的光辉也闪耀其中。体力活动和游戏在儿童发展的过程中起着重要的作用，同时这两者在儿童行为中的出现往往是交叉和重叠的；体力活动和游戏在学前教育的视阈中皆为重要的教育手段和内容，你中有我地在儿童早期的学习与发展中实践着重要的教育价值。但随着时代的发展，无论是儿童的体力活动还是体力活动游戏都面临巨大的挑战。科技进步和生产力的提高给儿童生活带来的改变是颠覆性的，比如，"乘坐"取代了"步行"成为儿童主要的日常出行方式，密集的人造建筑设施取代了空旷原生的自然环境成为儿童的户外活动空间，电子屏幕取代了泥巴、取代了"洋娃娃"、取代了小朋友成为儿童更常用的玩具和更亲密的玩伴，各种兴趣班甚至学前"补习班"也越来越强势地抢夺着儿童的游戏时间。面对这些难以逆转的变化，儿童体力活动游戏的促进更增添了一份使命感。

　　人类社会"儿童"的概念虽然涵盖了 0～18 岁的未成年人，但真正可以"合法"地游戏而不至于遭到成年人责难的仅限于学龄前儿童。① 而相比 0～3 岁的学龄前儿童来说，3～6 岁的幼儿园适龄儿童具备了基本的自理能力和运动能力，能够更加自主地享受丰富多彩的游戏带给他们的快乐，幼儿

---

① 刘焱：《儿童游戏通论》，北京师范大学出版社，2004，第 2 页。

园的生活同时也不论是在地理空间还是在社会空间上为孩子们提供了更多游戏的可能和成长的体验。这个阶段（3~6岁）的体力活动游戏从儿童的视角来看就是好玩的游戏，但从儿童发展理论的视角来看，体力活动游戏对孩子意味着什么？从教育的视角来看，教育者又怎样理解、支持和引导孩子们的体力活动游戏呢？本研究围绕这些问题进行了理论研究和实证探索。研究报告共分八章，其中前三章着重从理论研究的视角对儿童的游戏、基于儿童发展的体力活动游戏以及目前已有的教育干预促进幼儿体力活动参与的研究进行了系统地回顾和梳理；第四章到第七章的实证研究则通过问卷调查、心理量表测量、运动能力测试、活动观测和加速度传感器测量、访谈以及教育干预实践等方法探讨了教育环境之外的体力活动游戏对于幼儿发展的影响、教育环境中幼儿自主的体力活动的参与情况、幼儿教师的相关认知与态度，以及建立在"游戏课程化"理念上的体力活动游戏课程化教育干预对幼儿的体力活动参与和健康发展的影响；第八章对本研究进行了总结与展望。

目　录

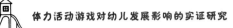

第一章　儿童的游戏

第一节　游戏是什么

一　中文语境下溯源游戏

溯源游戏的词根，"游"的本意在指行为时为丰富、有动作，比如游泳（"就其浅矣，泳之游之"，《诗经·邶风·谷风》）、飞翔（"游与江海，淹乎大沼"，《战国策·楚策四》）、飘荡（"飘飘有凌云之气，似游游天地之意"，《史记·司马相如列传》）、行走（"游毋倨，立毋跛"，《礼记·曲礼上》），延伸至状态，比如游览（"吾王不游，吾何以休"，《孟子·梁惠王下》）、求学（"少游学京师"，《三国志·吴书·士燮传》）、交往（"两人相为引重，其游如父子然"，《史记·魏其武安侯列传》）、研习（"志于道，据于德，依于仁，游于艺"，《论语·述而》）和游乐（"无使齐音充人之游"，《吕氏春秋·贵直》）；"戏"所指的行为动作主要为角力（"请与君之士戏"，《左传·僖公二十八年》），延伸至状态则有歌舞杂技表演（"于宣武场观戏"，《晋书·王戎传》）、开玩笑（"天子无戏言"，《吕氏春秋·重言》）、嬉戏（"好学而不戏"，《国语·晋语七》）之意。"游"与"戏"合体的语意亦颇丰，比如玩耍、娱乐（"非特谓游戏饮食之言也，必谓大物也"，《韩非子·难三》，"夫投壶细事，游戏之类"，《投壶新格》）；也指一种游刃有余、超然自在的潇洒状态

（"自言亦用狂草法，颇觉游戏能通神"，《高斯亿为余画竹以诗报之》；"手亲笔砚之余，有时游戏三昧"，《山水诀》）；《现代汉语词典》（第6版）将游戏定义为"娱乐活动，如捉迷藏、猜灯谜等。某些非正式比赛项目的体育活动如康乐球等也叫游戏"。

从以上相关的表述中不难发现，玩耍、嬉戏和娱乐从古至今都是游戏的主要表意，自在自然的心境状态也常常在语意中表露。而作为一种体育运动、竞赛活动的表述则是在近现代才逐渐立意，正如加达默尔所说，"世界本身是在语言中得到表现"，① 西方现代体育在中国的传播可以说是对这一游戏含义发展现象的重要解释。因此我们也有必要对游戏在西方世界中所表达的含义进行探析。

二 西方文化中的游戏

在牛津英语词典中，游戏（play）的释义和用法所占版面长达五页，游戏可以作为及物动词（比如假扮，假装）、不及物动词（比如玩耍，涌流）和名词（比如运动，比赛活动），游戏既可以描述进行某些活动（比如"play football"踢足球），也可以描述没有进行某些活动（比如"play at"某事或做某事时，意在表示没有认真去对待或做，而只是敷衍了事），同时也可以去表现某些态度（比如当形容孩子"play up"时是指孩子"naughty and difficult to control"调皮难管）。可以说，游戏这一词语在英文中被使用的复杂程度比在中文里有过之而无不及，游戏被描述为在各个年龄段，以各种方式在不同领域（例如社会、智力、情感）对人类发展具有巨大支持作用的行为活动。多年来，许许多多的学者曾尝试从不同的理论视角去解释游戏。

在生物学和进化论的研究视角下，游戏被认为是一种只在哺乳动物和一些鸟类身上出现的行为，而其他脊椎动物和无脊椎动物的类似行为只是功能

---

① 〔德〕汉斯-格奥尔格·加达默尔：《真理与方法——哲学诠释学的基本特征》，洪汉鼎译，上海译文出版社，2004，第606页。

化的本能行为，并非游戏。判断一种行为是不是游戏的标准可以概括为：游戏是可重复的，游戏与那些在结构上、情境上或发展上更具适应性的行为不同，游戏看似并不存在功能性，游戏在动物处于放松、无刺激或低压力的环境中才能发生。①

在历史文化的研究视角下，游戏不仅反映了人类文化，更是文化生产的核心，因为人类游戏的冲动就是创造的冲动。游戏是一种自觉地存在于"普通"生活之外的自由活动，它是一种"不严肃"的活动，但同时又强烈而彻底地吸引着游戏的人。游戏是一种没有物质利益的活动，它按照既定的规则和有序的方式在游戏特设的时间和空间界限内进行。②

在心理学的研究视角下，"游戏，作为一种独特的适应性变化形式，激发了一种想象的但平衡的现实，在这种现实中，不平衡的紧急情况可以被矛盾地模拟出来，并产生兴奋和乐观的愉悦效果。这种游戏行为的风格有幽默、技巧、假装、幻想、冒险、竞赛和庆祝，所有这些都是对矛盾变化的选择性模拟"。③

在哲学的研究视角下，游戏是"当且仅当 X 将首要投入于重要活动的资源临时重新分配给自觉的活动时，X 才是在玩"，④ 也就是说，当我们临时将任何资源（包括时间或精力）重新分配给发自内在的自觉自愿的活动时，我们就是在进行游戏；游戏是一种需要某种态度的活动，或者是根据我们对活动的态度来定义的，也就是说，一种活动本身就是目的，或者是出于内在的原因。⑤

---

① Gordon M. Burghardt，"A Brief Glimpse at the Long Evolutionary History of Play," *Animal Behavior and Cognition* 2 (2014)：90 – 98.

② Johan Huizinga，*Homo Ludens*：*A Study of the Play-Element in Culture*，Boston：Beacon Press，1955，p. 26.

③ Brian Sutton-Smith，"Evolving a Consilience of Play Definitions：Playfully," in S. Reifel, ed. ，*Play Contexts Revisited*，*Play & Culture Studies* (Stamford，CT：Ablex，1999)，p. 253.

④ Bernard Suits，"Words on Play," in Morgan and Meier, eds. ，*Philosophic Inquiry in Sport* (Champaign IL：Human Kinetics，1988)，pp. 17 – 38.

⑤ Randolph Feezell，"A Pluralist Conception of Play," *Journal of the Philosophy of Sport* 2 (2010)：147 – 165.

在教育和儿童发展的研究视角下，游戏是人们在世界上运作的一种独特方式。游戏是一种"同化"的行为，在人们试图把自己的想法和行为策略强加给世界时发生；① 游戏是一种社会象征性的活动，它通常涉及的不仅是某一个孩子，游戏活动情节中的主题、故事或角色都体现了孩子们对社会文化材料的理解和掌握，即使一个小孩子独自玩耍，这种类型的游戏在很大程度上也是社会性的，因为游戏的主题或情节表达了社会的文化元素。②

游戏学家对于游戏的解释更为综合，"游戏是一种古老的、自愿的、内在愉悦的、显然是没有目的的活动或过程，它能增强我们的肌肉和社交能力，丰富大脑活动，调节和加深我们的情绪，使我们脱离时间，保持平衡和泰然自若"。③

正是这些对于游戏的不同视角下的解释反复向我们强调游戏不论是表现形式，游戏主体的状态，抑或是游戏主体间状态都具有复杂性，但同时也强调游戏固有的一系列特征，比如积极的情绪、内在的动机、投入和沉浸感以及放松和安全的环境。

三　本研究中游戏相关概念的界定与辨析

《儿童权利公约》将儿童界定为 18 岁以下的任何人。尚未正式进入小学学习阶段的儿童在我国通常被称作学龄前儿童（0~6 岁），本研究的特定人群"幼儿"是指处于我国教育部《幼儿园工作规程》规定的幼儿园适龄阶段的儿童（一般为 3~6 岁）。儿童的游戏是一个属于儿童"自己"的活动，是一种自愿的、源自内在动机的愉快和积极的体验活动，活动本身的参与过程比结果更重要。儿童的游戏包括孩子们自发进行、无成人干预的自主

---

① Thomas Henricks, "The Nature of Play: An Overview," *American Journal of Play Fall* 2 (2008): 157 - 180.

② A. Nicolopoulou, "Play, Cognitive Development, and the Social World: Piaget, Vygotsky, and Beyond," *Human Development* 1 (1993): 1 - 23.

③ Stuart L. Brown, "Discovering the Importance of Play Through Personal Histories and Brain Images," *American Journal of Play* 4 (2009): 399 - 412.

游戏，同时也包括有不同程度成人参与的引导游戏。在这里，儿童的游戏不是生活中必需的常规行为，却是孩子们主动探索和了解世界的途径；儿童的游戏中充满了想象和虚构，却是对现实的反映和模拟；儿童的游戏不是课堂上的狭义学习，却能对儿童的发展产生深远的影响。

作为活动集合的游戏包含了种类繁多的游戏类型，本研究主要关注的正是其中的一类：体力活动游戏。体力活动游戏是指有大肌肉群参与身体动作，且体力活动水平达到中高强度的游戏活动。[①] 体力活动游戏的主要身体活动形式是跑、跳、爬、投等，蕴含在形式之中的是更为丰富的游戏内涵，比如对物体的操控、想象、社会交往、规则等，许多其他类型游戏所具有的特质都在体力活动游戏中有所体现。

在对于体力活动游戏进行理解的过程中首先不可避免的是对这个复合词中"体力活动"概念的明确。与体力活动游戏一样，"体力活动"是一个英译汉的词汇，世界卫生组织将体力活动（physical activity）定义为"所有由骨骼肌产生的且需要消耗能量的身体运动（movement）"。体力活动包括人们在闲暇时间里所进行的或是从某处去到另一处的，再或是人们工作中进行的所有的身体运动。中等强度和高强度体力活动（moderate-and vigorous-intensity physical activity）都能够增进人的健康。[②] 这个概念在国际上被普遍接受，并且在以英文发表的文献中被普遍使用。显然，体力活动游戏所指代的活动范围小于体力活动，仅指游戏类的体力活动；并且体力活动游戏中的身体活动强度应达到中高水平。

那么体力活动游戏和体育游戏之间又如何区分呢？在中文文献中的体育研究领域有较多"体育游戏"的提法，"体育游戏"显然也是一个由"体育"和"游戏"组合而成的名词。"体育"的词语定义"以发展体力、增强体质为主要任务的教育，通过参加各项运动来实现"[③] 强调了体育的教育

---

① A. D. Pellegrini & P. K. Smith, "Physical Activity Play: The Nature and Function of a Neglected Aspect of Play," *Child Development* 3 (1998): 577-598.

② 参见 https://www.who.int/news-room/fact-sheets/detail/physical-activity。

③ 中国社会科学院语言研究所词典编辑室编《现代汉语词典》，商务印书馆，2014，第 1577 页。

本质（词源来自 physical education），"体育"在日常表达中还会被用来指代身体训练（physical training）、竞技运动（sports）等具有特指性的更广义范围上的身体活动。虽然体育和体力活动都指向了身体的活动，但相比而言体力活动的内涵和外延更为广泛，因此可以说"体育游戏"所指代的活动从本质上来讲还是属于教育的范畴。而本研究中涉及的并非仅是教育环境下的游戏，也包括幼儿在幼儿园外的游戏；并非仅是教育活动中的教育手段，也包括幼儿自发且自主进行的游戏活动，可以说，体力活动游戏和体育游戏之间为前者包含后者的逻辑关系。也正因为如此，本研究选择使用"体力活动游戏"来指代研究的主题。

考虑到目前在我国政府官方发布的学前教育指导文件中，"体力活动游戏"尚未作为一个专门的术语被使用，因此在此处对照这些指导文件[①]中出现的"户外活动"和"体育活动"这两个相关概念对幼儿园教育环境中的体力活动游戏加以进一步的辨析。《幼儿园工作规程》中明确提出幼儿园"以游戏为基本活动，寓教育于各项活动之中"，明确了游戏与教育的结合和共生。首先，幼儿园的"体育活动"是"对幼儿（3~6岁）进行身体基本活动能力培育及发展的过程"，[②] 之所以未单独使用"体育"这个专有名词，正是与学校体育中的"体育"，以及体育竞技中的"体育"进行区分，蕴含了教育目标和意义的身体活动，强调的是幼儿通过"直接感知、实际操作和亲身体验获取经验"，[③] 其实现形式则应该是游戏。因此本研究幼儿"体力活动游戏"中那些在幼儿园教育环境中被赋予了明确的教育目标、具

①　中华人民共和国国务院：《国务院关于当前发展学前教育的若干意见》，2010年11月21日，http://www.moe.gov.cn/jyb_ xxgk/moe_ 1777/moe_ 1778/201011/t20101124_ 111850.html；中华人民共和国教育部：《幼儿园工作规程》，2016年2月9日，http://www.moe.gov.cn/srcsite/A02/s5911/moe_ 621/201602/t20160229_ 231184.html；中华人民共和国教育部：《幼儿园教育指导纲要（试行）》，2001年7月2日，http://www.moe.gov.cn/srcsite/A06/s3327/200107/t20010702_ 81984.html；中华人民共和国教育部：《3-6岁儿童学习与发展指南》，2012年10月9日，http://www.moe.gov.cn/srcsite/A06/s3327/201210/t20121009_ 143254.html。
②　庄弼等：《幼儿体育活动及其内容体系的思考》，《体育学刊》2015年第6期，第64~70页。
③　中华人民共和国教育部：《幼儿园教育指导纲要（试行）》，2001年7月2日，http://www.moe.gov.cn/srcsite/A06/s3327/200107/t20010702_ 81984.html。

备了教育意义的游戏就属于"体育活动"。其次，幼儿园中的"户外活动"则是幼儿在教师有计划地组织下进行的室外活动，活动的形式可以是体育活动、观察、主题区区域活动、散步或其他的自主自由活动。① 幼儿园中的体力活动游戏主要是在户外活动中开展的，但当天气或者场地等特殊原因不允许的情况下，体力活动游戏也可以在室内进行。在户外活动中，有由教师引导的活动，也有幼儿自主选择进行的活动，但这些活动并不一定最后都能够生成游戏。同时，在幼儿的户外活动中也只有那些主要由大肌肉群参与身体动作且体力活动水平达到了中高强度的游戏活动才能被称为体力活动游戏。相比室内活动而言，户外活动中场地设施与活动组织的情况在很大程度上决定了幼儿在活动中是否能够获得游戏体验，是否能够实现活动的教育目标和获得教育意义。

第二节　游戏的理论回顾

一　古典游戏理论

古典游戏理论试图解释的问题是游戏为什么存在，以及游戏是服务于什么目的。② 这些理论主要有：剩余精力理论、复演理论、练习理论。

剩余精力（surplus energy）理论可以追溯到古希腊哲学和亚里士多德的宣泄概念，它们认为游戏本质上与"蒸汽释放"相同。18 世纪德国诗人、哲学家席勒（Friedrich Schiller）正是这一理论的倡导者，他将游戏定义为"无目的地消耗旺盛的精力"。他指出，游戏是一种多余的非生产性活动，可能是令人愉快的，但并不能促进进化发展。根据这个理论，每个

---

① 陈月文等：《幼儿园户外活动质量与儿童动作发展的关系》，《学前教育研究》2013 年第 4 期，第 25～32 页；张加蓉：《幼儿园户外活动新视点》，《学前教育研究》1996 年第 6 期，第 21～24 页。

② Kerrie Lewis Graham and Gordon M. Burghardt, "Current Perspectives on the Biological Study of Play: Signs of Progress," *The Quarterly Review of Biology* 4 (2010): 393–418.

生物都会产生一定量的能量来满足生存需要。人类和动物试图通过游戏来消除的，正是在满足了这些需求之后的"剩余精力"。英国哲学家斯宾塞（Herbert Spencer）在席勒的基础上，提出了一个游戏的因果理论，即只有"高级"的动物（如哺乳类）才有多余的代谢能量储备，过剩的精力通过明显无用的行为得以释放，这些行为与其他"严肃"的行为一样源自本能。

复演（recapitulation）理论由美国心理学家、美国发展心理学创始人霍尔（Granville Stanley Hall）提出。基于进化论中人类胚胎的发育似乎经历了一些与人类物种进化过程中相同阶段的观点，复演理论认为儿童在游戏中同样再现了人类的发展阶段：动物、野蛮人、部落成员等，游戏遵循着人类进化的相同顺序，帮助孩子们摆脱现代生活中不再需要的原始本能。[①]比如当孩子们在嬉水、踩水时，他们好像又回到了人类的"水生"时期；当大一点的孩子们挖洞造穴时，他们就"是"生活在石器时代的人。复演理论在20世纪初非常流行，游戏在此时被认为是进化生物学的产物，是人类本能的展现。在复演理论中，游戏并不被视为一种发展未来生活技能的活动，而是一种让人类摆脱遗传基因所带来的原始和不必要的本能技能的活动。

练习（practice）理论的代表学者是德国的哲学家、心理学家谷鲁斯（Karl Groos），他认为"不能说动物游戏是因为它们年幼爱耍闹，而是它们的幼年时期就是为了游戏而存在的；它们只有通过幼年时的游戏才能用个人经验弥补遗传天赋的不足，以应对未来的生活所需"。[②]练习理论中的"游戏"是一个非常宽泛的概念，包括成人游戏、仪式和比赛，"打闹"游戏（fighting play，后称为 rough and tumble play）就是在此时被提出的。儿童在游戏中练习与其他哺乳动物相同的技能，但同其他哺乳动物的幼崽不同的是，儿童还必须学习在其成长的文化中所特有的技能。比如儿童在游戏中锻

---

① Granville Stanley Hall, *Adolescence*, New York：Appleton, 1908, pp. 202 – 207.
② Karl Groos, *The Play of Animals*, New York：Appleton, 1898, p. 75.

炼记忆力、想象力、注意力和推理能力。[①] 谷鲁斯认为模仿成年人是儿童游戏的一个重要因素，儿童会本能地观察长辈的活动，并在游戏中进行模仿，例如孩子们在"过家家"时扮演父母正是对育儿技巧的练习。但游戏中的"模仿"不是盲目的，孩子们在游戏中扩展了他们在成年人身上所看到的各种行为，并创造性地加以修改。对比剩余精力理论和复演理论来看，练习理论最明显的区别在于其更强调游戏对于儿童学习知识和技能所起到的作用。[②]

二 现代游戏理论

现代游戏理论以游戏在个体发展中所起的作用和游戏活动的产生机制为主要研究目标。精神分析理论、唤醒调节理论、元交际理论和认知发展理论是现代游戏理论的主要代表。

弗洛伊德（Sigmund Freud）是精神分析理论的创始人。他认为游戏对儿童的情绪发展有重要价值，其主要表现为对情感进行宣泄，可以让儿童摆脱与创伤事件有关的负面情绪。[③] 游戏的这种宣泄机制主要有两种：其一是发泄负面情绪，比如当一个孩子被父母打屁股后，这个孩子可能会打一个洋娃娃或假装惩罚另一个小朋友，以便将负面情绪转移到替代对象身上；其二是用"强迫重复"消除负面情绪，儿童在游戏中多次重复在现实中经历的这种不愉快经历（比如看病打针这样的游戏主题）以达到能够掌控紧张状态的目的。精神分析理论的另一位代表人物埃里克森（Erik Homburger Erikson）更关注游戏中个体正常的自我发展（ego development），游戏通过创造"重现过去、展望未来的模式情境"[④] 帮助人们完成在发展过程中社会

---

① Peter Gray, "Evolutionary Functions of Play: Practice, Resilience, Innovation, and Cooperation," in P. K. Smith & J. Roopnarine, eds., *The Cambridge Handbook of Play: Developmental and Disciplinary Perspectives* (Cambridge, UK: Cambridge University Press, 2019), pp. 84 – 102.

② Eleni Mellou, "Play Theories: A Contemporary Review," *Early Child Development and Care* 1 (1994): 91 – 100.

③ Sigmund Freud, *Beyond the Pleasure Principle*, New York: Norton, 1961, p. 11.

④ Erik Homburger Erikson, *Toys and Reasons*, New York: Norton, 1977, p. 44.

性和生物性的整合。埃里克森所强调的游戏的这种"整合"功能和价值对弗洛伊德的精神分析理论的发展起到了重要的作用，游戏疗法也在此理论基础上逐渐被用于帮助儿童去解决情绪方面的问题。

唤醒调节（arousal modulation）理论对于游戏研究的贡献主要在于对游戏活动产生机制的探讨。英国心理学家伯莱因（Daniel E. Berlyne）提出，外部动机行为是由个体的需求所驱动，而内在动机行为是为中枢神经系统功能服务，内在动机行为会直接影响中枢神经系统功能的唤醒水平，一般来说中等强度的刺激（比如对象的新奇、复杂程度或个体的好奇心等）可以使机体保持最佳的唤醒水平。游戏就是一种典型的内在动机行为，因为它并不依赖于外部动机或压力，而是为了给个体带来满足和快乐。[1] 当唤醒水平降低时，游戏所行使的是"多样化探索"（diverse exploration）的职责，以提高刺激的强度提高唤醒水平；而当刺激的强度过高时，游戏转变为"特定探索"（specific exploration），以降低刺激的强度来降低唤醒水平。可以说，游戏在一定程度上是一种"提高唤醒水平"的行为，[2] 游戏者在其中寻找并享受适当的刺激或有挑战的情境，这种唤醒调节行为被后来的心理学家契克森米哈赖（Mihaly Csikszentmihalyi）在他的"心流"（mental flow）理论中进行了更进一步的扩展。[3]

元交际（metacommunication）理论最早由英国人类学家贝特森（Gregory Bateson）提出，贝特森的元交际理论是指在交流的过程中不只有语言的对话发生，还有以肢体语言和行为习惯与语言相结合而形成的代码进行的元交流，有效地进行元交流的前提是双方需要相互了解和清楚对方的代码。游戏正是一种具备了元交流特征的活动。比如在"这是一个游戏"的信息中隐藏的语意是："我们现在所进行的活动，并不表示这个活动所将意

---

① R. M. Ryan & E. L. Deci, "Intrinsic and Extrinsic Motivation From a Self-Determination Theory Perspective: Definitions, Theory, Practices, and Future Directions," *Contemporary Educational Psychology* 61 (2020): 1 – 11.

② Ellis Michael J., *Why People Play*, Englewood Cliffs NJ: Prentice-Hall, 1973, p. 7.

③ 参见 Thomas S. Henricks, "Play as Self-Realization Toward a General Theory of Play," *American Journal of Play* 2 (2014): 190 – 213.

指的那些行为。"① 以儿童的假想游戏（make-believe play）为例，孩子们很清楚椅子不是"车"，她（他）也不是"公主（王子）"，但在"这是游戏"的情境下，这些假想就成为玩伴间公认的真实了。因此，儿童在游戏中要学会同时在两个层面上进行活动：一方面他们要明确游戏中玩伴所扮演的角色，以及游戏物件和游戏行为的虚构意义；另一方面他们也要清楚自己和玩伴的真实身份，以及游戏物件和游戏行为的真实意义。元交际理论还进一步延伸至对于游戏在儿童学习过程中所起的作用的分析，比如儿童在游戏中所学到的并不是某一条具体的规则本身，而是构建和重建规则的过程，是对于什么是规则的理解，也就是所谓的"第二次学习"（deutero-learning）（贝特森在 1942 年提出），② 可以说游戏是儿童在复杂的社会文化背景下学习交流和互动的重要途径。

　　游戏的认知发展（cognitive development）理论是以心理学的视角来解释游戏在儿童发展过程中的作用，最早由瑞士心理学家皮亚杰（Jean Piaget）提出。在皮亚杰的认知发展理论中，儿童游戏的发展是与儿童智力的发展相匹配的，儿童的游戏反映了儿童的认知发展水平，同时促进了儿童认知的发展。同化（assimilation）和适应（accommodation）是认知发展理论中个体认知从量变到质变发展的两个重要过程，皮亚杰认为同化过程在儿童的游戏中占据主导地位，③ 也就是说，孩子们在游戏中的认知发展形式主要表现为对已获得技能的练习和巩固，而不是对新技能的学习。相对于皮亚杰认知发展理论中游戏在儿童发展过程中的从属地位来讲，俄罗斯心理学家维果茨基（Lev Vygotsky）将游戏视为学龄前儿童发展的主要来源，游戏为儿童创造了一个"最近发展区"（zone of proximal development）。比如在假想游戏（make-believe play）中，儿童把自己从现实情境（一个物体表现为什么）的直接限制中解放出来，进入了想象的空间（这个物体可能变成什么），这

---

① Gregory Bateson, "A Theory of Play and Fantasy," *Psychiatric Research Reports* 2 (1955): 39–51.

② Gregory Bateson, *Steps to an Ecology of Mind*, Chicago: The University of Chicago Press, 2000.

③ Jean Piaget, *Play, Dreams and Imitation in Childhood*, trans. by C. Gattegno & F. M. Hodgson (London: Routledge & Kegan Paul, 1972).

对于儿童抽象思维的发展起到了非常重要的作用。① 需要注意的是，维果茨基理论中的游戏，在当时仅指典型的儿童社会戏剧游戏（socio-dramatic play）或假想游戏（make-believe play），而并非包括如体育活动、摆弄玩具和探索游戏在内的广义上的儿童游戏，但随着认知科学的不断发展，不仅身体活动在认知过程中的作用逐渐显现，而且最近发展区理论的适用和应用范围也逐渐扩大到了儿童的体力活动游戏等更丰富的游戏形式中。

总的来说，无论是在古典游戏理论中还是在现代游戏理论中，游戏都是自觉自愿的行为，游戏给个体带来的是愉悦的感受，对于儿童来说，游戏是天性使然，同时也是成长之必需。游戏是儿童与自己和世界互动的方式，儿童在游戏中表达自己，也在游戏中发现自己、理解他人。游戏对于解决个体问题（以心理问题为主）、促进认知和提高创造力的价值已经得到普遍的认可，但遗憾的是游戏对于儿童身体发展的价值并没有得到过多的关注。这个问题在 21 世纪以前或许并不具有普遍意义，但在儿童的体力活动日渐缺乏、电子设备逐渐占领儿童的游戏时间的今天，在认知科学已经走向身心合一的"具身认知"时代的今天，无论是对于游戏中儿童的体力活动的认识、游戏对于儿童体力活动的影响，还是体力活动游戏对于儿童发展的影响都有待进一步的探索。

第三节　游戏的元素

经过对游戏是什么进行解释的尝试，我们已经不难发现，游戏是一种非常复杂的行为活动，有着丰富的内涵和多样的外延形式，不是某种简单的活动形式，而是在特定环境下以特定的态度进行的活动。对于大多数人来说，基于概念去鉴别一种行为是不是游戏，倒不如通过游戏的现象去把握游戏的本质。那么在复杂的现象中，游戏最明晰、最稳定和最可靠的属性或者特征

---

① Lev Vygotsky, "Play and Its Role in the Mental Development of the Child," *Voprosy Psikhologii* 12 (1966): 62 – 76.

又是什么呢？对此，赫伊津哈归纳出了游戏的特质表现，比如游戏不以获取利益为目的、游戏有别于日常事务、游戏是自愿的、游戏依赖于规则、游戏有特定的时间和场所等。但这些特质的描述真的那么可靠吗？从游戏的非功利性来看，许多研究已经证明，游戏的效益是长远和持久的，特别是对于儿童来说，游戏可以说是帮助他们成长和实现社会化之必需的活动，幼儿园中作为"教育的基本活动形式"的游戏显然是有教育目的的；游戏受制于规则的特性，规则在游戏中的地位非常之奇妙，比如规则在许多年幼儿童的游戏中并不显著，有时游戏中的规则恰恰是打破"常规"的，甚至游戏中的规则也经常面临被推翻和重建……鉴于这些矛盾，我们不妨换个角度，从游戏给个体带来的体验出发对游戏的元素进行探索，并且对这些元素在儿童游戏，特别是体力活动游戏中的表现加以更有针对性的分析。

一　期待与惊奇

游戏往往始于充满想象力的期待，并且在游戏的过程中期待也未曾停歇，好奇心、兴趣、渴望等心理因素都会产生期待。比如，当儿童开始准备游戏材料时，或是收到同伴的游戏邀请时，抑或是期待游戏的开始时，游戏其实就已经开始了；同样，儿童在游戏中的乐此不疲，也正是源自游戏中对下一个瞬间或游戏重演的期待。在期待中，个体的注意力集中，带动全身机能发起游戏行为。伴随着期待出现的是令游戏中的个体兴奋的惊奇，这种惊奇有可能是超越期待的惊喜或是与预期截然不同的惊讶，也有可能是突破想象的震惊，还有可能是"谜底"揭晓后的意想不到。日常的生活往往是按部就班的，而游戏中却总有期待和惊奇，正是对于可能性的想象和对想象的颠覆令游戏摆脱了常规生活的千篇一律，对游戏的个体充满了吸引力。

在儿童的游戏中，期待主要来自儿童的好奇心，在好奇心驱使下的游戏继而达成儿童的发现活动，游戏中的发现又可能进一步养成兴趣以促成游戏的再发生。儿童的好奇心所达成的对于知识的认知往往备受关注，但我们也应当注意到，儿童对于自己的身体能力同样充满好奇和期待。"我能从这个滑梯上滑下去吗？""我能爬到这个架子的最高处吗？"……带着这些期待，儿童开始了他们的游戏，在下滑或者攀爬的过程中难免会感到紧张和不安，但更多的是心跳加速的兴奋，这些超越想象的刺激所带来的惊奇体验一方面保持了体力活动游戏的吸引力，另一方面也生成了儿童在游戏中发现自我、超越自我的动力。

二　理解与力量

"怎么玩"一直是游戏里的大问题：玩具怎么操控，"过家家"里的"角色"怎么安排，游戏中的互动怎么进行，游戏的过程怎样能够更顺畅更有趣……这些问题所引起的正是个体在游戏中对活动的理解，而理解活动本身也是游戏得以继续的重要元素。游戏中的理解包括游戏主体对知识和技巧的了解，对他人意图的敏感，[①] 对游戏同伴的包容，对规则和公平的认识。伴随游戏中理解的发生和深化，游戏主体的力量也不断施展和增强。对于物体和自身的控制能力，面对问题和变化的洞察力和把控力，与他人的交流能力……显然，这些力量的获得在现实生活中并非易事，需要经过反复的训练，甚至难以避免痛苦的经历。而游戏淡化了这一过程中可能出现的虚弱、倦意、疼痛、沮丧和落寞等消极的身体和心理反应，力量的获得就像是游戏终究会给予游戏主体的奖励，在激情中不知不觉兑现。而同时，个体的理解和力量的施展又会反馈到游戏中，丰富和发展游戏的内容，令游戏总是处于一种"进化"和完善的动态进程。

理解和力量这两种元素在儿童的游戏中体现得十分鲜明，并且从儿童生命中的第一次游戏起就伴随着他们的成长。比如在婴儿和大人之间的"藏猫猫"游戏中，大人蒙着的脸重新露出时，大人口中发出的逗弄声和脸上夸张的吃惊笑容，引导婴儿逐渐理解这种游戏互动所意味的"遮挡"和"消失"之间的区别，随着这一理解进一步加深，婴儿开始从不同方向去主动观察大人的脸，或者主动拿开大人脸上的遮挡物，认知力、想象力、手眼的协调能力和与他人互动的能力也就同时得到了激发。儿童的体力活动游戏

---

① Terry Marks-Tarlow, "The Play of Psychotherapy," *American Journal of Play* 3 (2012): 365.

所实现的理解和力量可谓广泛和丰富，比如对于速度和力量的理解、对于指令和规则的理解、对于公平和竞争的理解、体力和运动能力的获得、适应力和创造力的提高、沟通和协作能力的养成等等，这不正是为儿童未来面对来自生活的挑战所进行的准备吗？每一个孩子将要面对的都是一个未知的未来，游戏也赋予了儿童对"未知"的理解，并且正在用一种温和的方式帮助他们获得应对"未知"的力量。

三 快乐与美感

快乐是游戏作为情感基调的元素，快乐在经历了期待、惊奇、理解、力量的升华后便达成了美感。快乐赋予了游戏绝对的吸引力，个体在玩耍时不断增强的轻松、有趣、欣喜、满足、愉悦等快乐体验，都是来自游戏的回报，也是游戏得以延续的生命力，如果游戏失去了乐趣，游戏也就不存在了。游戏中快乐的层次极为丰富，并且总是处于一种动态的发生过程，没有人能够预料快乐始于哪一刻，又在哪一刻突然停止。那么在游戏中有没有持久和深刻的快乐呢？答案是肯定的，那就是美感。游戏无论是在非功利的、跳出日常的、创造性等特征上，还是在惊奇、冲突、理解和平衡等主体的体验中，都与审美活动十分相似，游戏中的快乐有可能最终达成美感。美感不仅是游戏的回报，更像是一份珍贵的礼物，哪怕在游戏的形式都消失之后，依然能够给游戏的心灵带来难以忘怀的慰藉。席勒在《审美教育书简》中这样谈道：游戏不仅仅是一种玩乐（fun）或开玩笑（joking）的事情，当我们游戏的时候，我们才是一个"完整的人"（fully a human being）。

孩子们兴奋的喊叫、放声大笑、满足或夸张的笑脸都是儿童游戏中快乐体验的信号，比起成年人的游戏中含蓄的快乐元素来说，孩子们在游戏中的快乐总是来得直接、来得痛快。如果在儿童的游戏中看不到这些快乐的信号，那么这个游戏的游戏性就有必要被质疑了。拿幼儿园户外的体育活动来说，为了避免风险，孩子们可能会被安排到某一片游戏区域，整齐有序地甚至排成队列"玩"，那么他们是在游戏吗，还是只是在进行遵从教师安排的活动？快乐的信号能够帮助教育者做出基本的预判断，继而做出接下来对

"非游戏"的"拨乱反正"。美感是一种更高级的积极心理体验的表现形式，虽然不像快乐那样在儿童的游戏中随处可见，但越是能给予儿童审美体验的游戏，才越有活力也越持久。在儿童的体力活动游戏中，感官的体验被最大限度地调动，审美的生理基础不再局限于以视听为代表的外部感觉，运动觉、平衡觉这样的内部感觉也参与到了美感的体验过程中。跑得更快，跳得更高，投得更远……这些都是对儿童本体力量的肯定，游戏的自由和美感体验的自由也在此合二为一。

第四节　儿童游戏的特性

一　儿童游戏的发展性

比起成年人游戏相对成熟和稳定的形式和结构，儿童游戏具有明显的发展性。在社会行为的视角下，儿童游戏的发展过程可以分为无所事事的游戏（unoccupied play，孩子好奇地观察这个世界）、独自游戏（solitary play，儿童独自玩耍）、作为旁观者的游戏（onlooker play，儿童观察别人的游戏，但并不加入）、平行游戏（parallel play，儿童在同一时间有同一活动的玩伴，但无相互交流）、联合游戏（associative play，儿童有各自的游戏，但会和同伴交流或分享游戏材料）、合作游戏（cooperative play，儿童以团队的形式进行游戏，有分工有合作）六个阶段。[①] 在认知发展理论视角下，对于儿童游戏发展阶段的理解被进一步解释为感觉运动游戏（sensory-motor play，如触摸、敲打物体）、建构游戏（constructive play，如搭建积木）、假装游戏（pretend play，如喂洋娃娃）、社会戏剧游戏（socio-dramatic play，如和同伴一起玩的"过家家"游戏）、规则游戏（games with rules，如依照既定的或协商的规则进行的游戏）。[②]

---

① M. Parten, "Social Participation among Preschool Children," *Journal of Abnormal and Social Psychology* 28 (1932)：136 – 147.

② Gregory Bateson, *Steps to an Ecology of Mind*, Chicago：The University of Chicago Press, 2000.

在儿童时期，游戏可以说一直处在发展的进程中，并逐渐成熟。对儿童游戏进行观察，我们不难发现儿童游戏总会在不经意的时候发生变化，比如小朋友从假装喂洋娃娃喝水到让洋娃娃喂另一个洋娃娃喝水，不论是从游戏中的角色的变化来看，还是从游戏的复杂程度的提高来看，游戏都发生了显而易见的发展。毫无疑问，游戏的发展与儿童的发展有着直接的联系，但正如本章在对幼儿游戏理论回顾时所提出的认知发展理论中关于儿童发展对游戏发展的主导作用所存在的争论，两种发展所表现的关系更像是存在于游戏与儿童之间相互适应和相互牵引的动态平衡。

在儿童游戏的发展中，规则可以说是游戏走向成熟的重要表现。根据认知发展理论的解释，规则游戏在儿童 7 岁以后才会出现。这一点在体力活动游戏中表现得非常典型，比如一群 5 岁的孩子在一起踢足球的游戏显然不能称为"game"，此游戏（play）非彼游戏（game），他们有着自己随心所欲或者灵机一动的玩法，但并没有将踢足球这个游戏置于具有前瞻特点的正式规则中。但我们也需要看到在这种对游戏发展阶段的理解中所强调的是儿童发展起到的决定作用，而在幼儿园的教育过程中的规则并不是不可以出现在儿童游戏里，适度的规则能够提高这个阶段儿童游戏的趣味性和增加挑战。儿童发展与游戏发展的这种动态平衡在幼儿园的体力活动游戏中表现得十分明显，依然以踢足球游戏为例，如果简单地把足球作为一个球状的玩具，这种游戏活动所显示的仅仅是游戏在初级发展阶段的特点，已经落后于幼儿园适龄儿童的发展，对于孩子们来讲吸引力也在下降；但如果让孩子们像成年人那样在游戏规则的框架下去玩踢足球游戏，显然又远远超过了他们的发展水平，这样的"游戏"不但不会好玩，反而会给游戏中的幼儿制造焦虑和困扰。但其实体力活动游戏同样有完整的发展过程，踢足球游戏不是从"踢"着玩直接跨越式地成为结构严密的成熟游戏形式，比如踢足球游戏中的球门、边界就是一种假想，对手和队友的冲突和互动则展现了社会戏剧游戏的特质，将所有这些融合在一起的元素进行规范和限定才出现了规则，哪怕最后规则的实现依然是循序渐进、由简入繁的，如果能够为儿童提供尝试与他们发展阶段相适应的"规则"的机会，体力活动游戏对于孩子们来说

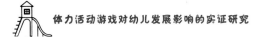

才更具活力和吸引力。从游戏的发展性出发理解儿童游戏，如何智慧地去应用游戏的发展性，这是值得幼儿教师思考的问题。

二　儿童游戏的教育性

通过对游戏理论的回顾可以发现，游戏在现代游戏理论中摒弃了其在古典游戏理论中的"生物性"，人性的光辉逐渐闪耀，游戏对于儿童发展的巨大影响逐渐得到揭示。不论是精神分析理论中游戏对儿童情感发展的关怀，还是元交际理论中游戏对于促进儿童社会化的价值，或是认知发展理论中游戏对于儿童认知发展的重要作用，这些影响与儿童教育的基本目标是一致的，可以说儿童游戏相对于成年人游戏具有更鲜明的教育特性。在这里，我们将从两方面来理解儿童游戏的教育性，一方面是教学理论视角下游戏的教育性，另一方面则是在教育环境特别是幼儿园中应当得到保障的儿童游戏的教育性。

从180多年前福禄贝尔（Friedreich Froebel）创办的幼儿园开始，游戏就一直是学前教育的重要部分，游戏被认为是培养孩子独立性的第一种自主活动，同时，成人也应当引导儿童，帮助他们顺利度过每个重要的发展阶段。经过近两个世纪的发展，学前教育理念尽管早已从由教师或成人高度指导游戏为主回归到了更加强调儿童自由和自主游戏，但游戏在学前教育理论中的地位从未动摇。如前所述，对于儿童发展的价值已经充分证明了游戏的教育价值，那么游戏的教育性在教育的语境中又是怎样实现的呢？我们可以借用维果茨基在最近发展区理论中对游戏的描述："游戏创造了一个儿童最近发展区。孩子在游戏中的行为总是超出他的年龄，高于他的日常行为……正如放大镜的焦点一样，游戏以浓缩的形式包含了所有的发展趋势，而游戏本身就是发展的主要源泉。"[①] 对以儿童的学习和问题的解决为教育目标的学校教育来说，游戏的"最近发展区"概念更像是一种理论的隐喻，而在学前教育中，作为"最近发展区"的游戏却是极具说服力的普遍的教育手

---

① Lev Vygotsky, *Psychology of Child Development*, Moscow: EKSMO, 2003.

段。幼儿的游戏从来都不是简单的重复，"拔高"在游戏中更具主观能动性，成年人的指导或与更有能力的小伙伴合作同样是在游戏的"最近发展区"实现幼儿发展的重要途径。幼儿园教师通过观察游戏对每个幼儿个体进行充分了解、创设游戏情境为幼儿实现"更高"行为的创新提供平台、与幼儿一起积极地玩耍做幼儿的玩伴、与幼儿进行即兴的"对话式"互动在启发中循循善诱……都是实现游戏教育性的教育手段。

虽然游戏对于儿童发展的价值主要表现为一种远期的效益，但这一价值的重要性早已得到公认，游戏与教育的联系在学前教育中表现得尤为紧密，包括我国在内的世界上大多数国家在本国的教育指导文件中明确规定，游戏是幼儿园教育活动的基本形式。但在社会竞争压力与日俱增的今天，幼儿园"小学化"已经成为一个社会问题，对此我国教育部于 2011 年、2018 年两次发文纠正，但去"小学化"就意味着只玩不学吗？这显然是将儿童游戏与教育割裂，甚至形成对立冲突的误解。进入幼儿园的孩子们第一次离开父母，独自走进这个小小的"社会"，什么都新鲜，什么都好奇，脑子里有十万个"为什么"，对于知识是渴望的。但这些知识应当是形象的而不是抽象的，应当是来自直接经验而不是教师的讲授，游戏正是幼儿园的孩子们获得知识的最基本和最重要的途径，抛弃游戏的教育性就好似阻隔了幼儿的认知之路。在学校教育中作为体育的一种形式的体力活动游戏的教育特质相对清晰，而在没有独立课程依托的幼儿园中的体力活动游戏的教育性更需要得到保障。幼儿园每日的体育活动时间应该被有效地利用起来，例如对身体的认识和控制、对空间的理解、对速度和力量的认识、对协作的尝试、对规则的理解和适应等，这些教育内容都可以通过体力活动游戏传授给儿童，幼儿园中的体力活动游戏不应该被异化为身体锻炼，也不能仅是放松娱乐，而应是被赋予课程价值的教育途径。

三　儿童游戏的冒险性

孩子们总是喜欢爬得太高，奔跑得太快，在坑坑洼洼的路上骑车，在打闹玩耍中不知轻重……冒险是儿童游戏的一个自然组成部分。许多研究表明，尽管冒险形式的游戏可能会令儿童受伤，但儿童游戏还是经常充满了冒险性，他们在游戏中演练"打斗"、尝试"探险"，检验自己的体力和勇气。① 并不是说在成年人游戏中不存在冒险游戏，比如攀岩、蹦极等极限运动都属于冒险游戏，但这一类游戏并非成年人游戏的主流，相比之下冒险性在儿童游戏中表现得更加明显和普遍。从进化论的视角来看，游戏的冒险性对于儿童来说具有重要的适应功能，可以逐渐使孩子们能够掌控在紧急情况下所必须面对的风险，或是在积极的情绪（激动、兴奋、战胜恐惧的喜悦）和相对安全的环境中抵抗和减弱与生俱来的恐惧感；游戏的冒险性也能帮助儿童了解自我、探索环境，练习和提高身体运动能力，提高肌肉力量、耐力、平衡性等身体素质。这种适应性的本能在儿童成年之后显然不再那么重要，这不失为一种对于为何游戏的冒险性会在成年人游戏中被弱化的解释；当然，童年时期所积累的冒险经验和神经中枢兴奋与抑制平衡的逐渐成熟，也可能是成年后反过来自主控制风险的因素。

尽管冒险是儿童在游戏中的天性，可对于家长、教师来说，儿童在游戏中因此可能发生的意外却很让人伤脑筋。在幼儿园的日常管理中，风险防范可谓是重中之重，但完全安全的环境"缺少有意义的游戏应有的最重要的元素，包括变化、复杂、挑战、冒险和适应"，② 教师的过度保护其实是对儿童游戏权利的剥夺，那么安全与"冒险"之间的平衡该如何来把握？以幼儿在户外的体力活动游戏为例，一方面幼儿在活动中发生意外伤害的风险可谓是所有的游戏形式中最高之一，另一方面其又是学前教育领域中公认重要且必要的幼儿活动，在充足的户外的体力活动游戏和安全风险的防范之间寻找平衡，正是幼儿园在教育过程中需要解决的难题。

对此，首先应当在接受和理解儿童游戏的冒险特质的基础上防控危险，尽量专业地区分冒险和危险。在游戏中，危险是孩子看不到的东西，冒险则是积极地去探索不确定的结果，教师就是要排除这些孩子们看不到的危险，

---

① Sandseter, Ellen Beate Hansen, "Characteristics of Risky Play," *Journal of Adventure Education and Outdoor Learning* 1 (2009): 3 – 21.

② 华爱华：《幼儿户外游戏的挑战与安全》，《体育与科学》2009 年第 4 期，第 35 ~ 38 页。

引导孩子们发现环境中的危险，同时维护游戏中的挑战和不确定。以"打闹"游戏（体力活动游戏的一种）为例，游戏中的孩子们罕有伤害对方的目的，男孩子更是经常会把打闹作为一种好玩的冒险活动，孩子们在这种模拟的"战斗"情境中能够有效地调节攻击行为和提高运动能力，教师给予孩子们的应是支持而不是简单粗暴的制止。善于发现游戏的信号就是提供支持的第一步，比如孩子们在"打闹"游戏中会表现出一种眼睛睁大、张嘴大笑的"游戏脸"，这个表情能够帮助教师比较容易地辨别孩子们是在闹着玩，还是在打架；教师的支持还表现在对于儿童游戏中可能出现的跌倒、摔落、碰撞继而造成间接意外伤害的危险因素的预判和清除，这些危险因素包括但不仅限于环境中或参与游戏的儿童身上的尖锐物品、游戏区域与周边区域可能会产生的冲突、参与游戏的孩子之间可能存在的体力不对等等。

　　其次，儿童游戏的冒险性在幼儿园中理应得到更多的重视，在游戏情境的创设中，"冒险"作为强大的支撑点，不但能够促进幼儿自主游戏的再发生，还能为教师参与的引导游戏注入生命力，打破幼儿园中这两类游戏之间的界限。幼儿园中的体力活动游戏正是这样一个展现冒险力量的开放平台，幼儿园中的体力活动游戏本不该是枯燥的肢体活动，也不该是"小学化"的体育课，更不该是"竞技化"的训练。同时，我们也应该注意到在生活环境已经高度城市化的今天，儿童的游戏背景已经发生了翻天覆地的变化，自然环境中的"冒险"已经变成了奢望，取而代之的是工业化环境中防不胜防的"危险"，儿童自主游戏中"冒险"的空间已经被严重挤压，因此，幼儿教师在引导体力活动游戏时，大可不必纠结其中所谓的"工具性"对幼儿自主游戏的侵略，冒险情境的勾勒、冒险任务的设计、冒险线路的搭建……都可以也有必要给予孩子们一定的支持，同时冒险的刺激性和挑战性也定会激发儿童更多自主游戏的潜能，引导游戏和自主游戏相伴而生，教师和孩子共同成为冒险旅程的玩伴又何妨？

第二章　儿童发展视角下的体力活动游戏

第一节　儿童发展理论

儿童发展理论是生理学、心理学、教育学、社会学等多学科理论融合的产物，在这个庞大的理论框架下，又包含着众多的经典的理论体系。依据不同理论在儿童发展中对于个体或者环境的强调偏向，可以将其分为建构主义和社会文化理论。

一　建构主义视角下的儿童发展

建构主义的理论着重点在于以儿童个体的心理结构为基础，用普遍的原理解释儿童发展的规律，认为孩子的成长是周期性地从一个阶段上升到另一个阶段，这些阶段主要由学习和行为的发展而表现，每一个阶段都有明显的特征，而并非难以察觉的微小变化。但这些理论通常并不探讨发展变化背后的原因，比如，假定了社会影响的作用，但没有做出明确的解释。皮亚杰、科尔伯格、弗洛伊德和埃里克森的发展理论都可以被认为属于这一类。

皮亚杰的理论框架以认知为中心，阐述了儿童获得知识的过程，同时也涉及了儿童社会化和情感的发展。认知发展在皮亚杰的认知发展理论中是一个认知结构被修改和重组的过程，这一过程被解释为图式（schema）、同化

（assimilation）、适应（accommodation）和调整（adaptation），其中图式代表儿童内在的认知结构，同化被定义为"输入的过滤或修改"，适应被定义为"适应特定刺激情境"，调整被定义为"修改认知结构以适应现实"。儿童的发展被认为是一个自发变化但并不连续的过程，经过感知运算阶段（0～2岁）、前运算阶段（2～7岁）、具体运算阶段（7～11岁）和形式运算阶段（11岁之后），经过这一系列相互关联但各自独立的阶段，儿童的认知得以向前推进。①

科尔伯格的道德发展阶段理论沿用了皮亚杰的道德判断概念，只针对儿童社会化的过程进行了研究，他认为在社会化的过程中，孩子们学会了遵守自己所属文化的伦理期望。他将儿童的道德发展分为六个阶段："服从与惩罚"（obedience and punishment）、"幼稚的手段"（naive instrumental）、"好男孩/好女孩"（good boy/good girl）、"法律与秩序"（law and order）、"社会契约"（social contract）和"普遍伦理原则"（universal ethical principle）。②由于这一理论主要是基于与正义相关的主题，而并没有对比如勇敢、善良、同情等道德的其他重要组成部分，因此在应用儿童发展的相关研究时，有必要根据研究对象的不同对其衡量标准进行补充和调整。

弗洛伊德的精神分析理论提出了两个关于人类发展的核心论点。首先，生命的最初几年对基本人格的形成最为重要。其次，这种发展主要以性欲望作为动力，并遵循五个心理性阶段：口唇期（oral）、肛门期（anal）、性器期（phallic）、潜伏期（latent）和成人生殖器期（adult genital）。每一阶段的欲望和满足过程都是人格形成的基础。儿童早期生活的社会环境以及本我（id）、自我（ego）和超我（superego）之间的相互作用，为其今后的社会、行为和情感调整奠定了基调。③相对于皮亚杰认知发展理论中那个"理性"

---

① Jean Piaget & Barbel Inbelder, *The Psychology of the Child*, New York：Basic Books, 2000.

② L. Kohlberg, "Stages and Aging in Moral Development Some Speculations," *Gerontologist* 4 (1973)：497－502.

③ Sigmund Freud Repression, *The Standard Edition of the Complete Psychological Works of Sigmund Freud*, London：Hogarth, 1957, pp. 141－85.

的孩子，精神分析理论关注的是儿童的情感和非理性思维过程的前因后果，既强调了生物动力，也承认社会经验对儿童心理发展的贡献。但这一理论更多的是对于精神异常行为的研究，并且对儿童的性取向过分强调，因此如果将其应用在对普通儿童的研究中，有必要对其加以取舍。

二　社会文化理论视角下的儿童发展

不同于建构主义对个体自身发展的强调，社会文化理论更关注文化和个体生活中的社会环境对个体发展产生的影响。在基于社会文化理论的发展观看来，发展变化是在儿童与所处环境之间的双向关系的基础上发生的，可以说环境改变了儿童，同时儿童也改变了环境。这意味着儿童是社会环境的产物，他们有可能影响自己周围的环境。基于社会文化理论的发展观并非局限于描述儿童所处的不同发展阶段，而是着力于解释儿童是如何发展的。维果茨基、班杜拉和布朗芬布伦纳是这一类儿童发展理论中最具代表性的理论家。

维果茨基的社会发展理论强调社会互动对于认知发展的本质作用，认知是在儿童与其所处社会环境的互动中发生的，这些社会互动的质量在一定程度上决定了认知过程的质量。儿童的发展主要基于两个原则：第一，在任何既定的年龄，发展的可能性都是由遗传潜能决定的；第二，社会互动是遗传潜能实现最佳发展的必要条件。每个儿童的社会互动都是建立在其自身的认知基础之上的，不同的个体对于同样的互动情景所给出的反馈不尽相同，对于新知识的掌握必然基于不同的个体经验，进而被赋予不同的认知特点。因此教师在教授知识的过程中需要根据儿童个体的认知差异，对尽可能多样的教学方法、技术和干预手段进行选择和应用。社会发展理论提出了能够决定儿童认知发展前景的"最近发展区"，即儿童现有的能力水平与借助指导所能达到的认知水平之间的差异。在家长或水平较高的同伴帮助儿童理解新知识或技能的过程中，儿童的潜能得以调动，基本感知觉心理机能转化为更为高级的认知能力。当教师所教授的知识略高于学生当前的技能和知识水平时，最近发展区就有可能被激活，因此教师在决定如何构建课程和提供新的认知素材时，必须考虑学生目前已掌握的知识。[①]

班杜拉（Albert Bandura）是另一位具有重要代表地位的学者，他是社会认知理论的创始人。在其早期的社会学理论中，社会环境被认为是学习行为和个性形成的主要决定因素，人类行为是社会环境与儿童认知和行为持续互动的产物。观察学习是儿童知识习得的一个重要认知过程，由注意（attention）、记忆编码（memory coding）、记忆保持（memory retention）、动作再现（motor reproduction）和动机（motivation）五个基本部分组成，在这个过程中儿童通过观察示范者的行为间接地进行学习。其中示范者的行为对于儿童的认知结果有着重要的影响，如果儿童认为某种行为有价值或者受欢迎，那么他们便更愿意去效仿这种行为。班杜拉后期的社会认知理论明确了个体、环境和动机三元相互因果关系对儿童行为和认知发展的影响，并且提出了自我效能理论对个体的发展进行分析，总结了"增加个体的成功体验"、"增加替代经验"和"言语说服"这三种提高个体应对来自内外环境刺激能力的方法。[②]

布朗芬布伦纳（Urie Bronfenbrenner）的人类发展生物生态学理论可以说是维果茨基和班杜拉理论的延伸，尤其是在个体与环境和社会的互动方面进行了更体系化的描述。[③] 他提出，儿童发展是在成长中的儿童和其所生活的背景环境之间所产生的逐步同时又相互关联的调整。儿童所处的社会环境在理论中被依次描述为五个同心的系统：微系统（儿童能直接接触的环境，比如家庭、邻居、学校等）、中系统（微系统中与儿童发生关联的环境之间

① Y. A. Ognnaike, "Early Childhood Education and Human Factor: Connecting Theories and Perspectives," *Review of Human Factor Studies* 1 (2015): 9 – 26.

② Albert Bandura, "Social Cognitive Theory," in W. Donsbach, ed., *International Encyclopedia of Communication* (Oxford: Blackwell, 2008), pp. 4654 – 4659.

③ Urie Bronfenbrenner, "Environments in Developmental Perspective: Theoretical and Operational Models," in S. L. Friedman, T. D. Wachs, eds., *Measuring Environment Across the Life Span: Emerging Methods and Concepts* (Washington: American Psychological Association, 1999), pp. 3 – 28.

的联络，比如儿童的父母与儿童的教师之间的联系）、宏观系统（与儿童没有直接互动的社会背景系统，比如父母的社会网络、居住地的社会发展情况）、外系统（儿童所处社会背景下的文化价值观、风俗习惯和法律）和时间系统（儿童成长过程中其自身发展和周边环境变化的时间脉络系统，比如家庭的变故、儿童的生理变化发生的时间点）。每一个系统都有自己特定的行列式，这些行列式构成了与儿童互动的基础。儿童的发展需要在这个生态环境中探索和解释，儿童与环境的互动是儿童发展的主要机制。这个模型是儿童发展研究中对于复杂的社会环境变量加以选择和分析，以及对所研究对象进行年龄分组的重要理论依据。

第二节　游戏在儿童发展过程中的价值

游戏行为是进化的遗产，广泛存在于众多物种中。游戏不仅维护了人类的健康，还为我们提供机会去习得在复杂世界中生存所需的各项技能。[①] 在儿童成长的过程中，游戏是促进儿童全面发展的重要活动。

一　游戏促进大脑发育

游戏对大脑在功能和结构方面的发育，有着各种直接和间接地促进作用。游戏可以产生分子层面（影响遗传表达）、细胞层面（影响神经元链接）、行为层面（影响协作能力和执行功能）的影响，促进学习能力、适应性和合作精神的提高。雅克·潘克赛普（Jaak Panksepp），作为神经科学家和心理学家，对动物情绪的神经学原理进行了深入研究，他指出玩耍是位于中脑的七个先天情绪系统之一。其在对老鼠的实验中发现，玩耍使老鼠的大脑前额叶皮质（PFC）内侧的树突长度、复杂性和树突棘密度得到了改善。每天玩两个小时玩具的老鼠，会产生可预测的大脑重量的增加

---

① T. S. Toub, V. Rajan, R. Golinkoff, et al., "Playful Learning: A Solution to the Play Versus Learning Dichotomy," in David C. Geary and Daniel B. Berch, eds., *Evolutionary Perspectives on Education and Child Development* (New York: Springer, 2016), pp. 117 – 145.

和效率的提升。而被剥夺玩耍权利的老鼠（被关在笼子里，不放置玩具）不仅在解决问题（迷宫实验）方面无法胜任，而且缺乏玩耍的老鼠的前额叶皮质（PFC）内侧发育明显不成熟，说明剥夺玩耍权利干扰了老鼠的神经突触生长和调节的过程。在装满玩具的笼子里愉快成长的老鼠，大脑更重，大脑皮层更饱满，完成实验任务的速度也更快。[①]

游戏对身体的好处多多。体力活动游戏不仅能够控制体重和提高身体素质，还能提高免疫系统、内分泌和心脑血管的功能。经常进行体力活动游戏能够有效地降低儿童肥胖症的发病率。有研究通过对美国最大的国家幼儿研究项目"赢在起跑线"的数据分析发现，增加儿童的户外玩耍时间，能够降低身体质量指数（BMI）和儿童发生肥胖的风险。[②] 游戏能够释放多余精力，加速新陈代谢，强健身体，进而扩大儿童的身体运动范围，提高儿童的敏捷性、协调性、平衡性和灵活性。研究发现相比有组织的体育课，儿童在课间活动时的自由嬉戏，会对之后课堂上注意力的集中起更大的作用，[③] 究其原因也许是他们在自由的游戏中更为活跃。

二　游戏促进心理健康

游戏能够帮助孩子应对压力，游戏和压力有紧密的负相关性，玩耍的次数越多、时间越长，唾液皮质醇水平就越低，这说明玩耍可以减轻压力，或者说没有压力的动物往往贪玩。[④] 玩耍还能激活去甲肾上腺素，促进突触的学习，提高大脑可塑性。玩耍，特别是同时伴随着养育照顾的玩耍，可以通过调节和缓冲逆境，将压力减小到可以应对和适应的水平，来间接影响大脑

---

① Jaak Panksepp, *Affective Neuroscience：The Foundations of Human and Animal Emotions*, New York：Oxford University Press, 1998.

② A. Ansari, K. Pettit, E. Gershoff, "Combating Obesity in Head Start：Outdoor Play and Change in Children's Body Mass Iindex," *Journal of Developmental and Behavioral Pediatrics* 8 (2015)：605 – 612.

③ A. D. Pelligrini, R. M. Holmes, "The Role of Recess in Primary School," in D. Singer, R. Golinkoff, K. Hirsh-Pasek, eds., *Play = Learning：How Play Motivates and Enhances Children's Cognitive and Socio-Emotional Growth* (New York：Oxford University Press, 2006), pp. 36 – 53.

④ Sandra Aamodt, *Welcome to Your Child's Brain：How the Mind Grows from Conception to College*, New York：Bloomsbury USA, 2011.

功能。① 动物研究证明了游戏可以成为对抗有毒压力的有效缓冲。被诱导产生焦虑情绪的老鼠，通过与不焦虑、贪玩的老鼠嬉戏之后，变得放松和平静。② 当3～4岁儿童刚进入幼儿园，对生活的转变感到焦虑时，他们被随机分配成两组，其中一组去玩玩具或和同伴一起玩（玩耍组），另一组则听老师讲故事（故事组），十五分钟后，玩耍组焦虑水平下降幅度为故事组焦虑水平下降幅度的两倍。③ 对于童年遭遇逆境的孩子来说游戏更为重要，在与父母或亲友的游戏互动中体验和分享快乐感受，儿童对压力的反应能够明显减弱。④ 游戏有助于平衡和缓解杏仁体对外界刺激所产生的冲动、情绪化和攻击性，培养儿童的亲社会行为。在一项为期一年的跟踪案例中，具有破坏性行为的学龄前儿童被施以一对一的课程干预，干预课程被设计为促进和谐温馨关系的游戏，孩子在游戏中被鼓励扮演领导角色，教师通过游戏情境对儿童的行为和情绪进行讨论和指导，干预组的儿童们在白天的唾液皮质醇和压力水平有所降低，他们的行为和情绪表现也得到改善。⑤

---

① A. S. Garner, J. P. Shonkoff, B. S. Siegel, et al., "Committee on Psychosocial Aspects of Child and Family Health; Committee on Early Childhood, Adoption, and Dependent Care; Section on Developmental and Behavioral Pediatrics. Early Childhood Adversity, Toxic Stress, and the Role of the Pediatrician: Translating Developmental Science into Lifelong Health," *Pediatrics* 129 (2012): 125 – 158; 许玮：《健康教育联合心理辅导在儿童体格、心理发育中的应用研究》，《中国妇幼保健》2018 年第 24 期，第 5692～5694 页。

② S. M. Siviy, "Play and Adversity: How the Playful Mammalian Brain Withstands Threats and Anxieties," *Am J Play* 2 (2010): 297 – 314.

③ M. Wenner, "The Serious Need for Play," *Scientific American mind* 1 (2009): 22 – 29; Lev Vygotsky, "Play and Its Role in the Mental Development of the Child," in J. Bruner, A. Jolly, K. Sylva, eds., *Play* (New York: Basic Books, 1976), pp. 609 – 618.

④ L. Atkinson et al., "Stress Physiology in Infancy and Early Childhood: Cortisol Flexibility, Attunement and Coordination," *Journal of Neuroendocrinol* 8 (2016): 342 – 351; H. K. Laurent, G. T. Harold, L. Leve, et al., "Understanding the Unfolding of Stress Regulation in Infants," *Development Psychopathol* 28 (2016): 1431 – 1440; 杨文登：《美国心理健康教育的循证实践：理论、实施及启示》，《外国教育研究》2017 年第 6 期，第 54～67 页；徐卓亚：《体育游戏对儿童心理健康的影响》，《少林与太极》（中州体育）2013 年第 7 期，第 27～31 页；郭井双、潘秀丽、汪作朋：《体育游戏对 3～6 岁学前儿童心理发展的影响》，《哈尔滨体育学院学报》2012 年第 2 期，第 90～93 页。

⑤ B. E. Hatfield, A. P. Williford, "Cortisol Patterns for Young Children Displaying Disruptive Behavior: Links to a Teacher-Child, Relationship Focused Intervention," *Prevention Science* 1 (2017): 40 – 49.

三　游戏提高认知能力

游戏和学习的关系密不可分，游戏互动为儿童提供了学习新知识的平台。维果茨基认为，在社会环境支持下，学习会在儿童积极参与实践活动时发生。新知识的积累建立在过往学习的基础上，新技能的获取依赖于社交活动。维果茨基提出儿童的"最近发展区"，指出尽管对于一些即将掌握的技能，儿童还无法独立完成，但只要有最小的外界辅助他们就可以学会。[1] 研究表明，儿童会像做科学研究般摆弄玩具，并通过观察和倾听周围人的活动与交流进行学习。包括体力活动游戏、模仿游戏、用传统玩具或形状分类玩具在内的多种类型的游戏，可以促进儿童学习能力的提高。[2] 在一项对低收入家庭儿童的研究中，研究人员为这些家庭中的学龄前儿童提供在家中玩耍的积木玩具，尽管孩子的玩耍过程并没有被刻意介入成人指导，被试儿童的语言能力依然在之后 6 个月的随访中得到了显著的提高。[3] 与经过详尽指导的孩子相比，那些几乎没有成人干预的学龄前儿童平均为玩具赋予了三倍的非标准玩法。[4] 鼓励幼儿在游戏中学习，积极参与游戏并发现其中的知识和生活的道理无疑是一种理想的教育模式，直接而明确的指导反而会限制儿童的创造力。

游戏促进儿童认知能力发展的核心优势还在于其对执行功能（executive functioning）的提高。所谓执行功能在某种程度上是指如何学习的方式，它比学习的内容更加重要。执行功能包括三个维度：认知灵活性、意志力控制和工作记忆。游戏能让个体长时间保持注意力，排除细节的干扰，改善自我

---

[1] Lev Vygotsky, "Play and Its Role in the Mental Development of the Child," in J. Bruner, A. Jolly, K. Sylva, eds., *Play* (New York: Basic Books, 1976), pp. 609 – 618.

[2] 全明辉等：《体力活动与学龄前儿童认知能力关联关系的中介变量研究》，《体育科学》2017 年第 2 期，第 47～56 页。

[3] D. A. Christakis, F. J. Zimmerman, M. M. Garrison, "Effect of Block Play on Language Acquisition and Attention in Toddlers: A Pilot Randomized Controlled Trial," *Archives of Pediatrics&Adolescent Medicine* 10 (2007): 967 – 971.

[4] J. L. Dansky, I. Silverman, "Effects of Play on Associative Fluency in Preschool-Aged Children," *Development Psychology* 1 (1973): 38 – 43.

调节和自我控制能力，提高思维的灵活度，从而更好地解决问题。对健康人体脑活动的功能性核磁共振成像结果的研究显示，在高度好奇状态下的前二十秒，中脑和伏隔核的活动以及与海马体功能的联通性得到增强，这一系列活动能够巩固内在动机和海马体依赖学习之间的联系，进而增强记忆和提高学习效率。① 每天保持一小时有效游戏的孩子，能够拥有更好的创造性思维和更强的多任务处理能力。② 在一项对 7～9 岁孩子的随机试验中，体力活动游戏强化了参与者的注意力控制、认知灵活性，孩子们的执行控制能力得到了明显的提高。③ 但需要注意的是，电子类游戏并不能像传统玩具那样对语言掌握的质量和数量产生促进作用，究其原因可能在于电子游戏缺乏"人人"互动。

第三节　不同类型游戏与儿童的发展

"儿童有一百种语言"，儿童的游戏世界同样丰富多彩。不同类型的游戏是儿童探索世界和表达自我的途径，也是儿童成长过程中重要的基石。

一　儿童在不同认知阶段的游戏

在皮亚杰的认知发展理论中，根据儿童认知发展的不同阶段，学前儿童的游戏被划分为三个递进的类型。④

从出生到 2 岁是儿童认知发展的第一阶段，这一阶段以感知运动智力发展为主，练习和功能性的游戏是儿童这一阶段最主要的游戏形式。从婴儿的

① M. J. Gruber, B. D. Gelman, C. Ranganath, "States of Curiosity Modulate Hippocampus-Dependent Learning Via the Dopaminergic Circuit," *Neuron* 2 (2014): 486 – 496.

② J. A. Mather, R. C. Anderson, "Exploration Play and Habituation in Octopuses," *Journal of Comparative Psychology* 3 (1999): 333 – 338.

③ C. H. Hillman et al., "Effects of the FIT Kids Randomized Controlled Trial on Executive Control and Brain Function," *Pediatrics* 134 (2014): 1063 – 1071.

④ 〔美〕朱迪斯·范霍恩等：《以游戏为中心的幼儿园课程》，史明洁等译，中国轻工业出版社，2017，第 39～42 页。

抓、踢、摆动等身体动作的重复，到幼儿的走、跑、爬、跳等运动能力的不断拓展，都以游戏为载体开展。愉快的游戏保证了练习的数量和质量，对儿童基本运动技能的掌握起到了至关重要的作用。值得注意的是，这一类游戏并非婴幼儿期的专属，游戏的范围会随着年龄的增长从身体活动扩展到脑力活动，在人的一生中，练习和功能性的游戏都是学习和掌握新技能的重要途径。

　　大约从 18 个月龄开始，儿童的认知发展进入前运算阶段，这一阶段的儿童开始学会借助符号来代替具体事物，象征性游戏随之出现。这一阶段的象征性游戏又可以分为两种：建构游戏和戏剧表演游戏。积木搭建和橡皮泥造型是最典型的建构游戏，儿童在游戏的过程中利用玩具材料尽可能地去表现现实中的物件。"过家家"是最典型的戏剧表演游戏，表征形式在戏剧表演游戏中已不局限于对实体的象征，姿态、手势和语言的加入体现了儿童对于角色的认识和理解，情景和事件的模拟成为游戏的主线。象征性的游戏有时反映的是儿童对现实世界的认识和理解，有时又可以是儿童对于现实生活中的困扰或者不愉快经历的"补偿"和宣泄。

　　从四五岁开始，儿童的认知发展逐渐从前运算阶段过渡到具体运算阶段，规则游戏开始出现。游戏的复杂性和抽象性进一步加强，游戏中的社会互动越发明显，比如游戏参与者基本需要两人以上，游戏开始以规则为中心，逐步脱离了具体的情节。"跳房子""丢沙包"以及约定了简单规则的互动游戏属于相对简单的规则游戏，随着儿童认知水平的进一步提高，棋牌游戏之类的复杂规则游戏日益增多。

　　练习和功能性游戏、象征性游戏以及规则游戏这三种游戏类型，在学前儿童发展过程中的出现虽然有着一定的先后顺序，但其间并没有明显的界限。相对较早出现的游戏并不会因为孩子掌握了更高阶段的游戏而被抛弃，而是继续伴随整个儿童发展时期。

二　不同玩耍形式的儿童游戏

　　实物游戏发源于婴幼儿探索物体，并研究认知其物理性质。实物游戏发端于儿童早期运动感知与探索，并且贯穿于整个儿童的成长过程中，这类游戏包括了从婴儿用嘴感知物体，到幼儿使用物品抽象符号（如儿童把香蕉作为电话）进行语言交流和类比思维。

以大肌肉动作为主的游戏起于婴儿反复的拍打动作，在幼儿期发展为基础活动能力的"练习"，进而以幼儿园（学校）课间的自由活动形式出现。儿童的肌肉、骨骼、心肺功能在大肌肉动作游戏中得到锻炼，运动能力在游戏中得到提高。同时，在大肌肉动作游戏中存在大量的社会交往和互动的元素，这是儿童提升社交技能的重要途径。

户外游戏为儿童提供了重要的感官能力协调和整统的机会，户外游戏活动涵盖了幼儿的运动、认知、语言和社交等各个方面。从这个角度看，课间活动是儿童一天中必不可少的部分。很多研究对课间活动时间与儿童成年后的学术成就之间的正向关系进行了探讨。为儿童规划更多的课间休息，不仅意味着儿童通过在课间休息时间里的锻炼获得更好的体魄，而且让不同家庭背景的儿童在学习和成长过程中建立友情。①

当儿童想要体验不同的社会角色时，社交与扮演游戏便自然产生了。婴儿在微笑和音调的调节过程中，学会了沟通时轮流的概念，这是最早的社交游戏。随着年龄的增长，孩子们逐渐能够就角色关系和游戏规则相互谈判，自创游戏活动，完成装扮、假装角色、进入游戏想象。社交与扮演游戏能够促进儿童运用更复杂的语言与同伴沟通，在公认的游戏规则下演绎游戏场景。② 在与其他小朋友游戏的过程中，孩子们一起商量各自扮演的"角色"，提高交流和合作能力；与成人一起进行的社交与扮演游戏则常常蕴含着支架式教学的意味，能够不断启发与引导幼儿获得新的知识创生点。

三　不同引导形式的儿童游戏

可以将幼儿的游戏根据引导形式的不同分为自我引导游戏、间接引导游

---

① 〔美〕约翰逊等编著《游戏与儿童早期发展》，华爱华等译，华东师范大学出版社，2006。
② 刘焱：《儿童游戏通论》，北京师范大学出版社，2004。

戏和直接引导游戏。自我引导游戏，又可以叫作自主游戏，儿童在没有成人的干预和指导下自由地选择游戏的内容和形式，它对于孩子探索世界和认知感兴趣的事物尤为重要。①

　　间接引导游戏和直接引导游戏虽然都加入了成人的干预，但干预策略有所差异。在间接引导游戏中，教师的干预主要体现在对游戏环境和主题的创设中，首先，对游戏物理空间的合理安排和划分，比如安排室内和户外活动空间，划分出安全的追逐打闹区域；把安静的和吵闹的区域、私密活动和小组活动区域安排在互不干扰的位置；在游戏区域间设置明显的边界和合理的通道。其次，为游戏准备主题道具和辅助材料，比如提供仿真的道具为游戏的主题或角色提供支持；提供诸如纸盒、棍子或石头之类的非结构化道具为游戏提供更多想象的余地；通过对游戏材料的重新组合提高游戏中的互动率，将游戏的发展性进一步延伸。间接引导游戏在儿童自主娱乐活动的基础上，增加了成人为其精心设计的游戏环境，进而优化游戏所能起到的学习效果。

　　在直接引导游戏中，教师的引导更为直接和明显，"艺术家的学徒"是教师直接引导游戏中最为经典的一种干预方式，教师在儿童的游戏中扮演"助理"的角色，为儿童清理场地的杂物、及时提供游戏器材、维持游戏的主题顺利进行；作为游戏的参与者是另一种教师在直接引导游戏中扮演的角色，这种直接引导，可以是教师与儿童的平行游戏（二者进行同样的游戏，但不可以产生互动），教师亦可成为儿童游戏中的一员但绝不"篡夺"儿童对游戏的控制权。直接引导游戏更强调教师或成人在游戏中对儿童的指导和交流，帮助他们关注游戏中的重点因素，让儿童能够比独自摸索时更快地掌握技能。

第四节　儿童发展过程中的体力活动游戏

　　体力活动游戏是指有大肌肉群参与身体动作，且体力活动水平达到中高

---

① K. R. Fisher et al. , "Conceptual Split? Parents and Experts' Perceptions of Play in the 21st Century," *Journal of Applied Developmental Psychology* 4（2008）：305 – 316.

强度的游戏活动。我国学者对于儿童体力活动游戏的分类大多建立在以儿童的跑爬、跳跃、投掷、平衡、耐力、灵敏协调等体质和运动能力发展维度为基础之上的划分,① 较少将体力活动游戏的游戏特征作为关注点。基于国际上普遍认可将儿童体力活动游戏分为节律性重复运动(rhythmic stereotypies)游戏、运动游戏(exercise play)和"打闹"游戏(rough and tumble play)。婴儿身体的摇摆、反复抓握和踢伸都属于节律性重复运动游戏,这类游戏行为的发生可能源于一般性神经肌肉的成熟,之所以将其定义为体力活动游戏,是由于它们是大肌肉运动,"且很难将这些运动归因于某种目标或目的"② 的游戏特征;所谓运动游戏,是指在游戏环境下大肌肉群参与的活动,比如以跑步、追逐、跳跃、推拉、抬举和攀爬等大肌肉体力活动为主的游戏,运动游戏可以是幼儿自己独自进行的,也可以是和父母或同龄人一起进行的;"打闹"游戏是指以游戏为基调的儿童激烈的运动行为,比如摔跤、扭打、踢腿和追跑打闹,"打闹"游戏中一定存在交往互动的社交活动,在一定程度上可以说是社交与扮演游戏的一种。这三类体力活动游戏在儿童发展的不同年龄阶段,以及不同性别的儿童中的表现各有不同。

一 不同年龄儿童的体力活动游戏

玩耍伴随动物成长的过程通常呈现"马鞍形"发展趋势:玩耍开始于刚出生不久,在幼年期达到顶峰,然后在成长期下降,到动物的成年期几乎全部消失。然而人类体力活动游戏的发展趋势似乎呈现三个连续的"马鞍形",每一个峰值代表一种具有独特功能的游戏类型。节律性重复运动游戏在婴儿大约 6 个月大时达到高峰;运动游戏在学前班阶段达到高峰,在小学阶段下降;"打闹"游戏在学前班后期和小学早期开始增加,在小学后期达

---

① 王凯珍等:《北京市 3~6 岁幼儿家庭亲子体育游戏的现状》,《体育学刊》2010 年第 10 期,第 56 页;庄弼等:《构建广东省幼儿体育活动"三维动作"内容体系的研究》,《体育学刊》2019 年第 2 期,第 82~88 页;庄弼等:《幼儿体育活动及其内容体系的思考》,《体育学刊》2015 年第 6 期,第 64~70 页。

② Esther Thelen, "Rhythmical Stereotypies in Normal Human Infants," *Animal Behaviour* 3 (1979): 699 – 715.

到高峰，然后在青春期早期下降。[①]

节律性重复运动游戏是儿童发展过程中最早出现的体力活动游戏。节律性重复运动游戏一般在婴儿出生后 6 个月时达到顶峰，一些 6 月龄的婴儿在 1 小时的观察期中有40%的时间在进行节律性重复运动，一些早期的亲子互动可能会提供其他的身体游戏机会，比如婴儿被父母托举，与父母一起翻滚，但是相对而言，节律性重复运动游戏依然是一周岁以内的婴儿体力活动游戏的主要方式。在这之后，这些行为逐渐从正常儿童的行为表现中消失，而在发育存在障碍（比如自闭症）的儿童的行为表现中依然会出现。[②]

运动游戏一般会在幼儿一周岁时开始。随着儿童进入幼儿阶段，运动游戏的发生率逐步提高，然后在小学阶段下降，峰值一般出现在儿童 4 ~ 5 岁时。[③] 在英国的两项幼儿行为研究中，McGrow[④] 和 Smith 等[⑤]使用了不同的样本在微观分析层面观察儿童的行为。McGrow 样本中儿童的平均年龄为49.2 个月，运动游戏大约占儿童日常行为的20%。Smith 等的研究也得出了类似的结论，其样本中儿童的平均年龄为43.3 个月，运动游戏占儿童日常行为的21%。随着儿童进入小学，运动游戏明显减少。对于 6 ~ 10 岁的儿童来说，运动游戏只占课间休息期间观察到的所有户外行为的13%。[⑥]

---

① J. A. Byers & C. Walker, "Refining the Motor Training Hypothesis for the Evolution of Play," *The American Naturalist* 1 (1995): 25 – 40.

② Esther Thelen, "Determinants of Amounts of Stereotyped Behavior in Normal Human Infants," *Ethology and Sociobiology* 2 (1980): 141 – 150.

③ W. O. Eaton, A. P. Yu, "Are Sex Bifferences in Child Motor Activity Level a Function of Sex Differences in Maturational Status?" *Child Development* 4 (1989): 1005 – 1011; D. K. Routh, C. S. Schroeder, L. A. Otuama, "Development of Activity Level in Children," *Developmental Psychology* 10 (1974): 163 – 168.

④ W. C. McGrow: *An Ecological Study of Children's Behaviour*, London: Academic Press, 1972.

⑤ Peter K. Smith: *The Ecology of Preschool Behaviour*, Cambridge: Cambridge University Press, 1980.

⑥ A. D. Pellegrini, "Elementary School Children's Playground Behavior: Implications for Social Cognitive Development," *Children's Environment Quarterly* 2 (1990): 8 – 16.

我国学者对于儿童体力活动水平的追踪研究也在一定程度上验证了这一趋势。①

"打闹"游戏类似我们看到的动物间的扑打玩闹，是在相对安全的情况下模拟风险场景，促进了沟通交流、谈判协商和情感控制等多种能力的形成，并有助于情商发展。儿童在游戏中勇往直前，并不断调整和适应以避免对他人造成伤害，儿童的同理心在"打闹"游戏中能够得到有效的培养。与父母的嬉闹可以说是儿童最早的"打闹"游戏，② 但在婴幼儿时期此类游戏的占比很低，并且依赖于亲子行为。儿童进入幼儿园后，"打闹"游戏开始越来越多地出现，学龄前儿童的"打闹"游戏占所有游戏行为的3% ~ 5%；③ 在6~10岁孩子的游戏中，这一游戏行为占儿童课间行为的7% ~ 8%；在7~11岁孩子的游戏中，这一比例约为10%，在11~13岁孩子的游戏中这一比例下降到5%，14岁孩子的这一比例进一步下降到3%。④ 从这些研究中可以看出"打闹"游戏在幼儿园和小学阶段处于增长期，在小学后期，也就是青春期早期，即8~10岁达到顶峰。

但值得注意的是，由于目前绝大多数"打闹"游戏的相关定量研究都来自英语文献，我国的文化背景有可能在一定程度上对儿童的"打闹"游戏行为有所约束，具体的差异和影响在后续的研究中值得关注。

二 体力活动游戏在性别上的差异

在节律性重复运动游戏中似乎不存在明显的性别差异，Esther Thelen 最

---

① 方慧等：《儿童体力活动变化趋势特征及其对体适能影响的追踪研究》，《体育科学》2018年第6期，第44~52页。

② J. Carson, V. Burks, R. Pare, "Parent-Child Physical Play: Determinants and Consequences," in K. Mac-Donald ed. , *Parent-Child Play* (Albany: State university of New York Press, 1993), pp. 197 – 220.

③ M. T. Tannock, "Observing Young Children's Rough-and-Tumble Play," *Australasian Journal of Early Childhood* 2 (2011): 13 – 20.

④ A. D. Pellegrini et al. , "A Short-Term Longitudinal Study of Children's Playground Games in Primary School: Implications for Adjustment to School and Social Adjustment in the USA and the UK," *Social Development* 1 (2004): 107 – 123.

早在 1980 年比较了 10 名男性婴儿和 10 名女性婴儿的活动发生频率；分别是平均每小时 35.1 次和 34.4 次，差别很小且不显著。[1] 但不同性别的婴儿对于运动游戏和"打闹"游戏的选择具有显著的差异。男童比女童更倾向于参与运动游戏，大量研究显示男童的运动水平显著高于女童，性别差异程度从婴儿期到青春期中期有增加的趋势。性别差异在"打闹"游戏中比运动游戏中更为明显。[2] 许多研究显示男童发起和响应"打闹"游戏的频率高于女童，例如在一项为期 2 年的儿童游戏研究中，研究者对 60 名 5 岁儿童在操场上的课间休息行为进行了 3832 次观察，发现男童参与"打闹"游戏的频率高于女童。[3] 从进行"打闹"游戏的方式来说，女童比男童更倾向于进行非接触式的"打闹"游戏，[4] 比如互相追逐、大叫，男童更倾向于进行有接触式的"打闹"游戏，游戏方式也比女童的更"粗暴"。这也许是男童在"打闹"游戏中常常引起老师们的关注，担心他们的"打闹"游戏会发展为攻击性的事件的原因。[5]

　　儿童体力活动游戏在性别上的差异可能受到身体成熟度、激素和社会互动这几种因素的影响。女童的身体比男童的早成熟，身体的活跃度则相对低；对动物和人类行为的比较研究最早关注到了激素对"打闹"游戏影响的性别差异，一项对比儿童、幼年黑猩猩和幼年猩猩行为的观察研究发现，在这三个物种中，雄性进行"打闹"游戏的频率都高于雌性同种，研究人员认为引起这种差异的原因是性别选择、激素和睾酮在雄性体内共同

① Esther Thelen, "Determinants of Amounts of Stereotyped Behavior in Normal Human Infants," *Ethology and Sociobiology* 2 (1980): 141 – 150.

② A. D. Pellegrini & P. K. Smith, "Physical Activity Play: The Nature and Function of a Neglected Aspect of Play," *Child Development* 69 (1998): 577 – 598.

③ M. J. Colwell, E. W. Lindsey, "Preschool Children's Pretend and Physical Play and Sex of Play Partner: Connections to Peer Competence," *Sex Roles* 52 (2005): 497 – 509.

④ Eric Scott, Jaak Panksepp, "Rough-and-Tumble Play in Human Children," *Aggressive Behavior* 6 (2003): 539 – 551.

⑤ T. L. Reed, M. H. Brown, S. A. Roth, "Friendship Formation and Boys' Rough and Tumble Play: Implications for Teacher Education Programs," *Journal of Early Childhood Teacher Education* 3 (2000): 331 – 336.

产生作用。① 哺乳类雄性动物在幼年期体内有睾酮激增（启动或组织效应）的现象，然后在青春期再次出现（激活效应），如果哺乳类雄性动物没有在这两个时期发生相应的激素效应，则它们的行为似乎也会出现相应的变化，比如在对幼鼠和猴子的研究中就发现了与激素效应缺失相关联的"打闹"游戏的减少。② 因此研究者认为激素的影响是男童比女童进行更多的体育活动和"打闹"游戏的重要原因；儿童在社会化的过程中体力活动游戏的性别差异也会不断加强，从与父母的互动开始，男童和女童就已经开始走向不同的社会化方向，比如父亲会更倾向于和男童一起进行较为高强度的运动。一项加拿大的研究对85名父亲和孩子的游戏进行了观察和记录，分析结果显示男童与父亲的"打闹"游戏比女童与父亲的更多。③

我国学者对于不同性别幼儿体力活动差异的定量研究目前以对男女童体力活动强度或运动能力各维度发展的差异比较为主要方向。通过对幼儿体力活动水平的监测发现男童的中高强度体力活动与其体重呈显著正相关，女童的则与其身高呈显著正相关。④ 在对体力活动与认知能力的关系研究中显示，只有男童存在显著正相关。⑤ 体操类的游戏对于男童和女童的身体素质提高都有显著的效果，男女童在锻炼效果上的差异不显著。⑥

① J. T. Braggio et al. , "Sex Differences in Apes and Children," *Recent Advances in Primatology* 1 (1978): 529–532.
② T. Whatson, V. Stirling, *Development and Flexibility*, Milton Keynes: The Open University, 1992.
③ J. L. Flanders et al. , "Rough-and-Tumble Play and the Regulation of Aggression: An Observational Study of Father-Child Play Dyads," *Aggressive Behavior* 5 (2009): 285–295.
④ 赵广高等：《体力活动对学龄前儿童身体生长的影响》，《上海体育学院学报》2017年第4期，第65~69页。
⑤ 全明辉等：《体力活动与学龄前儿童认知能力关联关系的中介变量研究》，《体育科学》2017年第2期，第47~56页。
⑥ 刘兴等：《基于身体素质的体操、游戏健身组合对5~6岁幼儿身体素质的干预与评价研究》，《沈阳体育学院学报》2011年第1期，第5~9页。

第五节　幼儿体力活动游戏的教育实践依据

一　幼儿的成长特点

儿童的成长会经历不同的发育阶段，儿童的大脑、身体、认知能力和社会情感发展在这一过程中会发生多种变化。著名心理学家林崇德指出"幼儿"就是指从 3 岁到 6 岁的儿童。这一时期是儿童进入幼儿园的时期，所以又叫幼儿期。又因为这是儿童正式进入学校以前的时期，所以又称学前期。[①] 儿童在这一时期已经从婴儿成长为幼儿，开始频繁接触父母以外的社会环境，在教师的引导下探索新奇的世界。了解幼儿的成长特点，是开展幼儿体育活动相关研究和实践的基础。

（一）幼儿身体发育特点

幼儿的身体发育特点主要表现为，大多数幼儿的体重每年增加 1~2 公斤，身高每年增长 8~10 厘米，表 2-1 是幼儿的身高体重参考标准。他们的身体活跃，不能久坐，已经能够进行基本的走、跑、蹦跳和攀爬，投掷技能还稍显笨拙；精细动作技能和眼手的协调能力不断提高，比如逐渐学会使用画笔和剪纸刀；大多数幼儿学会了自己上厕所。[②] 表 2-2 将这一阶段幼儿大肌肉动作和精细动作的具体表现进行了归纳。

表 2-1　幼儿的身高体重参考标准

单位：厘米，公斤

年龄		3 岁	4 岁	5 岁	6 岁
男孩	身高	96.1~102.8	103.3~109.4	110.0~115.5	116.0~121.3
	体重	14.3~16.2	16.3~18.2	18.3~20.3	20.5~22.7
女孩	身高	95.1~102.1	102.7~108.9	109.4~114.6	115.1~120.3
	体重	13.9~15.9	16.1~18.0	18.2~20.0	20.2~22.2

资料来源：The WHO Child Growth Standards，2006，https：//www.who.int/childgrowth/en/；The WHO Reference，2007，https：//www.who.int/growthref/en/。本研究从每个年龄的参考值中分别选取该年龄第一个月和第十一个月参考数值的中位数作为该年龄段的相应参考标准的区间。

---

① 林崇德主编《发展心理学》，人民教育出版社，1995，第 195 页。

② S. Neaum，*Child Development for Early Childhood Studies*，Exeter：Learning Matters，2010.

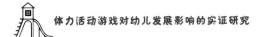

表 2 - 2 幼儿的运动能力发展特点

年龄	3 岁	4 岁	5 岁	6 岁
大肌肉动作	能用脚尖站立、行走和奔跑,能向后和侧向行走,具有良好的空间意识 能够以双脚交替的方式上楼梯 开始会骑三轮车,会用脚蹬踏板	能够攀爬游戏设备 能够以双脚交替的方式上楼梯和下楼梯 能做接球、投球、拍球和踢球的动作 平衡感开始形成	能够单脚跳 能够使用各种儿童游戏设备,比如秋千、攀爬架、滑梯 可以在平衡木上行走	能够跑跳,能够骑双轮自行车 能够用单手握球 在各种身体活动中的灵活性、肌肉协调性和平衡感明显提高
精细动作	能穿大珠串 能控制铅笔 可以用剪刀剪纸 可以画简单的形状 可以用积木搭建大概9层高的塔	能穿小珠串 熟练地抓铅笔 能够用积木搭建多种建筑造型 开始能够系扣子、拉拉链	能用针线缝大针脚 可以画出一个人的头、躯干、眼睛、鼻子和嘴 能够很好地控制铅笔和画笔	可以用画笔绘制越来越详细的人物细节,比如发型和眉毛

(二)幼儿认知能力发展特点

幼儿在认知能力方面的特点有:思维方式依然以自我为中心,基本没有逻辑;他们的语言词汇量激增,能够学习和理解句法和语法;仍然不能完全理解时间、价值这样的抽象概念;幼儿的想象力丰富,但并不能把幻想和现实加以明确的区分;已经有了准确的记忆,但仍需要引导和启发才能唤醒,而且通常会遗漏重要的事情。[1] 表 2 - 3 将幼儿在不同年龄的认知能力发展特点的具体表现进行了归纳。

(三)幼儿社会情感发展特点

儿童在幼儿期的社会情感发展表现为:他们逐渐在游戏中更多的与他人合作,会和自己想象出来的朋友玩游戏,开始尝试社会交往,学习与他人相

---

[1] S. Neaum, *Child Development for Early Childhood Studies*, Exeter: Learning Matters, 2010; S. M. George, *Early Childhood Education Today*, NJ: Pearson Education, 2004, pp. 271 - 276.

处；主动地想要取悦成年人，道德认知逐步出现，对于"好与坏"有了简单的认识，在违反规定时会有愧疚感；对自己和他人的身体感到好奇，没有隐私意识，对于性别的理解依然停留在基本阶段；逐步建立起基本的自我意识，在许多活动中有了自主意识；控制情绪的能力开始增强，对于挫折的容忍度也进一步提高，表现出更好的"延迟满足"能力；儿童已经表现出建立在他人对自己的评价之上的自尊心。表 2－4 将幼儿在不同年龄的社会情感发展特点的具体表现进行了归纳。

表 2－3　幼儿在不同年龄的认知能力发展特点的具体表现

年龄	3 岁	4 岁	5 岁	6 岁
认知能力发展特点的具体表现	①可以认识和匹配基本的颜色 ②可以将对象分类，但通常一次只能按一个标准分类，比如按照大小分或者按照颜色分 ③开始会用语言形容和描述物体	①可以同时按多个标准分类和排序 ②开始通过尝试和犯错误学会解决简单的问题。不断地提问 ③记忆力进一步提高，能够记得重大事件及相关的一些情节 ④能通过图画描绘自己观察到的细节 ⑤理解字代表一定的含义。开始在游戏中写字	①开始理解数字，能够从一数到十，能够理解过去、现在和未来的概念 ②开始识字，大多数孩子能够认出和写出自己的名字，开始对阅读感兴趣，并能对书中情节做出回应 ③注意力提高，在适当情境中，可以专注大约 10 分钟，思维变得有条理，能够对一件事情持有多种观点	①开始理解测量的数学概念，比如时间、重量、长度、容量、体积 ②对于事件发生的前因后果开始感兴趣 ③画画的时候开始使用象征符号，比如在太阳周围画上放射线条 ④许多孩子开始能独立阅读，但个体差异较大，可以长时间集中注意力

二　我国学前教育政策法规依据

总体来讲，我国现行的教育政策法规，从管理、学科领域指导、教学标准与建议三个层次对学前教育进行了详细的规定，是开展幼儿体育活动研究和教育实践的重要政策法规依据。

表 2 - 4　幼儿在不同年龄的社会情感发展特点

年龄	3 岁	4 岁	5 岁	6 岁
特点	①不高兴的时候不再只是大声哭闹，而是用噘嘴、握拳等身体语言来表达 ②能够在游戏中与小伙伴互动，分享玩具，喜欢集体活动 ③喜欢与家长和老师交谈，希望得到他们的认可和喜爱 ④开始学习在不同的社会环境中做出相应的适当行为	①开始有意识地控制自己的负面情绪。有了自信心，也开始有了畏惧感，开始爱争论，开始会说脏话 ②喜欢和小朋友们在一起玩的集体游戏，游戏群体和内容不固定。开始有了自己特定的好朋友 ③喜欢和成年人交流，在劳累、生病或受伤时，会向成年人寻求安慰 ④在成年人的提醒下能够完成任务	①开始享受与家人的短暂分离。不再像小时候那么易怒，有了良好的情绪控制力。开始会自夸、会炫耀、会威胁别人，同时也开始有了羞耻感 ②相对团队游戏而言更喜欢有竞争成分的游戏，但往往需要成年人来解决游戏中的冲突 ③希望得到成年人的认可，也希望被别的小朋友接受 ④依然能够遵守规矩，并开始会讨价还价，面对父母对自己的要求，会进行争论 ⑤能够完成一个完整的任务	①具有更强的独立意识和更高成熟度，对于大多数情况可以做出适当的情绪反应 ②在大多数场合下能有恰当的行为举止 ③表现出更强的占有欲，开始叛逆和有侵略性

2015 年 12 月 14 日修订的《幼儿园工作规程》（以下简称《规程》）是学前教育中幼儿体育活动的组织和管理依据。[①]《规程》将"促进幼儿身体正常发育和机能的协调发展，增强体质，促进心理健康，培养良好的生活习惯、卫生习惯和参加体育活动的兴趣"列为幼儿园保育和教育的主要目标之一；规定了"幼儿户外活动时间（包括户外体育活动时间）每天不得少于 2 小时，寄宿制幼儿园不得少于 3 小时"，强调"幼儿园应当积极开展适合幼儿的体育活动，充分利用日光、空气、水等自然因素以及本地自然环境，有计划地锻炼幼儿肌体，增强身体的适应和抵抗能力。正常情况下，每

---

① 中华人民共和国教育部：《幼儿园工作规程》，2016 年 2 月 9 日，http：//www.moe.gov.cn/srcsite/A02/s5911/moe_ 621/201602/t20160229_ 231184.html。

日户外体育活动不得少于 1 小时"，并且针对体弱或有残疾的幼儿提出在体育活动中应予以特殊照顾；对于教育活动的指导要求中强调了多学科领域结合、多种组织形式灵活运用促进儿童全面发展，重申了游戏在教育中作为基本活动和重要形式的地位，以及对儿童个体差异的关照和因人施教的教学原则；明确提出幼儿园应当有与其规模相适应的户外活动场地，配备必要的游戏和体育活动设施。

从 2001 年 9 月起试行的《幼儿园教育指导纲要（试行）》① （以下简称《纲要》）针对学前教育的五大领域分别做出了指导。学前教育中的体育活动归属于《纲要》中的健康领域，在教育目标中表述为"培养幼儿对体育活动的兴趣是幼儿园体育的重要目标，要根据幼儿的特点组织生动有趣、形式多样的体育活动，吸引幼儿主动参与"，"喜欢参加体育活动，动作协调、灵活"；教学的内容有"开展丰富多彩的户外游戏和体育活动，培养幼儿参加体育活动的兴趣和习惯，增强体质，提高对环境的适应能力"，"用幼儿感兴趣的方式发展基本动作，提高动作的协调性、灵活性"和"在体育活动中，培养幼儿坚强、勇敢、不怕困难的意志品质和主动、乐观、合作的态度"；教学活动组织和开展的原则有"树立正确的健康观念，在重视幼儿身体健康的同时，要高度重视幼儿的心理健康"，"健康领域的活动要充分尊重幼儿生长发育的规律，严禁以任何名义进行有损幼儿健康的比赛、表演或训练等"。

2012 年 10 月教育部印发的《3-6 岁儿童学习与发展指南》② 在健康部分对幼儿的身心状况、动作发展以及生活习惯与生活能力进行了详细的描述，并且相应提出了具体的教育指导建议，其中幼儿动作发展的相关内容具体见表 2-5、表 2-6。

---

① 中华人民共和国教育部：《幼儿园教育指导纲要（试行）》，2001 年 7 月 2 日，http：// www. moe. gov. cn/srcsite/A06/s3327/200107/t20010702_ 81984. html。

② 中华人民共和国教育部：《3-6 岁儿童学习与发展指南》，2012 年 10 月 9 日，http：// www. moe. gov. cn/srcsite/A06/s3327/201210/t20121009_ 143254. html。

表 2 - 5　目标之一：具有一定的平衡能力，动作协调、灵敏

年龄	3~4岁	4~5岁	5~6岁
动作发展内容	①能沿地面直线或在较窄的低矮物体上走一段距离 ②能双脚灵活交替上下楼梯 ③能身体平稳地双脚连续向前跳 ④分散跑时能躲避他人的碰撞 ⑤能双手向上抛球	①能在较窄的低矮物体上平稳地走一段距离 ②能以匍匐、膝盖悬空等多种方式钻爬 ③能助跑跨跳过一定距离，或助跑跨跳过一定高度的物体 ④能与他人玩追逐、躲闪跑的游戏 ⑤能连续自抛自接球	①能在斜坡、荡桥和有一定间隔的物体上较平稳地行走 ②能以手脚并用的方式安全地爬攀登架、网等 ③能连续跳绳 ④能躲避他人滚过来的球或扔过来的沙包 ⑤能连续拍球

教育建议

· 利用多种活动发展身体平衡和协调能力。如：走平衡木，或沿着地面直线、田埂行走。玩跳房子、踢毽子、蒙眼走路、踩小高跷等游戏活动。

· 发展幼儿动作的协调性和灵活性。如：鼓励幼儿进行跑跳、钻爬、攀登、投掷、拍球等活动。玩跳竹竿、滚铁环等传统体育游戏。

· 对于拍球、跳绳等技能性活动，不要过于要求数量，更不能机械训练。

· 结合活动内容对幼儿进行安全教育，注重在活动中培养幼儿的自我保护能力。

表 2 - 6　目标之二：具有一定的力量和耐力

3~4岁	4~5岁	5~6岁
①能双手抓杠悬空吊起10秒左右 ②能单手将沙包向前投掷2米左右 ③能单脚连续向前跳2米左右 ④能快跑15米左右 ⑤能行走1公里左右（途中可适当停歇）	①能双手抓杠悬空吊起15秒左右 ②能单手将沙包向前投掷4米左右 ③能单脚连续向前跳5米左右 ④能快跑20米左右 ⑤能连续走1.5公里左右（途中可适当停歇）	①能双手抓杠悬空吊起20秒左右 ②能单手将沙包向前投掷5米左右 ③能单脚连续向前跳8米左右 ④能快跑25米左右 ⑤能连续行走1.5公里以上（途中可适当停歇）

教育建议

· 开展丰富多样、适合幼儿年龄特点的各种身体活动，如走、跑、
  跳、攀、爬等，鼓励幼儿坚持下来，不怕累。
· 日常生活中鼓励幼儿多走路、少坐车；自己上下楼梯、自己背包。

三 国外学前教育标准和指南

幼儿的体力活动（physical activity）在全世界范围的学前教育领域都得到了充分的重视，许多国家都制定了相关的教育标准和指导指南，以下将以美国、英国和澳大利亚为例，对这些国家的教育标准和方案进行介绍。

在美国，美国国家幼儿教育协会（National Association for the Education of Young，NAEYC）和美国健康、体育、娱乐和舞蹈联盟（American Alliance For Health Physical Education Recreation And Dance，AAHPERD）是全国范围内的学前教育标准的主要制定者。美国国家幼儿教育协会在为学前教育制定的教学标准中提出：（1）了解和理解幼儿的特点和需求；（2）了解和理解教学对发展和学习的多重影响；（3）利用发展知识创造健康、尊重、支持和挑战性的学习环境；（4）了解并使用观察、文件和其他适当的评估工具和方法；（5）理解积极的关系和支持的互动作为他们与孩子的工作的基础；（6）了解和理解早期教育的有效策略和工具；（7）使用广泛的适合发展的教学方法；（8）了解学术学科的内容知识和资源；（9）了解和使用内容领域或学术学科的中心概念、查询工具和结构；（10）利用教师的知识、适宜的早期学习标准和其他资源为每个孩子设计、实施和评估有意义并具有挑战性的课程。①

美国健康、体育、娱乐和舞蹈联盟在 2009 年制定的 3~5 岁儿童体力活

---

① AAHPERD, *Active Start: A Statement of Physical Activity Guidelines for Children from Birth to Age 5.* 2nd ed., Reston: VA: AAHPERD, 2009.

动指南中提出，在学前教育中要全面关注儿童在这一时期对基本运动技能的掌握，帮助他们学习基本的运动概念并体验运动的乐趣，从而促进儿童的运动、认知、社会情感的全面发展。体力活动是整个幼儿学习过程中不可或缺的一部分。体力活动的形式多样，包括有资质的体育课程，整合到其他课程领域的身体活动以及课间休息时自由体力活动游戏。该指南对美国幼儿的体力活动类型、活动环境以及对教育者的相关要求做出了明确的阐述指导和规范：（1）幼儿每天进行的有组织的体力活动总共应不少于 60 分钟；（2）幼儿每天的自由体力活动时间应不少于 60 分钟（可以多至数小时），除睡觉外，每次不应久坐超过 60 分钟；（3）应鼓励学龄前儿童发展基本运动能力，为将来的体育活动和运动技能的发展打好基础；（4）幼儿园应提供达到或高于相关安全标准的户外和室内活动区域，能够保证学龄前儿童进行大肌肉群身体活动；（5）幼儿园教师应充分了解幼儿体育活动的重要性，并通过提供有组织的或自由体育活动的机会来提高幼儿的运动技能。

英国教育部颁布的英国早期基础教育阶段（Development Matters in the Early Years Foundation Stage，EYFS）法定框架（2017）制定了儿童从出生到 5 岁的学习发展和看护的国家强制标准，以规范和约束本国的早期儿童教育看护机构为儿童提供良好的教育，让他们实现良好的发展，确保儿童的健康和安全。其中，规定儿童身体发展的学习目标，为儿童提供保持身体活跃和互动的机会，发展他们的协调性、控制能力和运动能力，帮助儿童了解体力活动的重要性，学习选择健康的食物。具体的要求分为两个方面：（1）行动和操作能力方面，儿童在大动作和精细动作中能表现出良好的控制和协调能力；能够在安全的空间里，以多种方式自如活动；能够很好地使用工具，比如用铅笔写字；（2）健康和自理方面，儿童懂得身体锻炼和健康饮食对身体健康的重要性；了解如何保持健康和安全；能够管理个人的基本卫生和生活基本能够自理，比如能够独立穿衣和如厕。[①] 英国教育部在 2018 年发

[①] Department for Education（UK），*Statutory Framework for the Early Year's Foundation Stage*，31 March 2014，https：//www. gov. uk/government/publications/early – years – foundation – stage – framework – – 2.

布的早期基础教育阶段指导手册中，补充了关于儿童超过发展指导目标的参考表现，在身体动作发展方面具体描述为：儿童能够自如地上蹦下跳，能够跟随音乐节奏协调地跳跃；明白身体锻炼能够让人健康。[①]

澳大利亚 2012 年修订的澳大利亚课程框架[②]对 0～10 岁儿童在包括体育教育在内的七大发展领域的教育目标进行了详细的说明，其中对 3～4 岁和 5～6 岁儿童的教育目标要求说明见表 2－7：

表 2－7　澳大利亚 3～6 岁儿童教育目标

年龄	3～4 岁	5～6 岁
教育目标	●学生应在各种不同环境中体验各种活动，充分了解如何根据不同环境的特点进行体育活动。了解安全注意事项以及体育活动的好处，并知道什么样的体育活动适合他们，能够满足他们的需求和兴趣 ●学生的基本运动技能得到持续发展，并开始了解更复杂的运动技能。学会将已掌握的运动技能加以结合，从而有创意地发展出更多不同的运动技能和更复杂的运动模式，并在一系列体育活动中提高他们的表现 ●学生开始了解小游戏和一些改良后的游戏的共同特点，扩展对运动技巧的理解（比如在踢足球时应该躲避对方的拦截），提高他们在运动活动中的成功感 ●进一步提高学生在空间中、物体间以及人群中运动的技能。为学生制造能够让他们在小群体互动中进行简单身体活动的多样的参与机会	●通过定期参加一系列体育活动，使学生明白体育活动是如何促进身体健康的，进而能够描述和注意到身体对不同类型活动的反应 ●学生的运动技能范围得到进一步扩大，在更复杂的情况下运动的准确性和控制力得到进一步提高。在游戏情境中练习和应用运动技能和技巧。通过创设鼓励自我表现、富有节奏感和挑战的体力活动提高学生批判性和创造性思维能力 ●引导学生探索运动的元素，并能够协调和熟练地将这些元素应用到各种动作组合中 ●在游戏情境中引导学生理解沟通和团队合作的重要性，鼓励他们参与包含更复杂规则的游戏。通过体力活动游戏帮助他们明白理解和遵守规则能够确保所有人的安全和公平参与

① Standards and Test Agency (UK), *Early Years Foundation Stage Profile* 2019 *Handbook*, 10 December 2018, https: //www. gov. uk/government/publications/early – years – foundation – stage – profile – handbook.

② Australian Curriculum, Assessment and Reporting Authority: *The Shape of the Australian Curriculum*: *Health and Physical Education*, August 2012, https: //docs. acara. edu. au/resources/Shape_ of_ the_ Australian_ Curriculum_ Health_ and_ Physical_ Education. pdf.

第六节　小结

不论在儿童发展理论中还是在幼儿健康教育实践的政策依据中，游戏是幼儿活动的基础，是幼儿发展的重要推动力，同时也是对幼儿发展结果的反馈。体力活动游戏贯穿于幼儿的成长过程，并且可能为幼儿成年后的体力活动行为定下基调。幼儿体力活动游戏的教育研究和实践，应建立在遵循幼儿发展的自然规律和尊重幼儿个体差异的基础之上，以游戏为载体，帮助幼儿在掌握和发展基本运动能力的同时培养运动兴趣，实现幼儿的全面发展。

第三章　幼儿园教育干预促进幼儿体力活动参与的荟萃分析

第一节　背景

充足的身体运动是儿童健康发展的基础，世界卫生组织推荐儿童每日应保证有运动量为 60 分钟的中高强度的体力活动；[①] 幼儿园是幼儿进行体力活动最主要的活动场所，我国在 2016 年颁布的《幼儿园工作规程》中要求"幼儿户外活动时间（包括户外体育活动时间）每天不得少于 2 小时，寄宿制幼儿园不得少于 3 小时；每日户外体育活动不得少于 1 小时"；[②]《学龄前儿童（3～6 岁）运动指南》建议，"学龄前儿童在全天内各种类型的身体活动时间应累计达到 180 分钟以上，中等及以上强度的身体活动累计不少于 60 分钟"。[③] 但国际上大量的研究发现，幼儿体力活动并没有

---

① World Health Organisation，*Global Recommendations on Physical Activity for Health*，Geneva，Switzerland：World Health Organisation，1 January 2010，https：//www. who. int/publications－detail－redirect/9789241599979.

② 中华人民共和国教育部：《幼儿园工作规程》，2016 年 2 月 9 日，http：//www. moe. gov. cn/srcsite/A02/s5911/moe_ 621/201602/t20160229_ 231184. html。

③ 张秀兰：《国内首部〈学龄前儿童（3～6 岁）运动指南〉出炉建议全天身体活动 3 小时以上》，2018 年 6 月 9 日，http：//news. sina. com. cn/c/2018－06－09/doc－ihcscwxc3750 556. shtml。

达到参考标准;[1] 参考国内现有的相关研究，同样可以发现我国多数幼儿每日的体力活动量也未能达到参考标准。[2] 然而，我国对于幼儿体力活动的多数研究集中在对幼儿的体育（游戏）教学方法论和幼儿体质健康发展方面，针对幼儿体力活动参与的时间和强度的相关研究较少，且研究中对于体力活动的测量评价和干预研究方案设计的科学化程度有待提高。比如，缺乏对幼儿体力活动的定量测评，仅有定性的描述或干预过程中短时的数据采集，抑或是测评工具信效度无法提供，测量过程主观成分居多；测试或干预对象幼儿样本选择的随机性和代表性不强；研究设计的框架不清晰，难以按照不同的实验方法标准去对号入座对实验过程进行规范；基于控制幼儿体力活动影响因素而设计的干预实验研究很少，且干预因素以单一的体育教学手段为主，可参考和比较的实证研究案例相对国外同领域的类似研究来说非常有限。

本部分研究旨在通过定性和定量的文献系统评价方法，一方面对国内外学龄前幼儿体力活动参与促进的相关干预研究进行全面的回顾，对其研究设计、干预长度、干预方案等进行系统的归纳和整理；另一方面将各种干预措施对促进幼儿体力活动参与的量化评价效果，以及不同类型干预方案间的效果差异进行定量的评估和比较，对幼儿园中适宜操作的体力活动参与促进方法与手段进行深入的探究。

---

[1]　R. R. Pate et al., "Prevalence of Compliance with a New Physical Activity Guideline for Preschool-Age Children," *Childhood Obesity* 4（2015）：415 – 420；A. Raustorp et al., "Accelerometer Measured Level of Physical Activity Indoors and Outdoors During Preschool Time in Sweden and the United States," *Journal of Physical Activity & Health* 6（2012）：801 – 808.

[2]　路飞扬：《传感器结合问卷对南体幼儿园儿童体力活动的研究》，硕士学位论文，南京体育学院，2014；赵星等：《幼儿园不同类型户外体育活动的强度水平及相关影响因素》，《体育科学》2016 年第 8 期，第 34 ~ 41 页；张夷等：《南昌市学龄前儿童体力活动水平及影响因素分析》，《中国学校卫生》2020 年第 2 期，第 1 ~ 5 页；苏坚贞等：《上海市 3 - 6 岁幼儿参与园外体育运动的现状分析》，《学前教育研究》2012 年第 9 期，第 41 ~ 44 页；李静、任娜娜、黄琴林：《幼儿园体育课运动量的调查分析》，《学前教育研究》2009 年第 11 期，第 17 ~ 19 页；方慧等：《儿童体力活动变化趋势特征及其对体适能影响的追踪研究》，《体育科学》2018 年第 6 期，第 44 ~ 52 页。

第二节　研究方法

一　文献的来源与检索条件

通过互联网对中国知网、PubMed、Scopus、MEDLINE、EMBASE、PsycINFO、ERIC、SPORT Discus 共 8 个中英文数据库进行了文献检索，并且对所有符合检索条件的文献所列出的参考文献进行了检查，以尽可能地确保符合标准的文献纳入的完整性和全面性。文献检索时间限定为：中文文献，建库至 2020 年 1 月；英文文献，2000 年 1 月 ~ 2020 年 1 月。

中文文献检索以"幼儿"（幼儿、幼儿园），"体力活动"（体力运动、身体活动、体育、游戏），"干预"（影响、促进、提高），"教育"（教学），"随机实验"（实验、试验）为主题词；英文文献检索以"intervention"（prevention），"physical activity"（exercise、sport），"preschool"（kindergarten），"play"（outdoor play），"preschool child"（preschool children、preschooler），"randomized controlled trial"（cluster-randomized、RCT）为主题词。

二　文献纳入标准与排除依据

文献的纳入标准：（1）文献的研究样本为研究期间幼儿园在园儿童（3 ~ 6 岁），且身体健康状况良好；（2）文献为依托幼儿园对幼儿的体力活动采取教育措施和手段进行干预的随机对照实验研究；（3）文献中有规范的定量研究，能够提供包括样本量、干预方式和体力活动参与的相关结局指标的完整数据。体力活动参与的量化指标可以是总体的体力活动（total physical activity，TPA）或中高强度体力活动（moderate-to-vigorous physical activity，MVPA），其中总体的体力活动是"所有由骨骼肌产生的且需要消耗能量的身体运动"，[1] 包括了低、中、高所有强度的身体运动，中高强度

---

[1]　A. D. Pellegrini & P. K. Smith，"Physical Activity Play：The Nature and Function of a Neglected Aspect of Play," *Child Development* 69（1998）：577 – 598.

体力活动是指达到中等或高强度的身体运动。

文献排除依据：（1）综述类或无法获取全文的会议摘要类文献被排除；（2）重复文献被排除；（3）不满足本研究上述所提及的纳入标准的文献被排除。

本研究所属课题组的两名成员依据纳入和排除标准对从数据库中检索到的文献进行独立筛选和评估，以确定最终进入系统评价研究的文献。

三　数据提取

去除重复发表以及题目和摘要与本研究纳入标准明显不符的文献之后，基于双盲法的研究原则，两名课题组成员分别通过阅读全文筛选出最终纳入研究的文献，并采用一致的数据提取表对这些文献进行了独立的数据提取和录入。数据提取表中包括的内容有：文献的作者、文章发表年份、实验的干预措施、干预时间长度、干预对象、干预范围、干预对象情况（年龄、性别和人数）、对照组与干预组的人数、总体的体力活动（TPA）或中高强度体力活动（MVPA）结局指标、测量的时间段。文献中所提取的 TPA 和 MVPA 为连续性数值数据记录为平均数 ± 标准差形式，当文献中未提供荟萃分析所需的数据（例如未报告标准偏差）且无法联系到原文作者获取时，本研究依据 Cochrane 协作网所提供指南的第十六章内容，[①] 利用文献中所提供的其他统计参数结果（例如置信区间、标准误差）进行计算和估计。

四　文献质量评价

本研究依据 Cochrane 系统评价手册 5.1 中所推荐的针对随机对照实验研究文献的系统评价方法，对最终纳入研究的文献进行了文献质量评价。具体评价指标包括：（1）是否详细描述了产生随机分配序列的方法；（2）分配实施中是否严格执行了随机数字的结果分配；（3）实验是否采用盲法；（4）结果数据是否完整；（5）研究结果是否有选择性报告；（6）是否有如

---

① Cochrane Handbook for Systematic Reviews of Interventions, updated March 2011, http：// handbook – 5 – 1. cochrane. org.

利益冲突、样本量小、基线非均衡等其他偏倚来源。每个指标分别设置"低风险"、"高风险"和"不明确风险"三个评价等级，评价汇总由Review Manager 5.3 软件生成。

五 数据统计分析

（一）异质性检验

由于不同的研究在研究设计、干预长度和结果测量等方面都不可能完全一致，因此，本研究利用 Stata 15.1 软件对最终纳入研究的文献进行异质性检验，异质性的大小用 Q 检验[①]和 I2 检验[②]进行评估，当 Q 检验结果 P≥0.1，且 I2<50% 时，即认为文献间不存在显著的异质性。如果所纳入研究的文献之间存在显著的异质性，则继续进行敏感性分析，以确定异质性的来源，并考虑进一步的亚组分析。

（二）合并统计量检验

利用 Review Manager 5.3 软件从最终纳入本研究的文献中所提取的体力活动相关结局指标（连续变量型数值）计算出标准化均值差（SMD）。若各研究之间不存在统计学差异，则选择固定效应模型进行荟萃分析（meta-analysis）以评估所提取研究结局的总体效应量（effect size），分别将 0.2、0.5、0.8 作为小、中、大效应的评价标准。[③]

（三）偏倚检验

一般来说，具有"积极"结果的研究比"负面"或"无显著"结果的研究更容易发表，也更容易被引用，这就造成了在荟萃研究中有可能出现发表偏倚。为了避免发表偏倚对分析结果的影响，本研究采用漏斗图和 Egger 检验对最终纳入文献进行了偏倚检验。[④]

① 王家良主编《循证医学》，人民卫生出版社，2006，第 84~85 页。

② J. P. Higgins T. et al. , "Measuring Inconsistency in Meta-Analyses," *British Medical Journal* 7414 (2003): 557 – 560.

③ J. Cohen, "Statistical Power Analysis," *Current Directions in Psychological Science* 1 (1992): 98 – 101.

④ J. A. C. Sterne et al. , "Recommendations for Examining and Interpreting Funnel Plot Asymmetry in Meta-Analyses of Randomized Controlled Trials," *BMJ* 3 (2011): 342 – 350.

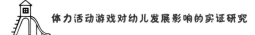

（四）调节变量分析

调节变量是可以改变自变量和因变量之间关系的基本性质和/或强度的因素。在本研究中，幼儿园的教育干预是影响幼儿体力活动参与的自变量，但不同研究案例所采取的干预方案有所不同，比如，干预活动持续长度就可以看作一个调节变量，因为相对较长时间的教育干预有可能产生更为显著的效果。通过荟萃分析的亚组分析可以对调节变量所造成的干预效果的差异进行检验。

第三节　结果与分析

一　文献检索数据

以本研究检索条件主题词对 8 个中英文数据库进行检索，得到与研究主题相关文献 493 篇，其中中文文献 192 篇、英文文献 301 篇。剔除 71 篇重复文献和 49 篇综述、评论及会议摘要类文献之后，进一步通过阅读摘要排除与本研究主题不符的文献 162 篇，最后通过阅读全文排除非随机对照实验、干预措施未基于幼儿园、干预对象非健康幼儿、干预对象超出本研究限定年龄范围和无体力活动相关定量结局指标的研究文献共计 186 篇，得到最终纳入系统评价研究及荟萃分析的文献 25 篇，文献筛选及纳入流程如图 3-1 所示。

二　文献基本情况

本研究所纳入文献发表于 2006~2020 年，随机对照实验中的研究样本来自美国、英国、澳大利亚、瑞典、比利时、中国、德国、加拿大、瑞士等 9 个国家的 3~6 岁幼儿，参与各项研究的儿童人数为 10~826 人，文献报告的结局指标有干预实验前后的中高强度体力活动或总体的体力活动，抑或是两者皆有。文献的基本情况描述见表 3-1。

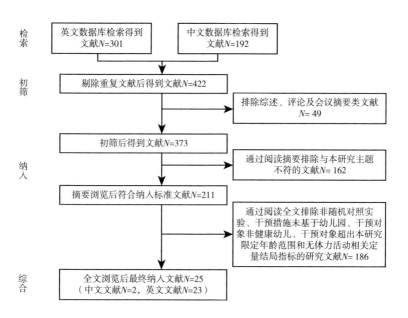

图 3 - 1　文献筛选流程

依据测量结局指标的不同，将纳入研究的文献分为两组（两种测量结局指标皆有报告文献数量未单独归纳），分别为中高强度体力活动（MVPA）（$N=21$）和总体的体力活动（TPA）（$N=11$）（两类数据有重叠）。并进一步依据各研究干预措施的不同，析出了可能会对干预实验效果产生影响的 7 个调节变量：干预活动持续长度，分别为 4 周及以内（$N=3$）、5 ~ 11 周（$N=5$）、12 ~ 23 周（$N=7$）、24 周及以上（$N=10$）；干预活动的组织形式，分别为有组织的活动（$N=20$）、自主游戏（$N=5$）；干预措施，分别为体育活动与游戏（$N=12$）、体育场地和器材设施（$N-3$）、综合干预（$N=10$）；干预范围，分别为幼儿园内（$N=17$）、幼儿园与家庭协作（$N=8$）；干预对象，分别为幼儿（$N=19$）、幼儿与教师（$N=6$）；测试时间段，分别为全天（$N=11$）、在园时间（$N=11$）、干预过程中（$N=3$）；测量工具，分别为加速度传感器（$N=19$）、计步器（$N=2$）、秒表（测量心率）（$N=1$）、活动记录表（包括体力活动记录表和 OSRAC-P）（$N=3$）。每个变量中的文献情况分布如表 3 - 2 所示。

表 3 - 1 文献基本信息

编号	文献作者（第一作者）	年份	国家	干预活动持续长度	样本（实验组，对照组）	性别（男，女）基线数据	干预手段	对照组活动	测量工具	结局指标
1	Alhassan	2007	美国	2 天	17,15	20,12	每日 2 次 30 分钟额外的自主游戏活动	日常"坐圈"活动，包括坐着听故事、绘画或剪纸等精细动作活动	加速度传感器	MVPA
2	Alhassan	2013	美国	4 周	38,29	38,29	每日 30 分钟有组织的户外体力活动,体育活动与游戏	常规的户外自主游戏活动	加速度传感器	MVPA
3	Annessi	2013	美国	8 周	202,136	156,182	每日 30 分有组织的体育课,设定较长短期锻炼目标与游戏	常规体力活动课程	加速度传感器	MVPA
4	Razak	2019	澳大利亚	12 周	135,222	202,176	提高幼儿户外自主游戏时间同段的频率	常规的户外自主游戏活动	加速度传感器	MVPA TPA
5	Wolfenden	2019	澳大利亚	12 周	89,97	119,87	鼓励幼儿用园内所有户外游戏设施进行自主游戏	常规的户外自主游戏活动	加速度传感器	MVPA TPA
6	De Craemer	2014	比利时	24 周	301,171	260,212	改善室内游戏场地,每周 1 次 1 小时加入故事和远足元素的体育活动与游戏课,提供家长指导	对照组被告知与一年后将收到与干预组相同的游戏材料和课程支持。在此之前维持原先常规课程与安排	加速度传感器	MVPA TPA

续表

编号	文献作者（第一作者）	年份	国家	干预活动持续长度	样本（实验组，对照组）	性别（男，女）基线数据	干预手段	对照组活动	测量工具	结局指标
7	Puder	2011	瑞士	24 周	236,185	326,326	每周 4 次改善协调性和身体素质的体育活动与游戏，提供家长指导，改善游戏场地环境	常规安排的活动与课程，其中包括每周 1 次在体育馆 45 分钟的身体锻炼	加速度传感器	TPA
8	范杰	2019	中国	2 周	5,5	未提供	组织亲子游戏	未进行亲子游戏	活动记录表	TPA
9	黄意蓉	2013	中国	1 天	56,40	未提供	户外体育活动与游戏课	常规户外体育活动	秒表	TPA
10	Alhassan	2012	美国	24 周	43,28	35,36	每日 30 分钟体育活动与游戏课	室内外的自主游戏活动，有教师看护，但无任何引导或参与	OSRAC – P	MVPA
11	Bellows	2013	美国	18 周	83,102	111,90	每日 20 分钟体育活动与游戏课，每周 4 天的教师指导	常规安排的活动，未进行干预课程	计步器	TPA
12	Cardon	2009	比利时	6 周	实验 1 组 145，实验 2 组 147，实验 3 组 145，对照组 146	303,280	增加可移动的户外游戏设施，改变户外游戏场地器材的布置与标志	未使用实验场地设施与器材	加速度传感器	MVPA

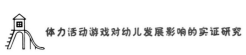

续表

编号	文献作者（第一作者）	年份	国家	干预活动持续长度	样本（实验组、对照组）	性别（男,女）基线数据	干预手段	对照组活动	测量工具	结局指标
13	Finch	2014	澳大利亚	24 周	125,120	247,207	每日 20 分钟有组织的发展基本运动能力的游戏,教师参与幼儿自主游戏并给予语言引导和鼓励,控制幼儿园内的"屏幕"时间在30分钟以内,调整室内和户外游戏环境	常规安排的活动	计步器	TPA
14	Pate	2016	美国	48 周	166,161	191,188	课程框架整合体干预,增加幼儿室内和户外游戏、学科课前的体力活动,改善体力活动游戏场地设施	常规安排的活动,未进行干预课程	加速度传感器	MVPA TPA
15	Reilly	2006	英国	24 周	231,250	244,237	每周 3 次 30 分钟体育活动与游戏课,提供家长教育指导	常规安排的活动且代班教师确保未增加与幼儿能力发展有关的课程与活动	加速度传感器	MVPA TPA
16	Tucker	2017	英国、加拿大	8 周	185,126	178,160	改善可移动游戏器材的配置,教师培训,改进户外活动时间的安排	常规安排的活动与课程,其中包括每日 2 次 60 分钟的常规户外活动	加速度传感器	MVPA TPA

续表

编号	文献作者（第一作者）	年份	国家	干预活动持续长度	样本（实验组，对照组）	性别（男，女）基线数据	干预手段	对照组活动	测量工具	结局指标
17	Wadsworth	2020	美国	7周	25,23	52,46	每周2次30分钟有组织的活动，目标明确的户外体力活动游戏（强调基本动作练习，多种运动项目参与）	户外的自主游戏活动，无教师引导与指导	加速度传感器	MVPA
18	Alhassan	2016	美国	24周	120,118	119,119	在每日20分钟户外自主游戏活动之前加入10分钟教师在室内指导的身体大肌肉动作练习	30分钟无指导或引导的户外自主游戏活动	OSRAC－P	MVPA
19	De Bock	2013	德国	36周	433,370	430,396	每周2次每次1小时体操课，提供家长指导，课后布置家长参与和指导内容巩固固任务	每周2次每次1小时体操课，无家长参与和指导	加速度传感器	MVPA
20	Fitzgibbon	2011	美国	14周	96,94	329,289	每周2次20分钟以体育重控制为目标的体育活动与游戏课，家庭体育活动任务推送	常规体育活动	加速度传感器	MVPA TPA

续表

编号	文献作者（第一作者）	年份	国家	干预活动持续长度	样本（实验组，对照组）	性别（男，女）基线数据	干预手段	对照组活动	测量工具	结局指标
21	Goldfield	2016	加拿大	24周	40，43	41，42	每2周1小时面向幼儿教师促进相关家庭教育及答疑	常规课程	加速度传感器	MVPA TPA
22	O'Dwyer	2013	英国	6周	103，115	112，106	每周1次1小时有组织的体育活动	常规安排的活动与课程	加速度传感器	MVPA TPA
23	Adamo	2017	加拿大	24周	7156	215，212	针对幼儿体育相关知识对教师进行管理者进行培训，组织研讨会，提供家庭教育知识支持	常规课程	加速度传感器	MVPA TPA
24	Bonvin	2013	瑞士	32周	188，196	335，313	每日有组织的体育活动与游戏，升级室内外场地，提供家长指导	常规安排的活动与课程	加速度传感器	MVPA
25	Jones	2011	澳大利亚	20周	45，52	未提供	每3次20分钟体育活动与游戏，教师积极参与到幼儿自主游戏中，改善可移动游戏设施的布置	常规安排的活动，包括室内外的游戏活动	加速度传感器	MVPA

表 3 - 2　最终纳入文献分组情况

变量		文献编号(编号顺序同文献基本信息表)
干预活动持续长度	4 周及以内	1,2,9
	5 ~ 11 周	3,12,22,17,16
	12 ~ 23 周	11,20,25,4,5,13,8
	24 周及以上	6,7,10,14,15,18,19,21,23,24
干预活动的组织形式	有组织的活动	2,3,6,7,8,9,10,11,13,14,15,17,18,19,20,21,22,23,24,25
	自主游戏	1,12,4,5,16
干预措施	体育活动与游戏	1,2,3,8,9,10,18,11,15,17,20,22
	体育场地和器材设施	12,19,5
	综合干预	3,4,6,16,13,14,7,21,23,24,25
干预范围	幼儿园内	1,2,3,4,5,9,10,11,12,13,14,16,17,18,21,22,25
	幼儿园与家庭协作	6,7,8,15,19,20,23,24
干预对象	幼儿	1,2,3,5,6,8,9,11,12,13,14,15,17,18,19,20,22,25
	幼儿与教师	4,7,16,21,23,24
测试时间段	全天	2,5,6,7,8,14,15,19,20,22,23
	在园时间	1,3,4,10,11,12,13,16,18,21,24
	干预过程中	9,17,25
测量工具	加速度传感器	1,2,3,4,5,6,7,12,14,15,16,17,19,20,21,22,23,24,25
	计步器	13,11
	秒表	9
	活动记录表	8,10,18
测量结局指标	中高强度体力活动(MVPA)	1,2,3,4,5,6,10,11,12,14,15,16,17,18,19,20,21,22,23,24,25
	总体的体力活动(TPA)	4,7,6,8,9,13,14,16,19,22,23

三　文献质量评价

对纳入本研究的 25 篇文献进行的质量评价结果显示，所有文献都至少在一个评价指标上存在高风险偏倚。有 12% 的文献在随机抽样（选择偏倚）评价指标上存在高风险；12% 的文献在分配隐藏（选择偏倚）评价指标上

存在高风险；16%的文献在参与盲法（实施偏倚）评价指标上为高风险；只有8%的文献在结局评估盲法（测量偏倚）评价指标上为低风险；12%的文献在结局数据完整性（损耗偏倚）评价指标上为高风险；选择性报告（发表偏倚）和其他偏倚两个指标的评价结果的低风险率相对较理想，分别是92%和100%。总体来说，10项研究的质量评价结果中有5个评价指标为低风险，文献质量相对较高；而有5项研究的质量评价结果只有3个评价指标为低风险，或存在3个高风险的评价指标，提示存在较高的研究偏倚。具体结果如图3-2、图3-3所示。

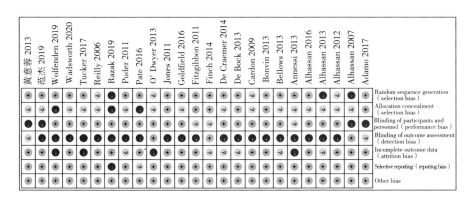

图 3-2　文献质量评价

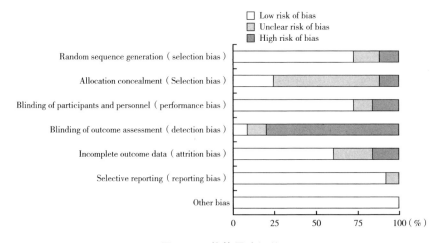

图 3-3　偏倚风险汇总

四　荟萃分析

依据结局指标的不同，将最终纳入本研究的文献归纳为 MVPA 组和 TPA 组，并分别通过荟萃分析探索干预实验对于幼儿中高强度体力活动和总体的体力活动参与情况的影响。

（一）异质性分析

异质性检验结果显示，MVPA 组的 21 篇文献（23 个结局数据），I2 = 67.5% > 50%，且 Q 检验的 P < 0.1；TPA 组的 11 篇文献，I2 = 81% > 50%，且 Q 检验的 P < 0.1 提示本次研究选择的文献之间存在较强异质性。因此，继续利用敏感性分析对异质性产生的原因进行考察，分析结果显示，MVPA 组 Alhassan（2007）、Alhassan（2013）、Wolfenden（2019）、Annessi（2013）和 Razak（2019）5 篇文献的结局参数与其他文献存在较强的异质性；TPA 组 Tucker（2017），O'Dwyer（2013）2 篇文献的结局参数与其他文献存在较强的异质性。结合敏感性分析和文献质量评价的结果，考虑研究总体偏倚风险有可能是造成 MVPA 组异质性的主要原因；而 TPA 组异质性的来源可能是研究结局数据的缺失。敏感性分析结果如图 3 - 4 所示。

（二）整体效应分析

由于无论是在 MVPA 组还是在 TPA 组，纳入本研究的文献之间皆存在较强的异质性，故首先采用随机效应模型对从中提取的 MVPA 组 23 个结局数据、TPA 组 11 个结局数据的效应量分别进行合并分析，结果显示，MVPA 组效应量 d = 0.18，且显著（Z = 3.59，P = 0.000 < 0.053），TPA 组 d = 0.26，且显著（Z = 2.72，P = 0.007 < 0.05），说明干预实验无论是对于幼儿的中高强度体力活动还是总体的体力活动都起到了少量的促进作用；但考虑到前期敏感性分析结果，进而在 MVPA 组和 TPA 组分别剔除 5 篇和 2 篇研究偏倚风险较高的文献，采用固定效应模型分别对 MVPA 组剩余 18 个结局数据、TPA 组 9 个结局数据进行整体效应分析，结果显示各组文献间异质性较小（MVPA 组 I2 = 31% < 50%，且 Q 检验的 P = 0.11 > 0.1；TPA 组 I2 = 25% < 50%，且 Q 检验的 P = 0.22 > 0.1），模型皆具有较高的稳定性，

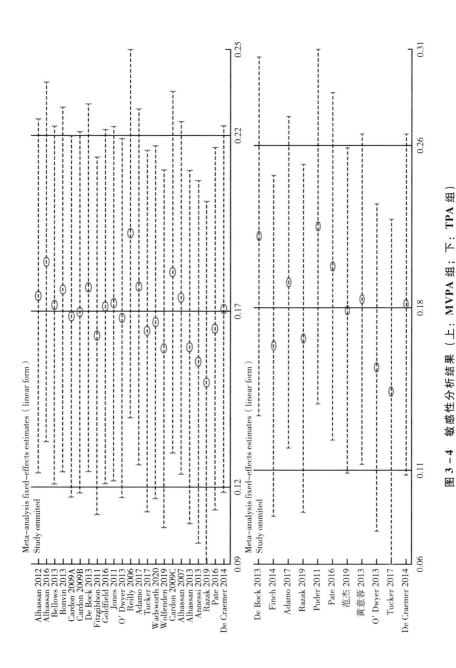

图 3 - 4　敏感性分析结果（上：MVPA 组；下：TPA 组）

MVPA组合并效应量 d = 0.11，且显著（Z = 3.59，P = 0.0003 < 0.05），TPA组 d = 0.12，且显著（Z = 2.84，P = 0.004 < 0.05），同样显示干预实验对于幼儿的中高强度体力活动和总体的体力活动都有促进作用。关于效应量的大小需要说明的是，虽然教育研究领域中的很多教育干预措施的结局效应量较小，但依然可以说明干预的积极效果。[①] 图 3 - 5 为 MVPA 组和 TPA 组固定效应模型荟萃分析森林。

（三）偏倚检验

偏倚检验的"漏斗图"是通过检验所有研究的结局数据是否均衡地分布在合并效应量线的两边，以直观地反映所纳入研究的文献是否存在发表偏倚。[②] 图 3 - 6 为 MVPA 组和 TPA 组固定效应模型结果的发表偏倚"漏斗图"，各研究的结局数据在图中的位置基本对称。继而进行的 Egger 检验结果显示 MVPA 组 t = 0.20，P = 0.847 > 0.05；TPA 组 t = 0.50，P = 0.631 > 0.05，说明本研究所纳入的文献不存在发表偏倚。

（四）调节变量分析

对干预活动持续长度、干预活动的组织形式、干预措施、干预范围、干预对象、测试时间段、测量工具这七个调节变量分别进行了亚组分析，各调节变量分别对于幼儿总体的体力活动和中高强度体力活动影响的具体分析结果见表 3 - 3。

以干预活动持续长度作为调节变量的亚组分析结果显示，对于幼儿的总体的体力活动参与，24 周及以上干预活动持续长度的影响不显著，4 周及以内（d = 0.66）和 5 ~ 11 周（d = 0.50）干预的积极影响达到中等效应量，12 ~ 23 周（d = 0.32）干预的积极影响为小效应量；对于中高强度体力活动，同样表现为 24 周及以上的干预影响不显著，4 周及以内（d = 0.60）干预的促进作用效应量最大，12 ~ 23 周（d = 0.36）和 5 ~ 11 周（d = 0.22）

---

① Robert Coe，"It's the Effect Size，Stupid：What Effect Size is and Why It is Important，" *The British Educational Research Association Annual Conference*，Exeter，12 - 14 September，2002.

② J. L. Flanders et al.，"Rough-and-Tumble Play and the Regulation of Aggression：An Observational Study of Father-Child Play Dyads，" *Aggressive Behavior* 5（2009）：285 - 295.

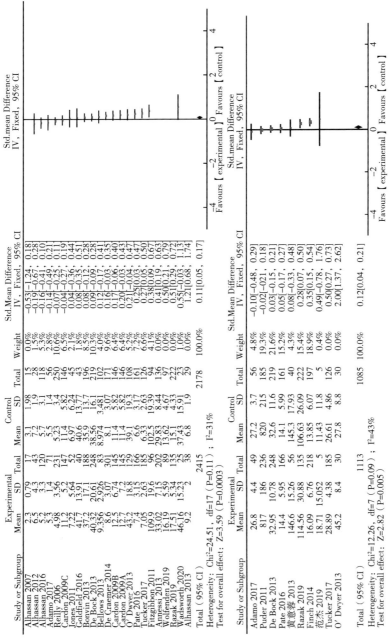

图 3 - 5 固定效应模型荟萃分析森林（上：MVPA 组；下：TPA 组）

（注：MVPA 或 TPA 的量化计数用平均值和标准差描述，图中分别显示为"Mean"和"SD"，图中"Experimantal"为接受干预措施的实验组，"Contral"为对照组，"Total"为各组人数）

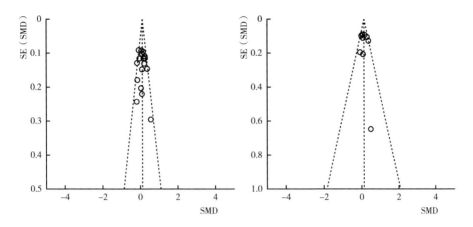

图3-6 MVPA组和TPA组固定效应模型结果的发表偏倚"漏斗图"
（左：MVPA组；右：TPA组）

干预的影响为小效应量。

以干预活动的组织形式作为调节变量的亚组分析结果显示，对于幼儿的总体的体力活动参与，两种干预形式都表现为显著的小效应量的促进作用，其中自主游戏干预效应量较大（d=0.38），有组织的干预活动的效应量较小（d=0.12）；对于中高强度体力活动参与，自主游戏干预效应量比有组织的干预活动的效应量依然相对较大，分别为d=0.21和d=0.15。

以干预措施作为调节变量的亚组分析结果显示，对于幼儿的总体的体力活动参与，以体育活动和游戏为单一手段的干预措施的积极影响达到了中等效应量（d=0.65），而以改善体育场地和器材设施为手段的干预措施的影响非常微小（d=0.03），综合前两种手段的干预措施表现出了小效应量（d=0.19）的促进作用；这三类干预措施对于中高强度体力活动都表现出小效应量的促进作用，效应量分别为d=0.15、d=0.15、d=0.21。

以干预范围作为调节变量的亚组分析结果显示，只有在幼儿园进行的干预表现出显著促进作用，但对于幼儿的总体的体力活动影响的效应量非常小（d=0.05），对于中高强度体力活动的促进作用达到小效应量（d=0.23）。

表3-3 调节变量亚组分析结果

调节变量		样本量		效应量 d(95%置信区间)		显著性检验参数			
		MVPA组	TPA组	MVPA组	TPA组	MVPA组		TPA组	
						Z	P	Z	P
干预活动持续长度	4周及以内	99	156	0.594(0.172~1.017)	0.655(0.314~0.995)	2.76*	0.006	3.77*	<0.000
	5~11周	1809	311	0.219(0.126~0.312)	0.498(0.268~0.728)	4.61*	<0.001	4.25*	<0.000
	12~23周	1015	612	0.363(0.237~0.488)	0.320(0.157~0.482)	5.65*	<0.001	3.86*	<0.000
	24周及以上	2650	1919	0.051(-0.026~0.128)	0.036(-0.063~0.135)	1.30	0.192	0.71	0.477
干预活动的组织形式	有组织的活动	3428	2330	0.145(0.076~0.214)	0.121(0.032~0.210)	4.12*	<0.001	2.67*	0.008
	自主游戏	2145	668	0.208(0.124~0.292)	0.383(0.226~0.540)	4.86*	<0.001	4.79*	<0.000
干预措施	体育活动与游戏	1887	166	0.145(0.054~0.237)	0.647(0.318~0.976)	3.12*	0.002	3.86*	<0.000
	体育场地和器材设施	1528	467	0.153(0.052~0.253)	0.031(-0.150~0.213)	2.97*	0.003	0.34	0.735
	综合干预	2158	2365	0.205(0.119~0.292)	0.188(0.099~0.277)	4.67*	<0.001	4.16*	<0.000
干预范围	幼儿园	3452	1501	0.226(0.159~0.294)	0.049(-0.068~0.165)	6.55*	<0.001	5.54*	<0.000
	幼儿园与家庭协作	2121	1497	0.080(-0.006~0.166)	0.293(0.190~0.397)	1.82	0.069	0.82	0.413
干预对象	幼儿	4311	1350	0.156(0.095~0.216)	0.215(0.096~0.333)	5.05*	<0.001	3.55*	<0.000
	幼儿和教师	1262	1648	0.221(0.108~0.333)	0.163(0.060~0.265)	3.85*	<0.001	3.12*	0.002
测试时间段	全天	2554	1929	0.171(0.092~0.249)	0.039(-0.060~0.138)	4.25*	<0.001	0.77	0.439
	在园时间	2874	913	0.168(0.094~0.242)	0.377(0.244~0.510)	4.45*	<0.001	5.54*	<0.000
	干预过程中	145	156	0.210(0.119~0.538)	0.655(0.314~0.995)	1.25	0.210	3.77*	<0.000

续表

调节变量		样本量		效应量 d（95%置信区间）		显著性检验参数			
		MVPA 组	TPA 组	MVPA 组	TPA 组	MVPA 组		TPA 组	
						Z	P	Z	P
测试工具	加速度传感器	5150	2647	0.193（0.137～0.249）	0.169（0.086～0.252）	6.78*	<0.001	3.98*	<0.000
	计步器	185	245	0.118（-0.172～0.408）	0.361（0.108～0.613）	0.80	0.426	2.80	0.005
	秒表	无	96	无	0.538（-0.729～1.806）	无	无	0.83	0.405
	活动记录表	238	10	-0.165（-0.390～0.059）	0.079（-0.327～0.485）	1.44	0.150	0.38	0.702

注：＊显著性检验水平为 0.05。

以干预对象作为调节变量的亚组分析结果显示，无论是仅以幼儿作为干预对象还是对幼儿和教师共同进行的干预都对于幼儿的总体的体力活动表现出小效应量的显著促进作用，效应量分别为 d = 0.22、d = 0.16；两类干预对中高强度体力活动都有显著的小效应量促进作用，效应量分别为 d = 0.16、d = 0.22。

以测试时间段作为调节变量的亚组分析结果显示，对幼儿全天的活动进行测试得出的结果显示干预研究没有对幼儿的总体的体力活动产生显著的影响，但显示对中高强度体力活动产生了小效应量（d = 0.17）的促进作用；以幼儿在园时间为测试时间段的研究结果显示，干预措施对幼儿的总体和中高强度体力活动的参与都产生了显著的积极影响，效应量分别为 d = 0.38、d = 0.17；只对干预过程中的幼儿活动进行测试的研究则显示干预研究对于幼儿总体的体力活动产生显著影响，且显示促进作用达到了中等效应量（d = 0.66）。

以测量工具作为调节变量的亚组分析结果显示，利用加速度传感器进行的测试灵敏度较高，提示干预研究对于幼儿的总体和中高强度体力活动的参与都产生了小效应量的显著促进作用，效应量分别为 d = 0.17、d = 0.19；利用计步器进行测试的干预研究，仅显示对于幼儿总体的体力活动参与产生显著促进作用，效应量为 d = 0.36；以秒表和活动记录表作为测试工具的研究均未显示幼儿在任何体力活动上的参与产生显著变化。

第四节　讨论

本研究通过系统的文献回顾和荟萃分析，对国内外 25 篇依托幼儿园进行教育干预以促进幼儿体力活动参与的随机对照实验研究文献进行了全面系统的评估，旨在探索多样的教育干预措施对促进幼儿体力活动参与的有效性。一方面，对纳入本研究的多项干预措施的总体有效性进行了分析；另一方面，探讨了不同的干预活动持续长度、干预活动的组织形式、干预措施、干预对象、干预范围、测量工具和测试时间段对于干预效果的影响。文献质量评估和偏倚分析结果显示，研究结果具有较高的稳定性。

从总体上来说，这些教育干预措施对于幼儿的总体和中高强度体力活动皆显示有统计学意义的促进作用，但总体的积极影响表现为较小的效应量。既往的一些荟萃研究文献发现，教育干预对幼儿总体的体力活动有小到中等的影响，对中高强度体力活动有中等的影响，[①] 与本研究结果相似但不完全相同。由于将纳入的文献研究类型限定为随机对照实验研究，在一定程度上提高了对于干预方案设计、实施以及数据测量等研究细节的标准，而大部分类似研究主题的荟萃研究并没有将随机对照实验作为纳入文献的标准，这可能是本研究计算出的整体效应量相对较小的一个原因。但如前所述，许多研究已经表明教育类的干预实验效应量普遍较小，同时考虑到学前教育过程的复杂性和作为干预对象的幼儿的发展多样性，哪怕是微小但显著的统计结果都是证明干预措施效果的依据，不论是对科研人员还是对一线教师都具有重要的参考价值。

针对调节变量所进行的亚组分析结果为幼儿园教育干预的设计和实践都提供了很多启示。教育干预的效果并没有随着干预时间的延长而提高，相对最短的干预活动持续长度（4周及以内）的效应量最大，而最长的干预活动持续长度（24周及以上）并没对研究结局指标表现出显著的影响作用，但需要注意的是，以MVPA组为结局指标的4周及以内干预研究的总样本量相对其他亚组来说要小得多，这有可能会造成结果的偏倚，有待将来纳入更多的类似文献对其所显示的影响强度加以证明。因此，综合比较来看，5～11周的干预活动持续长度较为高效，干预效果的反馈较为敏感。这一结果从侧面也反映了儿童在幼儿时期日新月异的发展，教育干预措施也有必要在一定的周期内积极收集反馈并灵活地进行调整。

针对干预活动的组织形式，数据研究结果显示自主游戏相对于有组织的

---

① Elliott S. Gordon et al. , "Effectiveness of Physical Activity Interventions for Preschoolers: A Meta-Analysis," *Research Quarterly for Exercise and Sport* 3 (2013): 287 – 294; P. Tucker, "The Physical Activity Level of Preschool-aged Children: A Systematic Review," *Early Childhood Research Quarterly* 4 (2008): 547 – 558.

活动对促进幼儿总体的体力活动具有更多的优势，但对于中高强度体力活动来说，两者相差不大。自主游戏对于幼儿发展的重要价值早已在学前教育研究领域达成了共识，但无论对科研人员还是教师来说，幼儿自主游戏的设计和引导比有组织的活动更难把握，不仅要保证幼儿能够自主选择和开展游戏活动，同时要考虑到身体运动量的充足合理、保障幼儿在运动中的安全以及对幼儿运动能力的提高。要解决这个问题，一方面可以对更多国际幼儿体力活动自主游戏成熟研究案例进行收集和参考，另一方面在实际的科研和教育过程中积极尝试及鼓励在体育活动课程中加入更多融入了教育目标的自主游戏。

在以干预措施为调节变量的亚组分析结果中，虽然仅以体育活动与游戏作为单一干预手段的研究对于幼儿总体的体力活动的促进影响产生了最大的效应量，但这一类研究的总体样本量（$N = 166$）最少，甚至只有以综合干预手段进行的干预研究的总样本量（$N = 2365$）的 7%，因此笔者怀疑其表现出的中等效应影响存在样本量差异所造成的研究偏倚。同时，经过仅纳入各干预措施组样本总量类似、以中高强度体力活动作为结局指标的文献尝试进行的统计结果进一步证明了这一点：仅以体育活动与游戏作为单一干预措施的干预方案失去了前述优势，以综合干预为干预措施的研究显示了比其他类型干预措施更大的效应量。

许多纳入本研究的文献都在教育干预中加入了家校合作的元素，将干预范围扩大到了幼儿家庭，比如向家长发放体育活动指导手册、提供家长课堂、组织亲子活动、布置幼儿的家庭运动作业等，但荟萃分析的亚组分析结果并没有显示这一类干预对于幼儿总体的和中高强度体力活动产生显著影响作用。相比而言，没有涉及家校合作的干预研究对于幼儿的体力活动有显著的促进作用。究其原因可能在于，干预研究的范围从幼儿园扩大到幼儿的家庭，在实践操作层面增加了干预过程的控制难度，研究方案的执行个体差异较强，整体干预质量难以保证。

无论是仅将幼儿作为干预对象的研究，还是将幼儿教师也纳入干预方案的研究，对于幼儿的体力活动的促进作用差别不大。虽然统计结果显示，对幼儿和教师同时进行的干预对幼儿的中高强度体力活动促进的效应量更大，但一方面鉴于这类研究总样本量比仅对幼儿进行干预的研究总样本量少，另一方面在这些研究中对于教师所采用的干预措施也有较大的差异，因此相关结论仍有待在未来纳入更多类似设计的研究中加以进一步探讨。

从以研究测量结局指标的测试时间段作为亚组变量进行的分析结果可以看出，大部分研究选择了全天或在园时间对幼儿的体力活动进行测试，后者比前者能够更显著地反映干预研究对幼儿体力活动的促进。对于幼儿的全天体力活动进行测试意味着包含放学后的时间和周末的时间，一方面考量的是教育干预措施的强度和效果是否能够延伸到幼儿园以外，另一方面也会受到幼儿所生活的家庭和社区环境等多种因素的影响，想要从中抽析幼儿园内教育干预的影响，仍需对研究方案的设计和幼儿所处的社会背景进行更细致地探索。而在干预过程中所得到的结果则是另一个极端，这类测试结果显示干预效果达到了中等效应量，远大于其他两类测试结果的效应量。需要注意的是只有少部分研究的测试结果来自干预过程中（总样本量小于200），这从侧面已反映大多数研究者对于这个测试时间段谨慎选择的态度。就教育干预的目的而言，从短期来讲是提高幼儿体育活动时间段内的运动效率和效果，从干预过程中得到的数据能够更敏感地反映这一短期效果，但从长期来讲则是培养幼儿的运动兴趣和习惯，因此选择哪一个时间段对研究结局数据进行测量，有必要结合研究设计目的、研究对象的特点和环境因素的可控程度等因素来进行综合考虑。

80％以上的研究都选择了以加速度传感器作为结局指标的测量工具，测试结果显示这些教育干预研究对于幼儿体力活动参与产生了显著的促进效果。少数以计步器为测量工具的研究只体现干预措施对幼儿总体的体力活动的影响，且总效应量相比加速度传感器的测试结局数据要大，但这一结果同样有可能是由样本量的差异造成的，有待今后纳入更多同样测试方法的研究加以论证。在学前教育研究领域，活动记录表也是一种重要的测量工具，但记录和测试耗时长且较为复杂，而且活动记录表的设计和使用需要经过反复的实验和严格的信效度检验加以完善，需要研究人员具备一定的幼儿活动观察经验，纳入本研究的文献里只有三项研究采用了这种测量工具，并且没有在总效应量上表现出显著的干预影响。本研究中只有一篇文献研究利用秒表测量结局指标，统计结果未显示产生显著的干预影响。

荟萃研究为研究者系统地探索前人的研究经验提供了更广阔的思路，但由于荟萃研究建立在对已有的研究数据进行归纳和分析的基础上，因此许多原始研究造成的不可控因素会对荟萃研究结果的准确性造成影响。就本研究而言，首先，文献检索和纳入受限于语言和版权问题，研究文献的全面性仍有待继续完善；其次，相比英文文献来说，大量的相关中文干预研究类文献在研究设计和其所提供的结局指标数据方面难以满足随机实验类文献的荟萃研究要求，未能最终纳入荟萃研究，这在很大程度上造成了本研究总样本量中来自我国的研究样本量占比稀少，难以反映我国的教育干预类研究对于幼儿体力活动的影响；最后，相对于基于在原始研究前已被纳入实验设计研究假设的调节变量分析，荟萃研究对于调节变量的分析是基于综合多个不同原始研究项目结果的探索类的事后分析，无论是筛选出的调节变量的全面性还是对每一个调节变量分组的细致度都会受到限制。未来仍需纳入更多的相关研究文献进一步改善这一问题。

第五节　小结

第一，基于幼儿园的体育活动的教育干预能够促进幼儿体力活动的参与。

第二，5～11周的中长期干预和以自主游戏活动作为主要干预活动的组织形式对于幼儿体力活动的促进效果相对较好。

第三，综合了体育活动、多学科融合和运动场地改善等多种教育手段以及对幼儿教师同时提供教育支持的干预效果最优；将体育活动的教育干预延伸至幼儿的家庭，并没有体现对于幼儿体力活动参与的显著影响。

第四，利用加速度传感器对幼儿在各强度水平的体力活动进行测试相比其他测量工具更为敏感且易操作。

第五，基于幼儿的在园时间或控制了其他干扰因素的全天时间所得到的幼儿体力活动数据所反映的干预效果相对更为客观和可靠。

第四章　幼儿园之外的体力活动游戏对幼儿发展的影响

相比在幼儿园内形式、内容和参与频率趋同的幼儿活动，幼儿在幼儿园外进行的活动更能体现幼儿之间无论是活动参与情况，还是活动本身对于幼儿发展影响方面的个体差异。体力活动游戏是促进幼儿全面发展的重要活动，也是幼儿的日常活动之一，本部分研究对幼儿在幼儿园之外的活动与游戏情况进行了调查，旨在更加具体深入地探讨体力活动游戏相比其他活动与游戏对于幼儿健康发展的价值，并进一步比较不同的体力活动游戏项目以及参与频率对幼儿身心健康影响的差异。

第一节　研究对象与方法

一　研究对象

本部分研究将幼儿园之外的体力活动游戏对幼儿在身体形态、运动能力以及情绪与行为心理健康表现等方面的影响作为研究对象，对随机抽样的500 名幼儿（2014 年 9 月时就读幼儿园中班）进行了跟踪研究，参与调查的幼儿来自广州市越秀、天河、白云、荔湾、海珠五个区共 23 所幼儿园。研究数据的搜集工作于 2014 年 9 月至 2016 年 6 月分两个阶段完成。第一阶段为 2014 年 9 月至 11 月，被调查对象处于幼儿园中班；第二阶段为 2016 年 4 月至 6 月，被调查对象处于幼儿园大班。

二 研究方法

（一）幼儿活动与游戏（幼儿园之外）问卷调查

本部分研究来自笔者自编的《幼儿活动与游戏（幼儿园之外）调查问卷》（见附件1），问卷分为"中班"和"大班"两个版本，"中班"问卷用于第一阶段调查，"大班"问卷用于第二阶段调查，问卷由被调查幼儿的家长填写完成。问卷内容包括两个部分，第一部分是幼儿的基本情况和家庭背景，包括幼儿的性别（1.男 2.女）、主要看护人的年龄（1.18～29岁 2.30～39岁 3.40岁及以上）和性别（1.男 2.女）、主要看护人的受教育情况（1.初中及以下 2.高中或中专 3.大学专科及本科 4.硕士研究生及以上）、家庭较高收入成员的职业（1.专业技术或管理人员 2.普通文职人员 3.农业、手工业、服务业体力劳动者）；第二部分是对幼儿在幼儿园之外的活动与游戏的选择和参与频率进行的调查，这些活动与游戏包括在幼儿园之外与家人一起进行的、幼儿独自或和小伙伴一起进行的（常见的体力活动游戏在问卷中单列为一类），考虑到被调查对象的年龄差异，"中班"问卷和"大班"问卷在第二部分稍有区别。调查问卷第二部分问题分为三类：第一类，家人和幼儿一起在幼儿园之外进行的活动与游戏，如"和孩子一起玩电子游戏""读书或者讲故事给孩子听""和孩子一起用电子终端（电脑、手机或者平板电脑）学习教育类内容""和孩子一起去图书馆""和孩子一起玩积木和拼图"（仅中班问卷）"和孩子一起进行体力活动游戏""和孩子一起参观博物馆、植物（动物）园""和孩子一起去购物"；第二类，幼儿独自或和小伙伴一起在幼儿园之外进行的活动与游戏，如"孩子独自玩电脑、手机或平板电脑""孩子独自或和小伙伴一起玩'过家家'游戏""孩子独自或和小伙伴一起涂色、画画或玩积木、拼插模型""孩子独自或和小伙伴一起唱歌跳舞""孩子独自进行娱乐类阅读"（仅大班问卷）"孩子在工作日注视（观看）电子屏幕的总时间"（仅大班问卷）"孩子在周末注视（观看）电子屏幕的总时间"（仅大班问卷）；第三类，幼儿在幼儿园之外进行的体力活动游戏，如"玩攀爬游戏"（仅中班问卷）"骑儿童自行车、三轮车或踏板车""玩轮滑类游戏"（仅中班问卷）"和小伙伴一起玩追逐打闹游戏""玩球"（仅中班问卷）"大运动量的体力活动游戏，比如奔跑、攀爬、跳跃、球类运动"（仅大班问卷）。调查问卷第二部分问题在题目中出现的"时间"以"小时"为单位计，其他问题的选项均设定为五级选项：1. 从来没有过；2. 偶尔并少于一周 1 次；3. 一周 1~2 次；4. 一周 3~4 次；5. 一周 5 次及以上。

两份问卷是对于同一批调查对象（共计 500 名幼儿）的追踪调查，第一阶段调查回收有效问卷 449 份，有效率为 89.8%，第二阶段调查回收有效问卷 250 份，有效率为 55.7%（基数为第一次调查的有效样本数：449）。问卷信度 Cronbach's Alpha 为 0.613，问卷的内部一致性可以接受；效度检验 KMO 为 0.639，巴特利球体检验的显著性小于 0.05，通过效度检验。

（二）身体质量指数（BMI）测量

本研究按照《国民体质测定标准手册》（幼儿部分）[①] 测试要求对同一批参与本研究的调查对象（共计 500 名幼儿）的身高、体重进行了追踪测量。并利用公式：身体质量指数（BMI）= 体重（kg）/ 身高^2（m^2）换算出幼儿的身体质量指数，继而结合幼儿月龄依据世界卫生组织 BMI 评价标准（Z 分数评分法）[②] 将所调查幼儿的 BMI 划分为正常、超重（大于相应月龄 Z 评分参考表中 1 个标准差对应值）和肥胖（大于相应月龄 Z 评分参考表中 2 个标准差对应值）三个等级，以反映幼儿的身体形态状况，幼儿身体质量指数等级评价 Z 分数评分简表见附件 2。第一阶段测量取得有效样本 441 例，第二阶段测量取得有效样本 184 例。

（三）运动能力测试

对于参与调查幼儿的运动能力测试参考了《国民体质测定标准手册》

---

① 国家体育总局：《国民体质测定标准手册》（幼儿部分），人民体育出版社，2003。
② World Health Organization，"Body mass inder-for-age（BMI-for-age），"2022，https：//www.who.int/toolkits/child - growth - standards/standards/body - mass - index - for - age - bmi - for - age.

（幼儿部分）①、《3－6岁儿童学习与发展指南》②，由于本研究样本幼儿来自广州地区，因此测试项目的选择同时参考了广东省教育厅关于"幼儿体质测查标准"的督导评估指导方案，结合目前所调研的广东省内幼儿园体育活动普遍开展的体育活动项目，最终将测量内容确定为20米快跑、立定跳远、投掷沙包、拍球（1分钟）（以下简称为"拍球"）、单脚站立共五项体育活动项目，以从力量、耐力、灵敏、平衡、协调等身体素质表现出发对幼儿的运动能力进行全面的了解。每个项目分别取两次测量结果中最好的一次成绩，具体测量要求为：20米快跑，幼儿站立在起跳线上后，听教师口令起跑，测试教师同时开始计时，记录幼儿20米快跑用时，测量单位为"秒"；立定跳远，幼儿站立在起跳线上后，摆动双臂，双脚蹬地向前起跳，双脚落地，测试教师用软尺测量起跳线到幼儿落地脚跟的距离，测量单位为"厘米"；投掷沙包，幼儿两脚前后分开站立于投掷线后约一步距离处，单手（可左手或右手）将沙包（重量为约60g）举过头顶向前投出，投出时后脚可向前迈一步，但不能踩踏（越过）投掷线，测试教师用软尺测量投掷线至沙包落点的距离，测量单位为"厘米"；拍球，听教师口令开始任意用左右手拍球一分钟，测试教师记录累计拍球次数，记录单位为"次/分钟"；单脚站立，幼儿一脚着地，另一脚抬起离开地面，测试教师用秒表记录幼儿单脚离开地面起至触地的时长，测量单位为"秒"。第一次调查测得运动能力有效样本数据441例，第二次184例。

（四）情绪与行为心理健康表现测量

本部分研究采用的《长处与困难量表》（家长版）对参与调查幼儿的情绪与行为心理健康表现进行测试和评估，具体得分体现幼儿在情绪问题、品行问题、多动症状、同伴相处和亲社会行为五个维度以及"长处与困难"总分的情况，每个维度分别设计了五个问题来反映幼儿的相关心理健康表现，每个问题由家长判断题目的描述"不符合"、"有点符合"或"完全符

① 国家体育总局：《国民体质测定标准手册》（幼儿部分），人民体育出版社，2003。
② 中华人民共和国教育部：《3－6岁儿童学习与发展指南》，2012年10月9日，http://www.moe.gov.cn/srcsite/A06/s3327/201210/t20121009_143254.html。

合"幼儿的真实情况，量表见附件3。评价总分与幼儿心理健康的关系表现为分数越高存在问题越多，越需要得到重视。本研究对幼儿情绪与行为心理健康表现的整体评价选用了《长处与困难量表》（家长版）的"长处与困难"总分，评价标准为总分 0 ~ 13 分为正常，14 ~ 16 分为临界，17 ~ 40 分为存在困难。[①]

《长处与困难量表》（家长版）（*Strengths and Difficulties Questionnaire，SDQ*）的原始版本为英文，编制于 1997 年，目前已被翻译为多种语言版本（中文版由杜亚松等人修订）[②] 在世界范围内广泛使用，问卷的信效度良好。[③] 我国自 2005 年起开始有学者在公开发表的研究中使用该量表，该量表在对中国儿童的相关研究中信效度指标表现也较为理想，其中在 2016 年前公开发表的 5 篇研究所报告的内部一致性的样本量权重的平均值为 0.71，[④] 近期亦有多项研究所报告的 Cronbach's Alpha 系数在 0.55 以上，[⑤] 1 项研究报告了良好的内容信效度。[⑥]

本问卷由参与调查的幼儿的父母（主要看护人）填写，问卷发放和回收时间与《幼儿活动与游戏（幼儿园之外）调查问卷》相同，第一阶段调查回收有效问卷 449 份，有效率为 89.8%，第二阶段调查回收有效问卷 250

---

① A. R. Goodman， "Strengths and Difficulties Questionnaire as a Dimensional Measure of Child Mental Health," *Journal of the American Academy of Child & Adolescent Psychiatry* 4（2009）：400 – 403.

② 杜亚松等：《长处和困难问卷研究》，《心理科学》2006 年第 6 期，第 1419 ~ 1412 页。

③ P. Kersten et al. ， "A Systematic Review of Evidence for the Psychometric Properties of the Strengths and Difficulties Questionnaire," *International Journal of Behavioral Development* 1（2016）：64 – 75；L. L. Stone et al. ， "Psychometric Properties of the Parent and Teacher Versions of the Strengths and Difficulties Questionnaire for 4 – to – 12 – Year-Olds：A Review," *Clinical Child and Family Psychology Review* 3（2010）：254 – 274.

④ 陈成滨、陈杰：《中文版长处和困难问卷心理测量学特性研究综述》，《中国公共卫生》2017 年第 4 期，第 685 ~ 688 页。

⑤ 蓝翠娟、李晶：《母亲工作状况对儿童情绪行为问题的影响：母亲思维方式的调节作用和家庭养育环境的中介作用》，《学前教育研究》2020 年第 2 期，第 57 ~ 67 页；陈轩等：《中班幼儿抑制控制能力和社会适应的关系》，《中国健康心理学杂志》2020 年第 6 期，第 895 ~ 900 页。

⑥ 寇建华、杜亚松、夏黎明：《儿童长处和困难问卷（父母版）上海常模的信度和效度》，《上海精神医学》2005 年第 1 期，第 25 ~ 28 页。

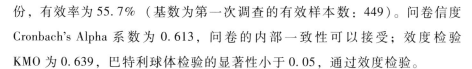

份，有效率为 55.7% （基数为第一次调查的有效样本数：449）。问卷信度 Cronbach's Alpha 系数为 0.613，问卷的内部一致性可以接受；效度检验 KMO 为 0.639，巴特利球体检验的显著性小于 0.05，通过效度检验。

（五）数据统计分析

本研究利用 SPSS 24.0 软件对数据进行统计处理，参与调查的幼儿所测得身体形态数据（身高、体重和 BMI）和运动能力测试结果（20 米快跑、投掷沙包、立定跳远、拍球、单脚站立）服从正态分布，以平均数±标准差（Mean±SD）描述，对于幼儿情绪与行为心理健康表现采用中位数和四分位间距进行描述。采用逻辑回归模型、线性回归模型分别对身体形态、运动能力、情绪与行为心理健康表现测评结果和幼儿在幼儿园之外的活动与游戏之间的关系进行探索分析，进而探讨体力活动游戏对于幼儿身心健康发展的影响。

第二节　结果与分析

一　幼儿活动与游戏（幼儿园之外）调查问卷结果

本部分研究对 500 名幼儿进行了两个阶段的追踪研究调查，第一阶段调查时幼儿就读于幼儿园中班，第二阶段调查时幼儿升入幼儿园大班，《幼儿活动与游戏（幼儿园之外）调查问卷》由幼儿的家长填写，本研究在第一次《幼儿活动与游戏（幼儿园之外）调查问卷》调查问卷发放和回收完成之后共收集有效样本数据 449 份，其中男童 192 份，女童 257 份；在参与调查幼儿在幼儿园大班的第二学期，课题组再次向第一阶段调查中的有效数据样本幼儿发放了第二阶段调查问卷，此次共回收有效问卷数据 250 份，其中男童 117 份，女童 133 份。表 4-1 为参与调查幼儿的基本情况，表 4-2 为幼儿活动与游戏（幼儿园之外）参与情况，表 4-3（该数据仅来自"大班"问卷）为第二次调查问卷所反馈的幼儿平均每个星期注视（观看）电子屏幕的时间。

表 4 - 1　幼儿基本情况

单位：人，%

阶段		第一阶段(幼儿园中班)调查		第二阶段(幼儿园大班)调查	
		人数	占比	人数	占比
幼儿的性别	男	192	42.8	117	46.8
	女	257	57.2	133	53.2
主要看护人的性别	男	9	2.0	3	1.2
	女	440	98.0	247	98.8
	未知	0	0.0	0	0.0
主要看护人的年龄(岁)	18 ~ 29	54	12.0	45	18.0
	30 ~ 39	256	57.0	146	58.4
	40 及以上	139	31.0	59	23.6
	未知	0	0.0	0	0.0
主要看护人的受教育情况	初中及以下	47	10.5	47	18.8
	高中或中专	226	50.3	192	76.8
	大学专科及本科	126	28.1	9	3.6
	硕士研究生及以上	50	11.1	2	0.8
	未知	0	0.0	0	0.0
家庭较高收入成员的职业	专业技术或管理人员	226	50.3	79	31.6
	普通文职人员	127	28.3	93	37.2
	农业、手工业、服务业体力劳动者	49	10.9	39	15.6
	未知	47	10.5	39	15.6

表 4 - 2　幼儿活动与游戏（幼儿园之外）参与情况

单位：人

频率		第一阶段(幼儿园中班)调查			第二阶段(幼儿园大班)调查		
		男童人数	女童人数	总计	男童人数	女童人数	总计
和孩子一起玩积木和拼图	从来没有过	0	1	1	—	—	—
	偶尔并少于一周 1 次	3	9	12	—	—	—
	一周 1 ~ 2 次	44	40	84	—	—	—
	一周 3 ~ 4 次	70	118	188	—	—	—
	一周 5 次及以上	75	89	164	—	—	—
	未知			0			

频率		第一阶段(幼儿园中班)调查			第二阶段(幼儿园大班)调查		
		男童人数	女童人数	总计	男童人数	女童人数	总计
和孩子一起玩电子游戏	从来没有过	73	102	175	44	60	104
	偶尔并少于一周1次	38	57	95	38	32	70
	一周1~2次	36	55	91	27	29	56
	一周3~4次	33	37	70	7	9	16
	一周5次及以上	12	6	18	1	2	3
	未知			0		1	1
和孩子一起去图书馆	从来没有过	68	88	156	15	22	37
	偶尔并少于一周1次	24	28	52	25	22	47
	一周1~2次	78	100	178	63	74	137
	一周3~4次	22	41	63	14	12	26
	一周5次及以上	0	0	0	0	0	0
	未知			0		3	3
读书或者讲故事给孩子听	从来没有过	2	4	6	8		12
	偶尔并少于一周1次	1	2	3	9	7	16
	一周1~2次	23	21	44	28	41	69
	一周3~4次	41	50	91	25	29	54
	一周5次及以上	125	180	305	45	49	94
	未知				2	3	5
和孩子一起用电子终端(电脑、手机或者平板电脑)学习教育类内容	从来没有过	59	85	144	16	20	36
	偶尔并少于一周1次	33	50	83	34	38	72
	一周1~2次	53	80	133	48	53	101
	一周3~4次	32	33	65	16	18	34
	一周5次及以上	15	9	24	3	2	5
	未知			0		2	2
和孩子一起进行体力活动游戏	从来没有过	9	10	19	4	5	9
	偶尔并少于一周1次	13	15	28	14	18	32
	一周1~2次	40	68	108	34	46	80
	一周3~4次	85	114	199	53	47	100
	一周5次及以上	45	50	95	11	13	24
	未知			0	1	4	5

续表

频率		第一阶段(幼儿园中班)调查			第二阶段(幼儿园大班)调查		
		男童人数	女童人数	总计	男童人数	女童人数	总计
和孩子一起参观博物馆、植物(动物)园	从来没有过	7	10	17	5	2	7
	偶尔并少于一周1次	19	24	43	11	19	30
	一周1~2次	143	184	327	95	99	194
	一周3~4次	23	37	60	6	12	18
	一周5次及以上	0	2	2	0	0	0
	未知			0		1	1
和孩子一起去购物	从来没有过	5	1	6	1	0	1
	偶尔并少于一周1次	10	9	19	6	7	13
	一周1~2次	57	76	133	54	64	118
	一周3~4次	114	159	273	53	59	112
	一周5次及以上	6	12	18	3	2	5
	未知			0		1	1
孩子独自玩电脑、手机或平板电脑	从来没有过	29	50	79	5	3	8
	偶尔并少于一周1次	8	29	37	11	14	25
	一周1~2次	32	53	85	31	35	66
	一周3~4次	62	76	138	43	43	86
	一周5次及以上	61	49	110	26	38	64
	未知			0	1		1
孩子独自或和小伙伴一起玩"过家家"游戏	从来没有过	5	2	7	5	6	11
	偶尔并少于一周1次	5	1	6	12	12	24
	一周1~2次	21	22	43	31	38	69
	一周3~4次	39	32	71	34	35	69
	一周5次及以上	122	200	322	34	42	76
	未知			0	1		1
孩子独自或和小伙伴一起涂色、画画或玩积木、拼插模型	从来没有过	2	0	2	4	6	10
	偶尔并少于一周1次	10		10	23	13	36
	一周1~2次	20	8	28	32	39	71
	一周3~4次	78	68	146	37	39	76
	一周5次及以上	82	181	263	20	33	53
	未知			0	1	3	4

续表

频率		第一阶段（幼儿园中班）调查			第二阶段（幼儿园大班）调查		
		男童人数	女童人数	总计	男童人数	女童人数	总计
孩子独自或和小伙伴一起唱歌跳舞	从来没有过	4	0	4	3	7	10
	偶尔并少于一周1次	10	0	10	21	15	36
	一周1~2次	43	7	50	28	44	72
	一周3~4次	56	61	117	28	29	57
	一周5次及以上	79	189	268	35	38	73
	未知			0	2		2
孩子独自进行娱乐类阅读	从来没有过	—	—	—	8	16	24
	偶尔并少于一周1次	—	—	—	17	19	36
	一周1~2次	—	—	—	15	24	39
	一周3~4次	—	—	—	29	32	61
	一周5次及以上	—	—	—	47	41	88
	未知	—	—	—	1	1	2
玩攀爬游戏	从来没有过	20	32	52	—	—	—
	偶尔并少于一周1次	33	53	86	—	—	—
	一周1~2次	45	64	109	—	—	—
	一周3~4次	27	42	69	—	—	—
	一周5次及以上	65	64	129	—	—	—
	未知	2	2	4			
玩球	从来没有过	0	6	6	—	—	—
	偶尔并少于一周1次	10	25	35	—	—	—
	一周1~2次	34	61	95	—	—	—
	一周3~4次	35	60	95	—	—	—
	一周5次及以上	113	105	218	—	—	—
	未知			0			
和小伙伴一起玩追逐打闹游戏	从来没有过	0	3	3	19	17	36
	偶尔并少于一周1次	5	10	15	12	34	46
	一周1~2次	15	29	44	43	41	84
	一周3~4次	26	52	78	24	24	48
	一周5次及以上	146	163	309	15	15	30
	未知			0	4	2	6

续表

频率		第一阶段(幼儿园中班)调查			第二阶段(幼儿园大班)调查		
		男童人数	女童人数	总计	男童人数	女童人数	总计
骑儿童自行车、三轮车或踏板车	从来没有过	8	6	14	11	8	19
	偶尔并少于一周1次	21	14	35	20	36	56
	一周1~2次	24	48	72	30	38	68
	一周3~4次	37	67	104	39	33	72
	一周5次及以上	102	122	224	16	16	32
	未知			0	1	2	3
玩轮滑类游戏	从来没有过	177	210	387	—	—	—
	偶尔并少于一周1次	7	17	24	—	—	—
	一周1~2次	4	10	14	—	—	—
	一周3~4次	1	10	11	—	—	—
	一周5次及以上	3	10	13	—	—	—
	未知			0			
大运动量的体力活动游戏,比如奔跑、攀爬、跳跃、球类运动	从来没有过	—	—	—	8	6	14
	偶尔并少于一周1次	—	—	—	9	22	31
	一周1~2次	—	—	—	47	39	86
	一周3~4次	—	—	—	28	36	64
	一周5次及以上	—	—	—	22	30	52
	未知				3		3

注:"—"表示该阶段问卷中不包含此题目。

表4-3 幼儿的"屏幕"时间

单位:小时

项目		男童	女童	总体
平均每个星期,幼儿注视(观看)电子屏幕的时间	周末	6.82±3.08	6.39±2.92	6.60±2.99
	工作日	3.96±2.39	3.78±2.30	3.87±2.34

注:仅对大班幼儿的调查问卷中含有此问题。

二 幼儿园之外的活动与游戏对幼儿身体质量指数(BMI)的影响

(一)幼儿身体形态指标基本情况

本节对参与调查的500名幼儿在幼儿园中班和大班阶段的身高、体重和

BMI三项身体形态指标及月龄分别进行了纵向测试和计算，幼儿园中班阶段获得有效样本数据441人，幼儿园大班阶段184人，每个项目的具体测试结果见表4-4、表4-5。

表4-4　幼儿园中班阶段幼儿身体形态指标测量结果

	男童(N=187)	女童(N=254)	总计(N=441)
身高(厘米)	107.17±4.82	106.23±5.37	106.63±5.16
体重(公斤)	17.62±2.38	17.16±2.41	17.36±2.4
BMI	15.3±1.4	15.19±1.62	15.24±1.53
月龄	55.31±4.19	55.46±4.27	55.39±4.24

表4-5　幼儿园大班阶段幼儿身体形态指标测量结果

	男童(N=84)	女童(N=100)	总计(N=184)
身高(厘米)	112.52±4.87	112.8±4.88	112.67±4.86
体重(公斤)	19.64±2.61	20.04±2.86	19.86±2.75
BMI	15.46±1.24	15.7±1.63	15.59±1.47
月龄	74.82±4.38	74.55±5.09	74.67±4.77

对于男女童在同一阶段的测试结果进行的独立样本检验分析表明，男女童在身高、体重和BMI三项身体形态指标上不存在显著差异。对于跟踪测试数据进行的配对样本检验分析如图4-1所示，由于第一次测试（2014年9月至11月）与第二次测试（2016年4月至6月）相隔约一年半，幼儿的身体发育呈正常的自然增长，无论是从总体上来看，还是分别从男童或女童群体来看，幼儿园大班阶段的所有测试数值比幼儿园中班阶段的测试数值有显著的增加。

（二）幼儿园之外的活动与游戏对幼儿园中班幼儿身体质量指数的影响

参与调查的儿童刚刚进入幼儿园中班阶段，本部分研究将他们的身体质量指数（BMI）作为因变量，其潜在的影响因素评价主要来自笔者自编的《幼儿活动与游戏（幼儿园之外）调查问卷》（中班阶段），主要包括两个部分共计22个自变量，第一部分是幼儿的基本情况和家庭背景，包括幼儿的性别、主要看护人的年龄和性别、主要看护人的受教育情况、家庭较高收

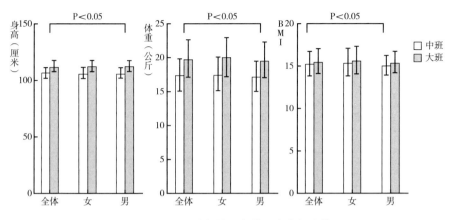

图 4-1 不同时期幼儿身体形态指标比较

入成员的职业；第二部分是幼儿活动与游戏的选择和参与频率，包括与主要看护人的亲子活动、幼儿独自或和小伙伴一起进行的活动与游戏（包括常见的体力活动游戏）。通过所调查的 449 名幼儿园中班幼儿的身高、体重、计算得出每个幼儿相对应的 BMI，其中得到有效数据 441 例，再根据世界卫生组织所提供的参考标准将所调查幼儿的 BMI 划分为正常、超重和肥胖三个等级，具体结果如表 4-6 所示，但鉴于所调查样本中达到肥胖等级的孩子只占总样本量的 3.6%，如果直接将其作为一组样本进行影响因素的分析，会造成分析模型的不稳定和结果的偏差，所以本研究在后续的数据分析中将超重组和肥胖组幼儿的数据合并为超过正常体重组，将最终分为两组的 BMI 等级作为本节研究的因变量。根据样本数据的类型和本研究的目的，在 SPSS 24.0 中采用逻辑回归模型对因变量和多个自变量之间的关系进行探索分析。

表 4-6 幼儿园中班阶段幼儿身体质量指数（BMI）等级划分结果

单位：人，%

	男童		女童		总计	
	人数	百分比	人数	百分比	人数	百分比
正常	153	81.8	196	77.2	349	79.1
超重	27	14.4	49	19.3	76	17.2
肥胖	7	3.7	9	3.5	16	3.6
总计	187	100.0	254	100.0	441	100.0

结果显示，有 20 个自变量最终纳入回归模型，分别是"幼儿的性别""家庭较高收入成员的职业""主要看护人的受教育情况""主要看护人的性别""主要看护人的年龄""和孩子一起玩电子游戏""和孩子一起用电子终端（电脑、手机或者平板电脑）学习教育类内容""和孩子一起进行体力活动游戏""和孩子一起参观博物馆、植物（动物）园""和孩子一起去购物""和孩子一起去图书馆""和孩子一起玩积木和拼图""孩子独自玩电脑、手机或平板电脑""孩子独自或和小伙伴一起玩'过家家'游戏""孩子独自或和小伙伴一起涂色、画画或玩积木、拼插模型""孩子独自或和小伙伴一起唱歌跳舞""玩攀爬游戏""骑儿童自行车、三轮车或踏板车""玩轮滑类游戏""玩球"。回归模型中分类型自变量编码说明：幼儿的性别中的参考类别为"男"，（1）为"女"；主要看护人的性别中参考类别为"男"，（1）为"女"；家庭较高收入成员的职业中的参考类别为"专业技术或管理人员"，（1）为"普通文职人员"，（2）为"农业、手工业、服务业体力劳动者"；主要看护人的受教育情况中的参考类别为"初中及以下"，（1）为"高中或中专"，（2）为"大学专科及本科"，（3）为"硕士研究生及以上"；主要看护人的年龄中的参考类别为"18～29 岁"，（1）为"30～39 岁"，（2）为"40岁及以上"。所有的活动与游戏频率中的参考类别为"从来没有过"，（1）为"偶尔并少于一周 1 次"，（2）为"一周1～2 次"，（3）为"一周 3～4 次"，（4）为"一周 5 次及以上"（表 4－2 中的"未知"项并入此项）。（若无特殊说明，本章中其他回归模型中自变量的编码皆以此为参照）

模型判断准确度为83%，模型拟合优度检验系数为 0.432，表示模型拟合度较高，分析结果能够说明真实情况，具体分析结果见表 4－7。

表 4－7　幼儿园中班阶段幼儿身体质量指数（BMI）影响因素分析

	B	标准误差	瓦尔德	df	显著性	Exp(B)	EXP(B)的95% 置信区间	
							下限	上限
幼儿的性别(1)	0.472	0.378	1.563	1	0.211	1.604	0.765	3.364
家庭较高收入成员的职业			4.882	2	0.087			

续表

	B	标准误差	瓦尔德	df	显著性	Exp(B)	EXP(B)的95%置信区间	
							下限	上限
家庭较高收入成员的职业(1)	-0.369	0.389	0.898	1	0.343	0.692	0.323	1.483
家庭较高收入成员的职业(2)	-1.555*	0.712	4.769	1	0.029	0.211	0.052	0.853
主要看护人的受教育情况			1.289	3	0.732			
主要看护人的受教育情况(1)	0.035	0.685	0.003	1	0.959	1.036	0.270	3.965
主要看护人的受教育情况(2)	0.440	0.767	0.329	1	0.566	1.553	0.345	6.985
主要看护人的受教育情况(3)	0.445	0.808	0.303	1	0.582	1.560	0.320	7.602
主要看护人的年龄			0.482	2	0.786			
主要看护人的年龄(1)	-0.354	0.531	0.444	1	0.505	0.702	0.248	1.988
主要看护人的年龄(2)	-0.376	0.579	0.421	1	0.517	0.687	0.221	2.138
主要看护人的性别(1)	-0.362	1.045	0.120	1	0.729	0.696	0.090	5.401
和孩子一起玩电子游戏			12.657	4	0.013			
和孩子一起玩电子游戏(1)	0.617	0.469	1.730	1	0.188	1.853	0.739	4.644
和孩子一起玩电子游戏(2)	0.464	0.503	0.852	1	0.356	1.591	0.594	4.263
和孩子一起玩电子游戏(3)	1.666*	0.519	10.318	1	0.001	5.292	1.915	14.628
和孩子一起玩电子游戏(4)	-0.557	1.037	0.289	1	0.591	0.573	0.075	4.374
和孩子一起用电子终端(电脑、手机或者平板电脑)学习教育类内容			0.444	4	0.979			

续表

	B	标准误差	瓦尔德	df	显著性	Exp(B)	EXP(B)的95%置信区间	
							下限	上限
和孩子一起用电子终端(电脑、手机或者平板电脑)学习教育类内容(1)	0.055	0.507	0.012	1	0.914	1.056	0.391	2.853
和孩子一起用电子终端(电脑、手机或者平板电脑)学习教育类内容(2)	0.017	0.471	0.001	1	0.970	1.018	0.404	2.563
和孩子一起用电子终端(电脑、手机或者平板电脑)学习教育类内容(3)	-0.164	0.564	0.084	1	0.771	0.849	0.281	2.564
和孩子一起用电子终端(电脑、手机或者平板电脑)学习教育类内容(4)	0.375	0.854	0.193	1	0.661	1.455	0.273	7.756
和孩子一起进行体力活动游戏			1.237	4	0.872			
和孩子一起进行体力活动游戏(1)	0.155	1.178	0.017	1	0.895	1.168	0.116	11.756
和孩子一起进行体力活动游戏(2)	0.573	1.170	0.240	1	0.624	1.774	0.179	17.563
和孩子一起进行体力活动游戏(3)	0.132	1.164	0.013	1	0.910	1.141	0.117	11.166
和孩子一起进行体力活动游戏(4)	0.343	1.195	0.082	1	0.774	1.409	0.135	14.675
和孩子一起参观博物馆、植物(动物)园			1.487	4	0.829			
和孩子一起参观博物馆、植物(动物)园(1)	0.704	1.014	0.483	1	0.487	2.023	0.277	14.749
和孩子一起参观博物馆、植物(动物)园(2)	0.943	0.899	1.100	1	0.294	2.568	0.441	14.956

续表

	B	标准误差	瓦尔德	df	显著性	Exp（B）	EXP（B）的95％置信区间	
							下限	上限
和孩子一起参观博物馆、植物（动物）园（3）	0.644	1.034	0.388	1	0.533	1.904	0.251	14.434
和孩子一起参观博物馆、植物（动物）园（4）	−20.424	40192.970	0.000	1	1.000	0.000	0.000	
和孩子一起去购物			4.675	4	0.322			
和孩子一起去购物（1）	−2.744	1.564	3.076	1	0.079	0.064	0.003	1.381
和孩子一起去购物（2）	−0.759	1.214	0.390	1	0.532	0.468	0.043	5.059
和孩子一起去购物（3）	−1.109	1.197	0.857	1	0.354	0.330	0.032	3.448
和孩子一起去购物（4）	−0.740	1.453	0.259	1	0.611	0.477	0.028	8.233
孩子独自玩电脑、手机或平板电脑			0.889	4	0.926			
孩子独自玩电脑、手机或平板电脑（1）	0.014	0.732	0.000	1	0.985	1.014	0.242	4.256
孩子独自玩电脑、手机或平板电脑（2）	−0.003	0.544	0.000	1	0.995	0.997	0.343	2.894
孩子独自玩电脑、手机或平板电脑（3）	−0.004	0.496	0.000	1	0.993	0.996	0.377	2.632
孩子独自玩电脑、手机或平板电脑（4）	0.351	0.541	0.420	1	0.517	1.420	0.491	4.103
孩子独自或和小伙伴一起涂色、画画或玩积木、拼插模型			4.249	4	0.373			

续表

	B	标准误差	瓦尔德	df	显著性	Exp(B)	EXP(B)的95%置信区间	
							下限	上限
孩子独自或和小伙伴一起涂色、画画或玩积木、拼插模型（1）	−3.723	2.647	1.979	1	0.159	0.024	0.000	4.323
孩子独自或和小伙伴一起涂色、画画或玩积木、拼插模型（2）	−3.052	2.478	1.517	1	0.218	0.047	0.000	6.075
孩子独自或和小伙伴一起涂色、画画或玩积木、拼插模型（3）	−3.934	2.427	2.628	1	0.105	0.020	0.000	2.275
孩子独自或和小伙伴一起涂色、画画或玩积木、拼插模型（4）	−3.929	2.432	2.609	1	0.106	0.020	0.000	2.312
孩子独自或和小伙伴一起唱歌跳舞			1.553	4	0.817			
孩子独自或和小伙伴一起唱歌跳舞（1）	−0.609	2.194	0.077	1	0.782	0.544	0.007	40.122
孩子独自或和小伙伴一起唱歌跳舞（2）	−0.169	1.897	0.008	1	0.929	0.845	0.021	34.815
孩子独自或和小伙伴一起唱歌跳舞（3）	0.182	1.802	0.010	1	0.920	1.200	0.035	40.993
孩子独自或和小伙伴一起唱歌跳舞（4）	0.428	1.814	0.056	1	0.813	1.534	0.044	53.689
玩攀爬游戏			3.254	4	0.516			
玩攀爬游戏（1）	−0.595	0.569	1.093	1	0.296	0.552	0.181	1.682
玩攀爬游戏（2）	−0.480	0.561	0.732	1	0.392	0.619	0.206	1.858
玩攀爬游戏（3）	−1.142	0.677	2.841	1	0.092	0.319	0.085	1.204

续表

	B	标准误差	瓦尔德	df	显著性	Exp（B）	EXP（B）的95％置信区间	
							下限	上限
玩攀爬游戏（4）	-0.341	0.558	0.374	1	0.541	0.711	0.238	2.122
骑儿童自行车、三轮车或踏板车			4.110	4	0.391			
骑儿童自行车、三轮车或踏板车（1）	-0.842	0.970	0.753	1	0.386	0.431	0.064	2.886
骑儿童自行车、三轮车或踏板车（2）	-1.365	0.962	2.016	1	0.156	0.255	0.039	1.681
骑儿童自行车、三轮车或踏板车（3）	-1.559	0.925	2.839	1	0.092	0.210	0.034	1.290
骑儿童自行车、三轮车或踏板车（4）	-0.897	0.852	1.109	1	0.292	0.408	0.077	2.166
玩轮滑类游戏			5.062	4	0.281			
玩轮滑类游戏（1）	-2.329*	1.178	3.910	1	0.048	0.097	0.010	0.980
玩轮滑类游戏（2）	-0.224	0.858	0.068	1	0.794	0.799	0.149	4.297
玩轮滑类游戏（3）	-1.226	1.196	1.051	1	0.305	0.293	0.028	3.057
玩轮滑类游戏（4）	-0.777	1.254	0.384	1	0.535	0.460	0.039	5.368
和孩子一起去图书馆			7.177	3	0.066			
和孩子一起去图书馆（1）	1.263*	0.518	5.956	1	0.015	3.537	1.282	9.754
和孩子一起去图书馆（2）	0.071	0.395	0.032	1	0.858	1.073	0.495	2.326
和孩子一起去图书馆（3）	0.187	0.503	0.138	1	0.710	1.206	0.450	3.233
和孩子一起玩积木和拼图			6.923	3	0.074			
和孩子一起玩积木和拼图（1）	2.161	1.129	3.659	1	0.056	8.676	0.948	79.369

续表

	B	标准误差	瓦尔德	df	显著性	Exp(B)	EXP(B)的 95%置信区间	
							下限	上限
和孩子一起玩积木和拼图(2)	-0.730	0.547	1.782	1	0.182	0.482	0.165	1.408
和孩子一起玩积木和拼图(3)	-0.170	0.373	0.208	1	0.648	0.844	0.406	1.752
孩子独自或和小伙伴一起玩"过家家"游戏			7.400	4	0.116			
孩子独自或和小伙伴一起玩"过家家"游戏(1)	3.925	2.430	2.609	1	0.106	50.664	0.433	5931.089
孩子独自或和小伙伴一起玩"过家家"游戏(2)	2.225	2.053	1.175	1	0.278	9.251	0.166	517.003
孩子独自或和小伙伴一起玩"过家家"游戏(3)	2.530	2.048	1.525	1	0.217	12.553	0.227	695.601
孩子独自或和小伙伴一起玩"过家家"游戏(4)	1.583	2.012	0.619	1	0.431	4.871	0.094	251.270
玩球			3.844	4	0.428			
玩球(1)	-20.073	15573.089	0.000	1	0.999	0.000	0.000	
玩球(2)	-1.017	0.679	2.245	1	0.134	0.362	0.096	1.368
玩球(3)	-0.709	0.466	2.312	1	0.128	0.492	0.198	1.227
玩球(4)	-0.068	0.452	0.023	1	0.880	0.934	0.385	2.265
常量	1.828	3.331	0.301	1	0.583	6.223		

注：* 通过显著性为 0.05 的 Wald 检验，自变量对因变量有显著影响。

数据分析结果提示在本研究所调查的影响因素中，有 4 个自变量与研究样本的 BMI 是否超出标准范围有显著的联系。第一，经常和大人一起玩电子游戏很可能会导致幼儿超重，具体表现为，当活动发生的频率为一周 3 ~ 4 次时，幼儿身体超重的风险是从来没有进行这类亲子活动的幼儿的 5.292 倍（P = 0.001 < 0.05）；第二，偶尔并少于一周一次和家人去图书馆的幼儿超重的风险是从不进行这项活动的幼儿的 3.537 倍（P = 0.015 < 0.05）；第三，家庭背景有可能是幼儿超重的原因，来自家庭较高收入成员的职业是农业、手工业、服务业体力劳动者家庭的幼儿超重的风险只有家庭较高收入成员的职业是专业技术或管理人员家庭的幼儿的 0.211 倍（P = 0.029 < 0.05）；第四，玩轮滑类游戏可能会降低幼儿超重的风险，具体表现为，偶尔并少于一周一次玩轮滑类游戏的幼儿超重的风险是从来不玩这类游戏的幼儿的 0.097 倍（P = 0.048 < 0.05），其他更高频率活动参与组并未显示对因变量产生明显的影响，其原因有可能在于样本中选择更高参与频率选项的人数过少。

（三）幼儿园之外的活动与游戏对幼儿园大班幼儿 BMI 的影响

在这部分研究中，参与调查幼儿就读幼儿园大班时的 BMI 仍然被作为因变量，结合中班问卷的调查结果和幼儿成长的特点设计并使用了《幼儿活动与游戏（幼儿园之外）调查问卷》（大班阶段），同样由幼儿的主要看护人填写。主要研究的潜在影响因素可分为两个部分共计 21 个自变量，第一部分是幼儿的基本情况和家庭背景，包括幼儿的性别、主要看护人的年龄和性别、主要看护人的受教育情况、家庭较高收入成员的职业；第二部分是幼儿活动和游戏的选择和参与频率，包括与主要看护人的亲子活动、幼儿独自或和小伙伴一起进行的活动和游戏（包括常见的体力活动游戏）。对"中班问卷"449 份幼儿园中班幼儿有效样本进行了跟踪调查，对这些升入大班的幼儿的身高、体重进行计算更新了每个幼儿相对应的 BMI（大班阶段取得有效身体形态测量数值样本 184 份），再根据世界卫生组织所提供的参考标准将所调查幼儿的 BMI 划分为正常、超重和肥胖三个等级，具体结果如表 4-8 所示，但鉴于所调查样本中达到肥胖等级的幼儿只占总样本量的 2.7%，如果直接将其作为一组样本进行相关影响因素的分析，会造成分析模型的不稳定和结果的偏差，所以本研究在后续的数据分析中将超重组和肥胖组幼儿的数据合并为超过正常体重组。将最终分为两组的 BMI 等级作为本节研究的因变量。根据样本数据的类型和本研究的目的，在 SPSS 24.0 中采用逻辑回归模型对因变量和多个自变量之间的关系进行探索分析。

表 4 - 8　幼儿园大班阶段幼儿 BMI 指数等级划分结果

单位：人，%

	男童		女童		总计	
	人数	百分比	人数	百分比	人数	百分比
正常	72	85.7	84	84.0	156	84.8
超重	9	10.7	14	14.0	23	12.5
肥胖	3	3.6	2	2.0	5	2.7
总计	84	100.0	100	100.0	184	100.0

结果显示，有 16 个自变量最终纳入回归模型，分别是"幼儿的性别""主要看护人的性别""主要看护人的年龄""和孩子一起进行体力活动游戏""和孩子一起参观博物馆、植物（动物）园""孩子独自进行娱乐类阅读""孩子独自或和小伙伴一起玩'过家家'游戏""孩子独自或和小伙伴一起涂色、画画或玩积木、拼插模型""孩子独自或和小伙伴一起唱歌跳舞""和孩子一起去图书馆""大运动量的体力活动游戏，比如奔跑、攀爬、跳跃、球类运动""和小伙伴一起玩追逐打闹游戏""孩子独自玩电脑、手机或平板电脑""孩子在周末注视（观看）电子屏幕的总时间""和孩子一起去购物""和孩子一起玩电子游戏"。模型判断准确度为 87.6%，模型拟合优度检验系数为 0.988，表示模型拟合度较高，分析结果能够说明真实情况，具体分析结果见表 4 - 9。

数据分析结果提示在本研究所调查的相关影响因素中，有 3 个自变量与研究样本的 BMI 是否超出标准范围有显著的联系。第一，经常和小伙伴一起玩追逐打闹类游戏可能会显著降低幼儿超重的风险，具体表现为，偶尔并少于一周 1 次、一周 1~2 次、一周 3~4 次玩追逐打闹游戏的幼儿超重的风险分别为从来没有过这类游戏经历的幼儿的 0.016 倍（P = 0.022 < 0.05）、

0.017 倍（P = 0.010 < 0.05）、0.003 倍（P = 0.008 < 0.05）；第二，经常进行大运动量的体力活动游戏，比如奔跑、攀爬、跳跃、球类运动可能会显著降低幼儿超重的风险，具体表现为，一周玩 5 次及以上大运动量的体力活动游戏，比如奔跑、攀爬、跳跃、球类运动的幼儿的超重风险只有从来没有过这项活动的幼儿的 0.013 倍（P = 0.038 < 0.05）；第三，在周末经常注视（观看）电子屏幕会增加幼儿超重的风险，时长每增加 1 小时，超重的风险就增加 47.5%（P = 0.027 < 0.05）。

表 4 - 9　幼儿园大班阶段幼儿身体质量指数（BMI）影响因素分析

	B	标准误差	瓦尔德	df	显著性	Exp（B）	EXP（B）的95% 置信区间	
							下限	上限
幼儿性别（1）	0.356	0.850	0.175	1	0.676	1.427	0.270	7.549
大运动量的体力活动游戏，比如奔跑、攀爬、跳跃、球类运动			6.775	4	0.148			
大运动量的体力活动游戏，比如奔跑、攀爬、跳跃、球类运动（1）	0.706	1.746	0.164	1	0.686	2.026	0.066	62.027
大运动量的体力活动游戏，比如奔跑、攀爬、跳跃、球类运动（2）	- 2.641	1.638	2.599	1	0.107	0.071	0.003	1.768
大运动量的体力活动游戏，比如奔跑、攀爬、跳跃、球类运动（3）	- 1.981	1.692	1.370	1	0.242	0.138	0.005	3.804
大运动量的体力活动游戏，比如奔跑、攀爬、跳跃、球类运动（4）	- 4.377 *	2.106	4.320	1	0.038	0.013	0.000	0.779

续表

	B	标准误差	瓦尔德	df	显著性	Exp（B）	EXP（B）的95%置信区间	
							下限	上限
和小伙伴一起玩追逐打闹游戏			8.877	4	0.064			
和小伙伴一起玩追逐打闹游戏（1）	−4.113*	1.802	5.212	1	0.022	0.016	0.000	0.559
和小伙伴一起玩追逐打闹游戏（2）	−4.075*	1.573	6.712	1	0.010	0.017	0.001	0.371
和小伙伴一起玩追逐打闹游戏（3）	−5.905*	2.234	6.987	1	0.008	0.003	0.000	0.217
和小伙伴一起玩追逐打闹游戏（4）	−1.608	1.361	1.395	1	0.238	0.200	0.014	2.886
孩子独自进行娱乐类阅读			9.393	4	0.052			
孩子独自进行娱乐类阅读（1）	3.119	2.068	2.275	1	0.131	22.634	0.393	1303.762
孩子独自进行娱乐类阅读（2）	0.789	1.800	0.192	1	0.661	2.201	0.065	75.002
孩子独自进行娱乐类阅读（3）	−1.773	1.678	1.118	1	0.290	0.170	0.006	4.548
孩子独自进行娱乐类阅读（4）	−1.233	1.626	0.575	1	0.448	0.291	0.012	7.050
孩子独自或和小伙伴一起唱歌跳舞			5.892	4	0.207			
孩子独自或和小伙伴一起唱歌跳舞（1）	0.809	2.079	0.151	1	0.697	2.245	0.038	132.180
孩子独自或和小伙伴一起唱歌跳舞（2）	0.242	2.146	0.013	1	0.910	1.273	0.019	85.513

续表

	B	标准误差	瓦尔德	df	显著性	Exp（B）	EXP（B）的95% 置信区间	
							下限	上限
孩子独自或和小伙伴一起唱歌跳舞（3）	0.460	2.130	0.047	1	0.829	1.583	0.024	102.992
孩子独自或和小伙伴一起唱歌跳舞（4）	3.060	2.321	1.739	1	0.187	21.330	0.226	2014.635
孩子独自或和小伙伴一起涂色、画画或玩积木、拼插模型			4.162	4	0.384			
孩子独自或和小伙伴一起涂色、画画或玩积木、拼插模型（1）	3.363	2.275	2.185	1	0.139	28.870	0.334	2493.654
孩子独自或和小伙伴一起涂色、画画或玩积木、拼插模型（2）	4.555	2.596	3.078	1	0.079	95.078	0.586	15416.167
孩子独自或和小伙伴一起涂色、画画或玩积木、拼插模型（3）	2.867	2.505	1.310	1	0.252	17.579	0.130	2381.571
孩子独自或和小伙伴一起涂色、画画或玩积木、拼插模型（4）	4.146	2.619	2.506	1	0.113	63.205	0.372	10724.609
和孩子一起进行体力活动游戏			2.265	4	0.687			
和孩子一起进行体力活动游戏（1）	−1.669	2.766	0.364	1	0.546	0.188	0.001	42.568
和孩子一起进行体力活动游戏（2）	−1.800	2.748	0.429	1	0.512	0.165	0.001	36.060

续表

	B	标准误差	瓦尔德	df	显著性	Exp（B）	EXP（B）的95%置信区间	
							下限	上限
和孩子一起进行体力活动游戏（3）	−0.458	2.698	0.029	1	0.865	0.632	0.003	125.099
和孩子一起进行体力活动游戏（4）	−0.357	2.634	0.018	1	0.892	0.700	0.004	122.186
和孩子一起参观博物馆、植物（动物）园			6.524	3	0.089			
和孩子一起参观博物馆、植物（动物）园（1）	−6.715	3.543	3.593	1	0.058	0.001	0.000	1.257
和孩子一起参观博物馆、植物（动物）园（2）	−2.398	2.504	0.917	1	0.338	0.091	0.001	12.309
和孩子一起参观博物馆、植物（动物）园（3）	−5.315	3.106	2.929	1	0.087	0.005	0.000	2.163
和孩子一起去购物			1.089	3	0.780			
和孩子一起去购物（1）	0.506	1.974	0.066	1	0.798	1.658	0.035	79.419
和孩子一起去购物（2）	1.306	2.048	0.406	1	0.524	3.690	0.067	204.490
和孩子一起去购物（3）	−1.288	42408.095	0.000	1	1.000	0.276	0.000	
和孩子一起玩电子游戏			1.737	4	0.784			
和孩子一起玩电子游戏（1）	0.617	0.921	0.450	1	0.502	1.854	0.305	11.264
和孩子一起玩电子游戏（2）	1.004	1.194	0.707	1	0.401	2.728	0.263	28.312

续表

	B	标准误差	瓦尔德	df	显著性	Exp(B)	EXP(B)的 95%置信区间	
							下限	上限
和孩子一起玩电子游戏(3)	−1.478	2.058	0.516	1	0.473	0.228	0.004	12.875
和孩子一起玩电子游戏(4)	−20.833	23892.282	0.000	1	0.999	0.000	0.000	—
和孩子一起去图书馆			3.849	3	0.278			
和孩子一起去图书馆(1)	−1.722	1.665	1.070	1	0.301	0.179	0.007	4.667
和孩子一起去图书馆(2)	−1.603	1.510	1.126	1	0.289	0.201	0.010	3.886
和孩子一起去图书馆(3)	1.018	2.227	0.209	1	0.648	2.768	0.035	217.799
孩子独自玩电脑、手机或平板电脑			5.967	4	0.202			
孩子独自玩电脑、手机或平板电脑(1)	20.459	13526.702	0.000	1	0.999	767928387.800	0.000	—
孩子独自玩电脑、手机或平板电脑(2)	20.733	13526.702	0.000	1	0.999	1009572246.000	0.000	—
孩子独自玩电脑、手机或平板电脑(3)	18.677	13526.702	0.000	1	0.999	129272087.100	0.000	—
孩子独自玩电脑、手机或平板电脑(4)	20.943	13526.702	0.000	1	0.999	1245910103.000	0.000	—
孩子独自或和小伙伴一起玩"过家家"游戏			3.420	4	0.490			
孩子独自或和小伙伴一起玩"过家家"游戏(1)	24.897	10139.736	0.000	1	0.998	64979981730.000	0.000	

续表

	B	标准误差	瓦尔德	df	显著性	Exp(B)	EXP(B)的95%置信区间	
							下限	上限
孩子独自或和小伙伴一起玩"过家家"游戏(2)	22.202	10139.736	0.000	1	0.998	4385336731.000	0.000	—
孩子独自或和小伙伴一起玩"过家家"游戏(3)	23.918	10139.736	0.000	1	0.998	24410269210.000	0.000	—
孩子独自或和小伙伴一起玩"过家家"游戏(4)	22.025	10139.736	0.000	1	0.998	3675403803.000	0.000	—
主要看护人的性别(1)	−33.390	40192.988	0.000	1	0.999	0.000	0.000	—
主要看护人的年龄			2.659	2	0.265			
主要看护人的年龄(1)	1.608	1.448	1.233	1	0.267	4.991	0.292	85.252
主要看护人的年龄(2)	2.458	1.526	2.596	1	0.107	11.686	0.587	232.506
孩子在周末注视（观看）电子屏幕的总时间	0.388*	0.175	4.902	1	0.027	1.475	1.046	2.080
常量	−11.914	43603.484	0.000	1	1.000	0.000		

注：* 通过显著性为 0.05 的 Wald 检验，自变量对因变量有显著影响。

三　幼儿园之外的活动与游戏对幼儿运动能力的影响

（一）幼儿运动能力基本情况

本节研究对参与本研究的 500 名幼儿在幼儿园中班和大班阶段的运动能力分别进行了测试，幼儿园中班阶段获得有效样本数据 441 份，幼儿园大班阶段获得有效样本数据 184 份，每个项目的具体测试结果见表 4-10。

对于男女童的测试结果进行的独立样本检验分析表明，中班阶段的男女童在立定跳远、拍球和 20 米快跑项目上的表现，并不存在显著的性别差异，女童在单脚站立项目上相对男童有显著的优势，而在投掷沙包项目上男童显著优于女童；到了大班阶段，男女童在 20 米快跑项目上表现的性别差异不显著，单脚站立项目的女童优势依然显著，但男童在包括立定跳远、投掷沙包和拍球在内的其他三个项目上都相对女童表现出显著的优势（见图 4 - 2）。

表 4 - 10　幼儿运动能力测试结果

	男童		女童		总体	
	中班阶段 （N = 187）	大班阶段 （N = 84）	中班阶段 （N = 254）	大班阶段 （N = 100）	中班阶段 （N = 441）	大班阶段 （N = 184）
立定跳远 （厘米）	88.42 ± 20.40	112.32 ± 16.95 *	85.76 ± 15.57	105.62 ± 14.52	86.89 ± 17.80	108.68 ± 15.98 **
单脚站立 （秒）	50.00 ± 39.85	101.02 ± 69.56	62.44 ± 48.72 *	147.07 ± 127.40 *	57.16 ± 45.54	126.04 ± 107.26 **
投掷沙包 （厘米）	433.89 ± 149.78 *	617.54 ± 154.63 *	379.79 ± 115.33	517.34 ± 117.27	402.73 ± 133.59	563.08 ± 144.19 **
拍球 （次/分钟）	90.53 ± 28.26	128.80 ± 21.90 *	94.31 ± 30.16	118.89 ± 24.16	92.71 ± 29.40	123.41 ± 23.62 **
20 米快跑 （秒）	6.35 ± 1.35	5.03 ± 0.73	6.38 ± 1.17	5.22 ± 0.80	6.37 ± 1.25	5.13 ± 0.77 **

注：* 为测试项目在同一年级不同性别间存在显著差异，$P < 0.05$；** 为测试项目在不同年级间存在显著差异，$P < 0.05$。

对于跟踪测试数据进行的配对样本检验分析如图 4 - 3 所示，无论是从总体上来看，还是分别从男童或女童群体来看，大班阶段的所有测试项目结果比中班阶段的都表现出显著的进步。

（二）幼儿园之外的活动与游戏对幼儿园中班幼儿运动能力的影响

本节研究将幼儿在幼儿园中班阶段的运动能力的五项测试结果分别作为因变量，其潜的影响因素评价同样来自笔者自编的《幼儿活动与游戏（幼儿园之外）调查问卷》（中班阶段），有效样本数据为 441 例。根据样本数据的类型和本研究的目的，在 SPSS 24.0 中分别采用线性回归模型对因变量和多个自变量之间的关系进行探索分析。其中 20 个自变量被纳入回归分析，分别是"家庭较高收入成员的职业""主要看护人的受教育情况""BMI 分级""和孩子一起玩电子游戏""读书或者讲故事给孩子听""和孩

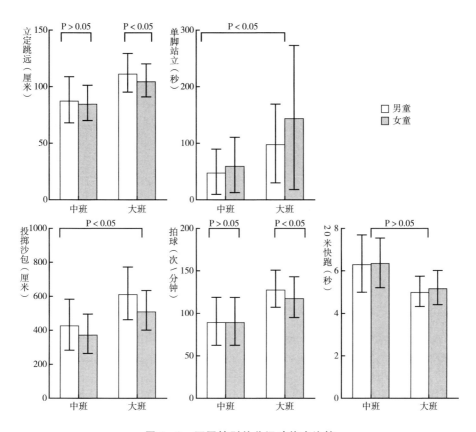

图 4 - 2 不同性别幼儿运动能力比较

子一起用电子终端（电脑、手机或者平板电脑）学习教育类内容""和孩子一起去图书馆""和孩子一起玩积木和拼图""和孩子一起进行体力活动游戏""和孩子一起参观博物馆、植物（动物）园""和孩子一起去购物""孩子独自玩电脑、手机或平板电脑""孩子独自或和小伙伴一起玩'过家家'游戏""和小伙伴一起玩追逐打闹游戏""孩子独自或和小伙伴一起涂色、画画或玩积木、拼插模型""孩子独自或和小伙伴一起唱歌跳舞""玩攀爬游戏""骑儿童自行车、三轮车或踏板车""玩轮滑类游戏""玩球"。但对 441 例样本数据的整体分析结果显示，模型拟合情况不良，五个测试项目分别作为因变量的回归方程 R^2 均小于 5%，自变量对于因变量的解释程度较低。因此，继续将样本依据性别分组，分别对男童和女童进行分析。

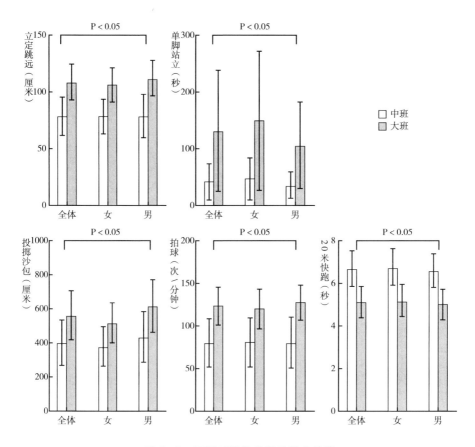

图 4 - 3　不同时期幼儿运动能力比较

对男童的样本数据分析显示：立定跳远为因变量的回归方程 R^2 为 0.136，"读书或者讲故事给孩子听"对男童的立定跳远的水平呈显著负向影响，亲子阅读活动越频繁男童的立定跳远的距离越短（影响系数为 -5.285，且显著性 $P = 0.014 < 0.05$），而"和孩子一起参观博物馆、植物（动物）园"对男童的立定跳远的水平呈显著正向影响，亲子外出的参观活动越频繁男童的立定跳远项目的表现越好（影响系数为 6.978，且显著性 $P = 0.012$）（见表 4 - 11）；以投掷沙包、拍球、单脚站立和 20 米快跑四个项目的测试结果为因变量的回归方程 R^2 分别为 0.088、0.086、0.107、0.114，因变量与所有自变量均不存在显著的联系（见表 4 - 12 至表 4 - 15）。

表 4 - 11　男童（中班阶段）运动能力（立定跳远）影响因素分析

	未标准化系数		标准化系数	T	显著性	共线性统计	
	B	标准误差	Beta			容差	VIF
（常量）	79.844	21.227		3.761	0.000		
BMI 分级	- 3.040	4.159	- 0.059	- 0.731	0.466	0.897	1.115
家庭较高收入成员的职业	1.192	2.394	0.044	0.498	0.619	0.759	1.318
主要看护人的受教育情况	0.473	2.338	0.018	0.202	0.840	0.730	1.371
和孩子一起玩积木和拼图	- 0.377	2.238	- 0.016	- 0.168	0.866	0.677	1.478
和孩子一起玩电子游戏	2.651	1.480	0.171	1.792	0.075	0.642	1.557
和孩子一起去图书馆	0.839	1.544	0.045	0.543	0.588	0.858	1.166
读书或者讲故事给孩子听	- 5.285 *	2.121	- 0.221	- 2.491	0.014	0.747	1.339
和孩子一起用电子终端（电脑、手机或者平板电脑）学习教育类内容	0.163	1.542	0.011	0.106	0.916	0.583	1.715
和孩子一起进行体力活动游戏	- 0.489	1.675	- 0.025	- 0.292	0.771	0.801	1.248
和孩子一起参观博物馆、植物（动物）园	6.978 *	2.754	0.209	2.534	0.012	0.861	1.161
和孩子一起去购物	0.891	2.128	0.034	0.419	0.676	0.884	1.131
孩子独自玩电脑、手机或平板电脑	- 1.393	1.248	- 0.095	- 1.116	0.266	0.813	1.229
孩子独自或和小伙伴一起玩"过家家"游戏	- 1.170	1.737	- 0.056	- 0.674	0.502	0.860	1.162
孩子独自或和小伙伴一起涂色、画画或玩积木、拼插模型	3.320	1.796	0.153	1.848	0.067	0.855	1.169

续表

	未标准化系数		标准化系数	T	显著性	共线性统计	
	B	标准误差	Beta			容差	VIF
孩子独自或和小伙伴一起唱歌跳舞	-1.157	1.637	-0.061	-0.707	0.481	0.797	1.255
玩攀爬游戏	-0.509	1.184	-0.035	-0.429	0.668	0.869	1.151
玩球	1.067	1.921	0.051	0.556	0.579	0.702	1.424
和小伙伴一起玩追逐打闹游戏	-0.721	2.211	-0.027	-0.326	0.745	0.834	1.199
骑儿童自行车、三轮车或踏板车	0.195	1.419	0.012	0.138	0.891	0.777	1.288
玩轮滑类游戏	4.168	2.682	0.126	1.554	0.122	0.897	1.115

注：＊通过显著性为 0.050 的 Wald 检验，自变量对因变量有显著影响。

表 4-12　男童（中班阶段）运动能力（投掷沙包）影响因素分析

	未标准化系数		标准化系数	T	显著性	共线性统计	
	B	标准误差	Beta			容差	VIF
（常量）	320.547	161.078		1.990	0.048		
BMI 分级	20.229	31.563	0.053	0.641	0.523	0.897	1.115
家庭较高收入成员的职业	29.288	18.163	0.146	1.613	0.109	0.759	1.318
主要看护人的受教育情况	14.751	17.738	0.077	0.832	0.407	0.730	1.371
和孩子一起玩积木和拼图	-4.788	16.982	-0.027	-0.282	0.778	0.677	1.478
和孩子一起玩电子游戏	2.817	11.228	0.025	0.251	0.802	0.642	1.557
和孩子一起去图书馆	0.204	11.716	0.001	0.017	0.986	0.858	1.166
读书或者讲故事给孩子听	-20.538	16.098	-0.116	-1.276	0.204	0.747	1.339

续表

	未标准化系数		标准化系数	T	显著性	共线性统计	
	B	标准误差	Beta			容差	VIF
和孩子一起用电子终端（电脑、手机或者平板电脑）学习教育类内容	-1.538	11.698	-0.014	-0.131	0.896	0.583	1.715
和孩子一起进行体力活动游戏	4.119	12.713	0.029	0.324	0.746	0.801	1.248
和孩子一起参观博物馆、植物（动物）园	18.377	20.899	0.075	0.879	0.381	0.861	1.161
和孩子一起去购物	6.102	16.148	0.032	0.378	0.706	0.884	1.131
孩子独自玩电脑、手机或平板电脑	0.811	9.474	0.007	0.086	0.932	0.813	1.229
孩子独自或和小伙伴一起玩"过家家"游戏	-3.175	13.182	-0.020	-0.241	0.810	0.860	1.162
孩子独自或和小伙伴一起涂色、画画或玩积木、拼插模型	21.672	13.631	0.135	1.590	0.114	0.855	1.169
孩子独自或和小伙伴一起唱歌跳舞	6.193	12.424	0.044	0.498	0.619	0.797	1.255
玩攀爬游戏	-14.782	8.985	-0.139	-1.645	0.102	0.869	1.151
玩球	6.215	14.577	0.040	0.426	0.670	0.702	1.424
和小伙伴一起玩追逐打闹游戏	-20.974	16.775	-0.108	-1.250	0.213	0.834	1.199
骑儿童自行车、三轮车或踏板车	13.408	10.768	0.111	1.245	0.215	0.777	1.288
玩轮滑类游戏	-14.375	20.352	-0.059	-0.706	0.481	0.897	1.115

表 4 - 13 男童 (中班阶段) 运动能力 (拍球) 影响因素分析

	未标准化系数		标准化系数	T	显著性	共线性统计	
	B	标准误差	Beta			容差	VIF
(常量)	105.556	30.883		3.418	0.001		
BMI 分级	-6.347	6.051	-0.087	-1.049	0.296	0.897	1.115
家庭较高收入成员的职业	-2.279	3.482	-0.059	-0.654	0.514	0.759	1.318
主要看护人的受教育情况	-0.778	3.401	-0.021	-0.229	0.819	0.730	1.371
和孩子一起玩积木和拼图	2.844	3.256	0.084	0.873	0.384	0.677	1.478
和孩子一起玩电子游戏	0.234	2.153	0.011	0.109	0.914	0.642	1.557
和孩子一起去图书馆	-2.417	2.246	-0.092	-1.076	0.284	0.858	1.166
读书或者讲故事给孩子听	-4.033	3.086	-0.119	-1.307	0.193	0.747	1.339
和孩子一起用电子终端（电脑、手机或者平板电脑）学习教育类内容	1.369	2.243	0.063	0.610	0.543	0.583	1.715
和孩子一起进行体力活动游戏	-0.544	2.437	-0.020	-0.223	0.824	0.801	1.248
和孩子一起参观博物馆、植物（动物）园	6.399	4.007	0.136	1.597	0.112	0.861	1.161
和孩子一起去购物	-1.208	3.096	-0.033	-0.390	0.697	0.884	1.131
孩子独自玩电脑、手机或平板电脑	-2.970	1.816	-0.143	-1.635	0.104	0.813	1.229
孩子独自或和小伙伴一起玩"过家家"游戏	-2.412	2.527	-0.081	-0.954	0.341	0.860	1.162
孩子独自或和小伙伴一起涂色、画画或玩积木、拼插模型	2.510	2.613	0.082	0.961	0.338	0.855	1.169

续表

	未标准化系数		标准化系数	T	显著性	共线性统计	
	B	标准误差	Beta			容差	VIF
孩子独自或和小伙伴一起唱歌跳舞	-0.326	2.382	-0.012	-0.137	0.891	0.797	1.255
玩攀爬游戏	-1.977	1.723	-0.097	-1.147	0.253	0.869	1.151
玩球	-0.972	2.795	-0.033	-0.348	0.728	0.702	1.424
和小伙伴一起玩追逐打闹游戏	1.433	3.216	0.038	0.446	0.657	0.834	1.199
骑儿童自行车、三轮车或踏板车	2.146	2.064	0.093	1.040	0.300	0.777	1.288
玩轮滑类游戏	1.182	3.902	0.025	0.303	0.762	0.897	1.115

表 4-14 男童（中班阶段）运动能力（单脚站立）影响因素分析

	未标准化系数		标准化系数	T	显著性	共线性统计	
	B	标准误差	Beta			容差	VIF
（常量）	32.035	44.236		0.724	0.470		
BMI 分级	1.684	8.668	0.016	0.194	0.846	0.897	1.115
家庭较高收入成员的职业	7.845	4.988	0.141	1.573	0.118	0.759	1.318
主要看护人的受教育情况	2.421	4.871	0.045	0.497	0.620	0.730	1.371
和孩子一起玩积木和拼图	-4.019	4.664	-0.082	-0.862	0.390	0.677	1.478
和孩子一起玩电子游戏	0.283	3.083	0.009	0.092	0.927	0.642	1.557
和孩子一起去图书馆	-6.185	3.217	-0.162	-1.922	0.057	0.858	1.166
读书或者讲故事给孩子听	5.015	4.421	0.102	1.134	0.258	0.747	1.339
和孩子一起用电子终端（电脑、手机或者平板电脑）学习教育类内容	4.569	3.213	0.145	1.422	0.157	0.583	1.715

续表

	未标准化系数		标准化系数	T	显著性	共线性统计	
	B	标准误差	Beta			容差	VIF
和孩子一起进行体力活动游戏	1.431	3.491	0.036	0.410	0.682	0.801	1.248
和孩子一起参观博物馆、植物(动物)园	0.986	5.739	0.014	0.172	0.864	0.861	1.161
和孩子一起去购物	−2.461	4.435	−0.046	−0.555	0.580	0.884	1.131
孩子独自玩电脑、手机或平板电脑	−4.954	2.602	−0.165	−1.904	0.059	0.813	1.229
孩子独自或和小伙伴一起玩"过家家"游戏	−5.330	3.620	−0.124	−1.472	0.143	0.860	1.162
孩子独自或和小伙伴一起涂色、画画或玩积木、拼插模型	6.079	3.743	0.137	1.624	0.107	0.855	1.169
孩子独自或和小伙伴一起唱歌跳舞	−0.201	3.412	−0.005	−0.059	0.953	0.797	1.255
玩攀爬游戏	−2.205	2.468	−0.075	−0.894	0.373	0.869	1.151
玩球	2.480	4.003	0.058	0.620	0.536	0.702	1.424
和小伙伴一起玩追逐打闹游戏	3.383	4.607	0.063	0.734	0.464	0.834	1.199
骑儿童自行车、三轮车或踏板车	−1.871	2.957	−0.056	−0.633	0.528	0.777	1.288
玩轮滑类游戏	0.189	5.589	0.003	0.034	0.973	0.897	1.115

表4-15 男童（中班阶段）运动能力（20米快跑）影响因素分析

	未标准化系数		标准化系数	T	显著性	共线性统计	
	B	标准误差	Beta			容差	VIF
（常量）	6.543	1.484		4.409	0.000		
BMI分级	0.226	0.291	0.064	0.777	0.438	0.897	1.115
家庭较高收入成员的职业	0.004	0.167	0.002	0.023	0.981	0.759	1.318
主要看护人的受教育情况	-0.083	0.163	-0.046	-0.510	0.611	0.730	1.371
和孩子一起玩积木和拼图	0.158	0.156	0.096	1.012	0.313	0.677	1.478
和孩子一起玩电子游戏	-0.067	0.103	-0.063	-0.646	0.519	0.642	1.557
和孩子一起去图书馆	0.172	0.108	0.133	1.589	0.114	0.858	1.166
读书或者讲故事给孩子听	0.201	0.148	0.122	1.355	0.178	0.747	1.339
和孩子一起用电子终端（电脑、手机或者平板电脑）学习教育类内容	0.063	0.108	0.059	0.583	0.561	0.583	1.715
和孩子一起进行体力活动游戏	-0.110	0.117	-0.081	-0.938	0.350	0.801	1.248
和孩子一起参观博物馆、植物(动物)园	-0.327	0.193	-0.142	-1.697	0.092	0.861	1.161
和孩子一起去购物	-0.028	0.149	-0.015	-0.185	0.853	0.884	1.131
孩子独自玩电脑、手机或平板电脑	0.105	0.087	0.103	1.198	0.233	0.813	1.229
孩子独自或和小伙伴一起玩"过家家"游戏	0.057	0.121	0.039	0.466	0.642	0.860	1.162
孩子独自或和小伙伴一起涂色、画画或玩积木、拼插模型	-0.211	0.126	-0.141	-1.681	0.095	0.855	1.169

续表

	未标准化系数		标准化系数	T	显著性	共线性统计	
	B	标准误差	Beta			容差	VIF
孩子独自或和小伙伴一起唱歌跳舞	− 0.089	0.114	− 0.068	− 0.778	0.438	0.797	1.255
玩攀爬游戏	0.100	0.083	0.100	1.204	0.231	0.869	1.151
玩球	0.056	0.134	0.038	0.413	0.680	0.702	1.424
和小伙伴一起玩追逐打闹游戏	− 0.078	0.155	− 0.043	− 0.502	0.617	0.834	1.199
骑儿童自行车、三轮车或踏板车	− 0.049	0.099	− 0.043	− 0.492	0.624	0.777	1.288
玩轮滑类游戏	− 0.139	0.188	− 0.061	− 0.743	0.459	0.897	1.115

对女童的样本数据分析显示：以单脚站立为因变量的回归模型 R^2 为 0.102，所有纳入回归方程的自变量对其解释度都较低（见表 4-16）；以 20 米快跑为因变量的回归模型 $R^2 = 0.152$，其中"玩球"对女童的速度有正向的显著影响，玩球类游戏较多的幼儿 20 米快跑的速度显著较快（影响系数为 − 0.196，且显著性 P = 0.018 < 0.05），"和小伙伴一起玩追逐打闹游戏"对女童 20 米快跑的速度有显著的正向影响，更频繁进行这类游戏的幼儿跑步的速度更快（影响系数为 − 0.197，且显著性 P = 0.038 < 0.05）（见表 4-17）；以拍球为因变量的回归模型 R^2 为 0.117，其中"和孩子一起去图书馆"对女童的拍球能力有显著的负向影响（影响系数为 − 5.682，且显著性 P = 0.004 < 0.05）（见表 4-18）；以立定跳远为因变量的回归模型 R^2 为 0.120，其中"和孩子一起去图书馆"活动的频率对女童的立定跳远能力表现出显著的负面影响（影响系数为 − 2.155，且显著性 P = 0.030 < 0.05），"孩子独自或和小伙伴一起唱歌跳舞"的活动频率对女童的立定跳远能力也表现出显著的负面影响（影响系数为 − 6.436，且显著性 P = 0.004 < 0.05）（见表 4-19）；以投掷沙包为因变量的回归模型 R^2 为 0.124，其中"和孩子

一起去购物"（影响系数为 28.175，且显著性 P = 0.028 < 0.05）和"玩攀爬游戏"（影响系数为 15.898，且显著性 P = 0.015 < 0.05）两类活动的频率对女童的投掷能力表现出显著的正向影响（见表 4 - 20）。

表 4 - 16 女童（中班阶段）运动能力（单脚站立）影响因素分析

	未标准化系数		标准化系数	T	显著性	共线性统计	
	B	标准误差	Beta			容差	VIF
（常量）	110.879	50.726		2.186	0.030		
BMI 分级	4.173	8.560	0.034	0.488	0.626	0.886	1.129
家庭较高收入成员的职业	-7.665	5.677	-0.104	-1.350	0.178	0.748	1.337
主要看护人的受教育情况	5.454	4.764	0.090	1.145	0.254	0.707	1.415
和孩子一起玩积木和拼图	-6.963	5.105	-0.111	-1.364	0.174	0.667	1.500
和孩子一起玩电子游戏	4.881	3.575	0.116	1.365	0.174	0.613	1.630
和孩子一起去图书馆	-2.001	3.191	-0.045	-0.627	0.531	0.852	1.174
读书或者讲故事给孩子听	2.268	4.884	0.035	0.464	0.643	0.766	1.305
和孩子一起用电子终端（电脑、手机或者平板电脑）学习教育类内容	1.122	3.610	0.026	0.311	0.756	0.616	1.623
和孩子一起进行体力活动游戏	-0.738	4.152	-0.015	-0.178	0.859	0.657	1.521
和孩子一起参观博物馆、植物（动物）园	4.604	5.632	0.060	0.817	0.415	0.827	1.209
和孩子一起去购物	-0.149	5.420	-0.002	-0.027	0.978	0.900	1.111
孩子独自玩电脑、手机或平板电脑	-1.684	2.658	-0.046	-0.633	0.527	0.817	1.224

续表

	未标准化系数		标准化系数	T	显著性	共线性统计	
	B	标准误差	Beta			容差	VIF
孩子独自或和小伙伴一起玩"过家家"游戏	− 8.644	5.327	− 0.118	− 1.623	0.106	0.832	1.202
孩子独自或和小伙伴一起涂色、画画或玩积木、拼插模型	− 13.602	6.595	− 0.148	− 2.063	0.054	0.854	1.171
孩子独自或和小伙伴一起唱歌跳舞	6.304	7.094	0.066	0.889	0.375	0.807	1.240
玩攀爬游戏	− 1.576	2.765	− 0.043	− 0.570	0.569	0.758	1.320
玩球	4.332	3.807	0.098	1.138	0.256	0.595	1.682
和小伙伴一起玩追逐打闹游戏	3.151	4.372	0.060	0.721	0.472	0.635	1.575
骑儿童自行车、三轮车或踏板车	− 1.731	3.586	− 0.036	− 0.483	0.630	0.793	1.261
玩轮滑类游戏	3.576	3.713	0.070	0.963	0.337	0.845	1.183

表 4 – 17　女童（中班阶段）运动能力（20 米快跑）影响因素分析

	未标准化系数		标准化系数	T	显著性	共线性统计	
	B	标准误差	Beta			容差	VIF
（常量）	7.406	1.095		6.762	0.000		
BMI 分级	0.097	0.185	0.036	0.525	0.600	0.886	1.129
家庭较高收入成员的职业	0.189	0.123	0.115	1.540	0.125	0.748	1.337
主要看护人的受教育情况	− 0.115	0.103	− 0.086	− 1.121	0.264	0.707	1.415
和孩子一起玩积木和拼图	− 0.085	0.110	− 0.061	− 0.772	0.441	0.667	1.500

续表

	未标准化系数		标准化系数	T	显著性	共线性统计	
	B	标准误差	Beta			容差	VIF
和孩子一起玩电子游戏	0.063	0.077	0.067	0.813	0.417	0.613	1.630
和孩子一起去图书馆	−0.008	0.069	−0.008	−0.110	0.913	0.852	1.174
读书或者讲故事给孩子听	0.026	0.105	0.018	0.246	0.806	0.766	1.305
和孩子一起用电子终端(电脑、手机或者平板电脑)学习教育类内容	0.027	0.078	0.028	0.344	0.731	0.616	1.623
和孩子一起进行体力活动游戏	0.034	0.090	0.031	0.385	0.701	0.657	1.521
和孩子一起参观博物馆、植物(动物)园	0.024	0.122	0.014	0.200	0.842	0.827	1.209
和孩子一起去购物	−0.177	0.117	−0.103	−1.511	0.132	0.900	1.111
孩子独自玩电脑、手机或平板电脑	−0.045	0.057	−0.056	−0.786	0.433	0.817	1.224
孩子独自或和小伙伴一起玩"过家家"游戏	0.049	0.115	0.030	0.426	0.670	0.832	1.202
孩子独自或和小伙伴一起涂色、画画或玩积木、拼插模型	0.023	0.142	0.011	0.162	0.871	0.854	1.171
孩子独自或和小伙伴一起唱歌跳舞	0.185	0.153	0.087	1.209	0.228	0.807	1.240
玩攀爬游戏	−0.034	0.060	−0.042	−0.566	0.572	0.758	1.320
玩球	−0.196*	0.082	−0.200	−2.388	0.018	0.595	1.682

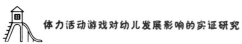

续表

	未标准化系数		标准化系数	T	显著性	共线性统计	
	B	标准误差	Beta			容差	VIF
和小伙伴一起玩追逐打闹游戏	-0.197*	0.094	-0.169	-2.091	0.038	0.635	1.575
骑儿童自行车、三轮车或踏板车	0.022	0.077	0.021	0.283	0.777	0.793	1.261
玩轮滑类游戏	-0.026	0.080	-0.023	-0.324	0.746	0.845	1.183

注：*通过显著性为 0.05 的 Wald 检验，自变量对因变量有显著影响。

表 4-18　女童（中班阶段）运动能力（拍球）影响因素分析

	未标准化系数		标准化系数	T	显著性	共线性统计	
	B	标准误差	Beta			容差	VIF
（常量）	129.800	30.955		4.193	0.000		
BMI 分级	-1.628	5.223	-0.022	-0.312	0.756	0.886	1.129
家庭较高收入成员的职业	-3.327	3.464	-0.073	-0.960	0.338	0.748	1.337
主要看护人的受教育情况	3.773	2.907	0.102	1.298	0.196	0.707	1.415
和孩子一起玩积木和拼图	-0.904	3.115	-0.023	-0.290	0.772	0.667	1.500
和孩子一起玩电子游戏	4.012	2.182	0.154	1.839	0.067	0.613	1.630
和孩子一起去图书馆	-5.682*	1.947	-0.208	-2.918	0.004	0.852	1.174
读书或者讲故事给孩子听	2.325	2.981	0.059	0.780	0.436	0.766	1.305
和孩子一起用电子终端（电脑、手机或者平板电脑）学习教育类内容	-0.853	2.203	-0.032	-0.387	0.699	0.616	1.623
和孩子一起进行体力活动游戏	0.206	2.534	0.007	0.081	0.935	0.657	1.521

续表

	未标准化系数		标准化系数	T	显著性	共线性统计	
	B	标准误差	Beta			容差	VIF
和孩子一起参观博物馆、植物(动物)园	1.460	3.437	0.031	0.425	0.671	0.827	1.209
和孩子一起去购物	−1.591	3.307	−0.033	−0.481	0.631	0.900	1.111
孩子独自玩电脑、手机或平板电脑	−0.475	1.622	−0.021	−0.293	0.770	0.817	1.224
孩子独自或和小伙伴一起玩"过家家"游戏	2.789	3.250	0.062	0.858	0.392	0.832	1.202
孩子独自或和小伙伴一起涂色、画画或玩积木、拼插模型	−7.101	4.024	−0.126	−1.764	0.079	0.854	1.171
孩子独自或和小伙伴一起唱歌跳舞	−5.697	4.329	−0.096	−1.316	0.190	0.807	1.240
玩攀爬游戏	1.741	1.687	0.078	1.032	0.303	0.758	1.320
玩球	1.513	2.323	0.056	0.652	0.515	0.595	1.682
和小伙伴一起玩追逐打闹游戏	3.182	2.668	0.098	1.193	0.234	0.635	1.575
骑儿童自行车、三轮车或踏板车	−3.545	2.188	−0.120	−1.620	0.107	0.793	1.261
玩轮滑类游戏	−0.313	2.266	−0.010	−0.138	0.890	0.845	1.183

注：＊通过显著性为 0.05 的 Wald 检验，自变量对因变量有显著影响。

表 4 - 19 女童（中班阶段）运动能力（立定跳远）影响因素分析

	未标准化系数		标准化系数	T	显著性	共线性统计	
	B	标准误差	Beta			容差	VIF
（常量）	92.142	15.671		5.880	0.000		
BMI 分级	0.299	2.644	0.008	0.113	0.910	0.886	1.129
家庭较高收入成员的职业	-0.391	1.754	-0.017	-0.223	0.824	0.748	1.337
主要看护人的受教育情况	1.778	1.472	0.094	1.208	0.229	0.707	1.415
和孩子一起玩积木和拼图	1.859	1.577	0.095	1.179	0.240	0.667	1.500
和孩子一起玩电子游戏	0.139	1.105	0.011	0.126	0.900	0.613	1.630
和孩子一起去图书馆	-2.155*	0.986	-0.156	-2.185	0.030	0.852	1.174
读书或者讲故事给孩子听	-0.161	1.509	-0.008	-0.107	0.915	0.766	1.305
和孩子一起用电子终端（电脑、手机或者平板电脑）学习教育类内容	0.376	1.115	0.028	0.338	0.736	0.616	1.623
和孩子一起进行体力活动游戏	0.225	1.283	0.014	0.176	0.861	0.657	1.521
和孩子一起参观博物馆、植物（动物）园	-0.576	1.740	-0.024	-0.331	0.741	0.827	1.209
和孩子一起去购物	0.566	1.674	0.023	0.338	0.735	0.900	1.111
孩子独自玩电脑、手机或平板电脑	-0.528	0.821	-0.047	-0.643	0.521	0.817	1.224
孩子独自或和小伙伴一起玩"过家家"游戏	-0.434	1.646	-0.019	-0.264	0.792	0.832	1.202
孩子独自或和小伙伴一起涂色、画画或玩积木、拼插模型	1.647	2.037	0.057	0.808	0.420	0.854	1.171

续表

	未标准化系数		标准化系数	T	显著性	共线性统计	
	B	标准误差	Beta			容差	VIF
孩子独自或和小伙伴一起唱歌跳舞	− 6.436 *	2.191	− 0.215	− 2.937	0.004	0.807	1.240
玩攀爬游戏	0.985	0.854	0.087	1.153	0.250	0.758	1.320
玩球	1.675	1.176	0.121	1.424	0.156	0.595	1.682
和小伙伴一起玩追逐打闹游戏	0.310	1.351	0.019	0.230	0.819	0.635	1.575
骑儿童自行车、三轮车或踏板车	− 0.418	1.108	− 0.028	− 0.377	0.706	0.793	1.261
玩轮滑类游戏	1.341	1.147	0.084	1.169	0.244	0.845	1.183

注：* 通过显著性为 0.05 的 Wald 检验，自变量对因变量有显著影响。

表 4 – 20　女童（中班阶段）运动能力（投掷沙包）影响因素分析

	未标准化系数		标准化系数	T	显著性	共线性统计	
	B	标准误差	Beta			容差	VIF
（常量）	400.758	119.397		3.357	0.001		
BMI 分级	36.371	20.147	0.126	1.805	0.073	0.886	1.129
家庭较高收入成员的职业	13.798	13.362	0.078	1.033	0.303	0.748	1.337
主要看护人的受教育情况	17.744	11.214	0.123	1.582	0.115	0.707	1.415
和孩子一起玩积木和拼图	13.840	12.016	− 0.092	− 1.152	0.251	0.667	1.500
和孩子一起玩电子游戏	8.807	8.415	0.088	1.047	0.297	0.613	1.630
和孩子一起去图书馆	3.537	7.512	0.033	0.471	0.638	0.852	1.174
读书或者讲故事给孩子听	− 10.727	11.497	− 0.070	− 0.933	0.352	0.766	1.305

续表

	未标准化系数		标准化系数	T	显著性	共线性统计	
	B	标准误差	Beta			容差	VIF
和孩子一起用电子终端（电脑、手机或者平板电脑）学习教育类内容	4.937	8.497	0.049	0.581	0.562	0.616	1.623
和孩子一起进行体力活动游戏	4.859	9.774	0.040	0.497	0.620	0.657	1.521
和孩子一起参观博物馆、植物（动物）园	−2.053	13.257	−0.011	−0.155	0.877	0.827	1.209
和孩子一起去购物	28.175*	12.757	0.153	2.209	0.028	0.900	1.111
孩子独自玩电脑、手机或平板电脑	1.591	6.257	0.018	0.254	0.800	0.817	1.224
孩子独自或和小伙伴一起玩"过家家"游戏	−8.621	12.538	−0.049	−0.688	0.492	0.832	1.202
孩子独自或和小伙伴一起涂色、画画或玩积木、拼插模型	0.837	15.523	0.004	0.054	0.957	0.854	1.171
孩子独自或和小伙伴一起唱歌跳舞	−32.826	16.696	−0.143	−1.966	0.051	0.807	1.240
玩攀爬游戏	15.898*	6.507	0.184	2.443	0.015	0.758	1.320
玩球	−6.421	8.960	−0.061	−0.717	0.474	0.595	1.682
和小伙伴一起玩追逐打闹游戏	0.338	10.290	0.003	0.033	0.974	0.635	1.575
骑儿童自行车、三轮车或踏板车	−2.089	8.441	−0.018	−0.247	0.805	0.793	1.261
玩轮滑类游戏	−9.123	8.739	−0.074	−1.044	0.298	0.845	1.183

注：*通过显著性为 0.05 的 Wald 检验，自变量对因变量有显著影响。

（三）幼儿园之外的活动与游戏对幼儿园大班幼儿运动能力的影响

本节研究将幼儿在幼儿园大班阶段的运动能力的五项测试结果分别作为因变量，其潜在的影响因素评价同样来自笔者自编的《幼儿活动与游戏（幼儿园之外）调查问卷》（大班阶段），有效样本数据为 184 份。根据样本数据的类型和本研究的目的，在 SPSS 24.0 中分别采用线性回归模型对因变量和多个自变量之间的关系进行了探索分析。其中 21 个自变量被纳入回归分析，分别是"幼儿性别""家庭较高收入成员的职业""主要看护人的受教育情况""BMI 分级""和孩子一起玩电子游戏""读书或者讲故事给孩子听""和孩子一起用电子终端（电脑、手机或者平板电脑）学习教育类内容""和孩子一起去图书馆""和孩子一起进行体力活动游戏""和孩子一起参观博物馆、植物（动物）园""和孩子一起去购物""孩子独自玩电脑、手机或平板电脑""孩子独自或和小伙伴一起玩'过家家'游戏""和小伙伴一起玩追逐打闹游戏""孩子独自进行娱乐类阅读""孩子独自或和小伙伴一起涂色、画画或玩积木、拼插模型""孩子独自或和小伙伴一起唱歌跳舞""大运动量的体力活动游戏，比如奔跑、攀爬、跳跃、球类运动""骑儿童自行车、三轮车或踏板车""孩子在工作日注视（观看）电子屏幕的总时间""孩子在周末注视（观看）电子屏幕的总时间"。

对 184 份样本数据的整体分析结果显示，五个测试项目分别作为因变量的回归模型结果并没有显示自变量对因变量的显著影响，进而进一步将样本依据性别分类分别对男童和女童进行分组分析。

对男童组的数据分析显示：以投掷沙包、拍球、单脚站立和 20 米快跑四个项目的测试结果为因变量的回归方程 R^2 分别为 0.197、0.349、0.188、0.227，分析结果显示因变量与所有自变量均不存在显著的联系（见表 4－22 至表 4－25）；立定跳远为因变量的回归方程 R^2 为 0.367，"和孩子一起用电子终端（电脑、手机或平板电脑）学习教育类内容"对男童的立定跳远的水平呈显著负向影响，该项活动越频繁男童的立定跳远的距离越短（影响系数为 －7.865，且显著性 P＝0.004）（见表 4－21）。

表 4 - 21   男童（大班阶段）运动能力（立定跳远）影响因素分析

	未标准化系数		标准化系数	T	显著性	共线性统计	
	B	标准误差	Beta			容差	VIF
（常量）	100.453	26.923		3.731	0.001		
BMI 分级	-4.733	6.822	-0.097	-0.694	0.491	0.681	1.468
家庭较高收入成员的职业	-0.823	3.206	-0.035	-0.257	0.798	0.711	1.406
主要看护人的受教育情况	-1.100	5.119	-0.029	-0.215	0.831	0.711	1.407
大运动量的体力活动游戏，比如奔跑、攀爬、跳跃、球类运动	1.699	2.160	0.108	0.787	0.435	0.703	1.422
和小伙伴一起玩追逐打闹游戏	-0.283	2.570	-0.020	-0.110	0.913	0.405	2.468
骑儿童自行车、三轮车或踏板车	2.735	2.592	0.183	1.055	0.297	0.440	2.274
孩子独自玩电脑、手机或平板电脑	2.064	2.329	0.123	0.886	0.380	0.688	1.453
孩子独自或和小伙伴一起玩"过家家"游戏	2.086	2.102	0.140	0.992	0.326	0.661	1.513
孩子独自或和小伙伴一起涂色、画画或玩积木、拼插模型	0.078	2.460	0.005	0.032	0.975	0.530	1.885
孩子独自或和小伙伴一起唱歌跳舞	-1.290	2.285	-0.090	-0.564	0.575	0.513	1.951
孩子独自进行娱乐类阅读	0.678	2.287	0.046	0.296	0.768	0.536	1.865
孩子在工作日注视（观看）电子屏幕的总时间	2.466	1.346	0.313	1.832	0.073	0.452	2.210

续表

	未标准化系数		标准化系数	T	显著性	共线性统计	
	B	标准误差	Beta			容差	VIF
孩子在周末注视（观看）电子屏幕的总时间	1.062	0.995	0.178	1.067	0.291	0.474	2.110
和孩子一起玩电子游戏	-2.135	2.917	-0.106	-0.732	0.468	0.624	1.603
和孩子一起去图书馆	1.808	2.912	0.094	0.621	0.538	0.578	1.731
读书或者讲故事给孩子听	0.672	1.977	0.048	0.340	0.735	0.661	1.512
和孩子一起用电子终端（电脑、手机或者平板电脑）学习教育类内容	-7.865*	2.570	-0.443	-3.060	0.004	0.630	1.588
和孩子一起进行体力活动游戏	0.902	2.603	0.047	0.347	0.730	0.715	1.398
和孩子一起参观博物馆、植物（动物）园	-1.479	5.237	-0.044	-0.282	0.779	0.552	1.813
和孩子一起去购物	-1.865	3.789	-0.064	-0.492	0.625	0.780	1.282

注：* 通过显著性为 0.05 的 Wald 检验，自变量对因变量有显著影响。

表 4-22 男童（大班阶段）运动能力（投掷沙包）影响因素分析

	未标准化系数		标准化系数	T	显著性	共线性统计	
	B	标准误差	Beta			容差	VIF
（常量）	601.223	289.910		2.074	0.043		
BMI 分级	62.617	73.460	0.134	0.852	0.398	0.681	1.468
家庭较高收入成员的职业	-19.447	34.524	-0.086	-0.563	0.576	0.711	1.406
主要看护人的受教育情况	11.937	55.126	0.033	0.217	0.829	0.711	1.407

续表

	未标准化系数		标准化系数	T	显著性	共线性统计	
	B	标准误差	Beta			容差	VIF
大运动量的体力活动游戏，比如奔跑、攀爬、跳跃、球类运动	1.687	23.259	0.011	0.073	0.942	0.703	1.422
和小伙伴一起玩追逐打闹游戏	27.660	27.678	0.203	0.999	0.323	0.405	2.468
骑儿童自行车、三轮车或踏板车	−35.947	27.912	−0.251	−1.288	0.204	0.440	2.274
孩子独自玩电脑、手机或平板电脑	2.555	25.080	0.016	0.102	0.919	0.688	1.453
孩子独自或和小伙伴一起玩"过家家"游戏	10.368	22.632	0.073	0.458	0.649	0.661	1.513
孩子独自或和小伙伴一起涂色、画画或玩积木、拼插模型	33.507	26.491	0.225	1.265	0.212	0.530	1.885
孩子独自或和小伙伴一起唱歌跳舞	−20.555	24.611	−0.151	−0.835	0.408	0.513	1.951
孩子独自进行娱乐类阅读	−20.277	24.629	−0.145	−0.823	0.414	0.536	1.865
孩子在工作日注视（观看）电子屏幕的总时间	22.237	14.490	0.295	1.535	0.131	0.452	2.210
孩子在周末注视（观看）电子屏幕的总时间	−19.619	10.718	−0.344	−1.831	0.073	0.474	2.110
和孩子一起玩电子游戏	2.830	31.412	0.015	0.090	0.929	0.624	1.603

续表

	未标准化系数		标准化系数	T	显著性	共线性统计	
	B	标准误差	Beta			容差	VIF
和孩子一起去图书馆	3.427	31.352	0.019	0.109	0.913	0.578	1.731
读书或者讲故事给孩子听	-20.881	21.291	-0.156	-0.981	0.332	0.661	1.512
和孩子一起用电子终端(电脑、手机或者平板电脑)学习教育类内容	-9.220	27.676	-0.054	-0.333	0.740	0.630	1.588
和孩子一起进行体力活动游戏	30.071	28.026	0.164	1.073	0.289	0.715	1.398
和孩子一起参观博物馆、植物(动物)园	20.081	56.393	0.062	0.356	0.723	0.552	1.813
和孩子一起去购物	-16.841	40.797	-0.060	-0.413	0.682	0.780	1.282

表 4 - 23 男童(大班阶段)运动能力(拍球)影响因素分析

	未标准化系数		标准化系数	T	显著性	共线性统计	
	B	标准误差	Beta			容差	VIF
(常量)	49.507	33.759		1.466	0.149		
BMI 分级	16.287	8.554	0.269	1.904	0.063	0.681	1.468
家庭较高收入成员的职业	0.913	4.020	0.031	0.227	0.821	0.711	1.406
主要看护人的受教育情况	-5.460	6.419	-0.117	-0.851	0.399	0.711	1.407
大运动量的体力活动游戏,比如奔跑、攀爬、跳跃、球类运动	5.087	2.708	0.261	1.878	0.066	0.703	1.422
和小伙伴一起玩追逐打闹游戏	4.219	3.223	0.239	1.309	0.197	0.405	2.468

续表

	未标准化系数		标准化系数	T	显著性	共线性统计	
	B	标准误差	Beta			容差	VIF
骑儿童自行车、三轮车或踏板车	0.462	3.250	0.025	0.142	0.888	0.440	2.274
孩子独自玩电脑、手机或平板电脑	-3.726	2.921	-0.179	-1.276	0.208	0.688	1.453
孩子独自或和小伙伴一起玩"过家家"游戏	1.374	2.635	0.075	0.521	0.604	0.661	1.513
孩子独自或和小伙伴一起涂色、画画或玩积木、拼插模型	5.895	3.085	0.306	1.911	0.062	0.530	1.885
孩子独自或和小伙伴一起唱歌跳舞	-4.257	2.866	-0.242	-1.485	0.144	0.513	1.951
孩子独自进行娱乐类阅读	1.245	2.868	0.069	0.434	0.666	0.536	1.865
孩子在工作日注视(观看)电子屏幕的总时间	0.493	1.687	0.051	0.292	0.772	0.452	2.210
孩子在周末注视(观看)电子屏幕的总时间	1.278	1.248	0.173	1.024	0.311	0.474	2.110
和孩子一起玩电子游戏	5.545	3.658	0.224	1.516	0.136	0.624	1.603
和孩子一起去图书馆	-4.140	3.651	-0.174	-1.134	0.262	0.578	1.731
读书或者讲故事给孩子听	1.197	2.479	0.069	0.483	0.632	0.661	1.512
和孩子一起用电子终端(电脑、手机或者平板电脑)学习教育类内容	-4.070	3.223	-0.185	-1.263	0.213	0.630	1.588

续表

	未标准化系数		标准化系数	T	显著性	共线性统计	
	B	标准误差	Beta			容差	VIF
和孩子一起进行体力活动游戏	−2.835	3.263	−0.120	−0.869	0.389	0.715	1.398
和孩子一起参观博物馆、植物(动物)园	10.553	6.567	0.252	1.607	0.115	0.552	1.813
和孩子一起去购物	3.256	4.751	0.090	0.685	0.496	0.780	1.282

表4-24 男童(大班阶段)运动能力(单脚站立)影响因素分析

	未标准化系数		标准化系数	T	显著性	共线性统计	
	B	标准误差	Beta			容差	VIF
(常量)	77.673	117.853		0.659	0.513		
BMI分级	−1.352	29.863	−0.007	−0.045	0.964	0.681	1.468
家庭较高收入成员的职业	1.063	14.035	0.012	0.076	0.940	0.711	1.406
主要看护人的受教育情况	−34.651	22.410	−0.239	−1.546	0.129	0.711	1.407
大运动量的体力活动游戏,比如奔跑、攀爬、跳跃、球类运动	6.702	9.455	0.110	0.709	0.482	0.703	1.422
和小伙伴一起玩追逐打闹游戏	−0.123	11.252	−0.002	−0.011	0.991	0.405	2.468
骑儿童自行车、三轮车或踏板车	10.449	11.347	0.181	0.921	0.362	0.440	2.274
孩子独自玩电脑、手机或平板电脑	4.447	10.196	0.068	0.436	0.665	0.688	1.453
孩子独自或和小伙伴一起玩"过家家"游戏	5.813	9.200	0.101	0.632	0.531	0.661	1.513

续表

	未标准化系数		标准化系数	T	显著性	共线性统计	
	B	标准误差	Beta			容差	VIF
孩子独自或和小伙伴一起涂色、画画或玩积木、拼插模型	1.784	10.769	0.030	0.166	0.869	0.530	1.885
孩子独自或和小伙伴一起唱歌跳舞	-4.691	10.005	-0.085	-0.469	0.641	0.513	1.951
孩子独自进行娱乐类阅读	-1.279	10.012	-0.023	-0.128	0.899	0.536	1.865
孩子在工作日注视(观看)电子屏幕的总时间	-7.894	5.890	-0.259	-1.340	0.186	0.452	2.210
孩子在周末注视(观看)电子屏幕的总时间	8.297	4.357	0.360	1.904	0.063	0.474	2.110
和孩子一起玩电子游戏	2.451	12.770	0.032	0.192	0.849	0.624	1.603
和孩子一起去图书馆	-13.768	12.745	-0.185	-1.080	0.285	0.578	1.731
读书或者讲故事给孩子听	-7.474	8.655	-0.138	-0.863	0.392	0.661	1.512
和孩子一起用电子终端(电脑、手机或者平板电脑)学习教育类内容	-5.850	11.251	-0.085	-0.520	0.605	0.630	1.588
和孩子一起进行体力活动游戏	-13.299	11.393	-0.180	-1.167	0.249	0.715	1.398
和孩子一起参观博物馆、植物(动物)园	21.236	22.925	0.162	0.926	0.359	0.552	1.813
和孩子一起去购物	11.306	16.585	0.100	0.682	0.499	0.780	1.282

表 4 - 25　男童（大班阶段）运动能力（20 米快跑）影响因素分析

	未标准化系数		标准化系数	T	显著性	共线性统计	
	B	标准误差	Beta			容差	VIF
（常量）	5.424	1.227		4.421	0.000		
BMI 分级	- 0.269	0.311	- 0.133	- 0.864	0.392	0.681	1.468
家庭较高收入成员的职业	0.010	0.146	0.010	0.066	0.948	0.711	1.406
主要看护人的受教育情况	- 0.089	0.233	- 0.057	- 0.382	0.704	0.711	1.407
大运动量的体力活动游戏，比如奔跑、攀爬、跳跃、球类运动	0.027	0.098	0.042	0.279	0.781	0.703	1.422
和小伙伴一起玩追逐打闹游戏	- 0.109	0.117	- 0.185	- 0.927	0.359	0.405	2.468
骑儿童自行车、三轮车或踏板车	0.137	0.118	0.223	1.163	0.250	0.440	2.274
孩子独自玩电脑、手机或平板电脑	- 0.011	0.106	- 0.016	- 0.102	0.919	0.688	1.453
孩子独自或和小伙伴一起玩"过家家"游戏	0.008	0.096	0.012	0.079	0.937	0.661	1.513
孩子独自或和小伙伴一起涂色、画画或玩积木、拼插模型	0.036	0.112	0.056	0.321	0.750	0.530	1.885
孩子独自或和小伙伴一起唱歌跳舞	- 0.119	0.104	- 0.202	- 1.140	0.260	0.513	1.951
孩子独自进行娱乐类阅读	0.026	0.104	0.042	0.245	0.808	0.536	1.865
孩子在工作日注视（观看）电子屏幕的总时间	- 0.064	0.061	- 0.196	- 1.041	0.303	0.452	2.210

续表

	未标准化系数		标准化系数	T	显著性	共线性统计	
	B	标准误差	Beta			容差	VIF
孩子在周末注视（观看）电子屏幕的总时间	0.019	0.045	0.076	0.413	0.682	0.474	2.110
和孩子一起玩电子游戏	0.012	0.133	0.015	0.093	0.926	0.624	1.603
和孩子一起去图书馆	−0.185	0.133	−0.232	−1.391	0.171	0.578	1.731
读书或者讲故事给孩子听	−0.036	0.090	−0.062	−0.398	0.692	0.661	1.512
和孩子一起用电子终端（电脑、手机或者平板电脑）学习教育类内容	0.213	0.117	0.291	1.822	0.075	0.630	1.588
和孩子一起进行体力活动游戏	0.098	0.119	0.124	0.828	0.412	0.715	1.398
和孩子一起参观博物馆、植物（动物）园	0.127	0.239	0.091	0.531	0.598	0.552	1.813
和孩子一起去购物	−0.116	0.173	−0.097	−0.672	0.505	0.780	1.282

对女童组的数据分析显示：以立定跳远、投掷沙包、单脚站立和 20 米快跑四个项目的测试结果为因变量的回归方程 R^2 分别为 0.252、0.248、0.251、0.229，因变量与所有自变量均不存在显著的联系（见表 4 − 27 至表 4 − 30）；拍球为因变量的回归方程 R^2 为 0.236，"孩子独自或和小伙伴一起涂色、画画或玩积木、拼插模型"对女童的拍球能力呈显著负向影响，进行该项活动较频繁的女童一分钟拍球的次数相对较少（影响系数为 −6.964，且显著性 P = 0.045 < 0.05）（见表 4 − 26）。

表 4 - 26　女童（大班阶段）运动能力（拍球）影响因素分析

	未标准化系数		标准化系数	T	显著性	共线性统计	
	B	标准误差	Beta			容差	VIF
（常量）	148.076	44.936		3.295	0.002		
BMI 分级	1.602	9.454	0.023	0.169	0.866	0.795	1.258
家庭较高收入成员的职业	-0.893	4.948	-0.026	-0.181	0.857	0.687	1.456
主要看护人的受教育情况	2.338	8.382	0.041	0.279	0.781	0.673	1.485
大运动量的体力活动游戏，比如奔跑、攀爬、跳跃、球类运动	1.640	3.343	0.071	0.491	0.626	0.693	1.444
和小伙伴一起玩追逐打闹游戏	2.846	3.106	0.136	0.916	0.364	0.650	1.539
骑儿童自行车、三轮车或踏板车	-2.442	3.764	-0.098	-0.649	0.519	0.638	1.567
孩子独自玩电脑、手机或平板电脑	-0.832	3.790	-0.037	-0.220	0.827	0.520	1.923
孩子独自或和小伙伴一起玩"过家家"游戏	-2.781	3.444	-0.119	-0.807	0.423	0.665	1.504
孩子独自或和小伙伴一起涂色、画画或玩积木、拼插模型	-6.964*	3.399	-0.327	-2.049	0.045	0.566	1.766
孩子独自或和小伙伴一起唱歌跳舞	0.256	3.534	0.011	0.072	0.943	0.624	1.603
孩子独自进行娱乐类阅读	3.780	2.746	0.209	1.376	0.175	0.624	1.602
孩子在工作日注视（观看）电子屏幕的总时间	1.913	2.542	0.153	0.752	0.455	0.346	2.887

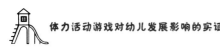

续表

	未标准化系数		标准化系数	T	显著性	共线性统计	
	B	标准误差	Beta			容差	VIF
孩子在周末注视（观看）电子屏幕的总时间	0.155	1.686	0.018	0.092	0.927	0.368	2.716
和孩子一起玩电子游戏	-0.274	3.305	-0.012	-0.083	0.934	0.656	1.525
和孩子一起去图书馆	0.290	4.096	0.010	0.071	0.944	0.720	1.389
读书或者讲故事给孩子听	-1.020	3.431	-0.048	-0.297	0.767	0.555	1.802
和孩子一起用电子终端（电脑、手机或者平板电脑）学习教育类内容	-1.123	4.223	-0.043	-0.266	0.791	0.554	1.804
和孩子一起进行体力活动游戏	-1.125	3.709	-0.044	-0.303	0.763	0.680	1.470
和孩子一起参观博物馆、植物（动物）园	-5.696	6.561	-0.115	-0.868	0.389	0.815	1.227
和孩子一起去购物	1.741	5.748	0.046	0.303	0.763	0.632	1.582

注：*通过显著性为 0.05 的 Wald 检验，自变量对因变量有显著影响。

表 4 - 27 女童（大班阶段）运动能力（立定跳远）影响因素分析

	未标准化系数		标准化系数	T	显著性	共线性统计	
	B	标准误差	Beta			容差	VIF
（常量）	125.379	25.066		5.002	0.000		
BMI 分级	-3.811	5.273	-0.096	-0.723	0.473	0.795	1.258
家庭较高收入成员的职业	3.537	2.760	0.184	1.282	0.206	0.687	1.456
主要看护人的受教育情况	0.904	4.676	0.028	0.193	0.848	0.673	1.485

续表

	未标准化系数		标准化系数	T	显著性	共线性统计	
	B	标准误差	Beta			容差	VIF
大运动量的体力活动游戏，比如奔跑、攀爬、跳跃、球类运动	-2.250	1.865	-0.172	-1.206	0.233	0.693	1.444
和小伙伴一起玩追逐打闹游戏	-1.355	1.733	-0.115	-0.782	0.438	0.650	1.539
骑儿童自行车、三轮车或踏板车	0.006	2.100	0.000	0.003	0.998	0.638	1.567
孩子独自玩电脑、手机或平板电脑	-2.959	2.114	-0.230	-1.399	0.168	0.520	1.923
孩子独自或和小伙伴一起玩"过家家"游戏	1.687	1.921	0.128	0.878	0.384	0.665	1.504
孩子独自或和小伙伴一起涂色、画画或玩积木、拼插模型	0.671	1.896	0.056	0.354	0.725	0.566	1.766
孩子独自或和小伙伴一起唱歌跳舞	0.817	1.971	0.062	0.415	0.680	0.624	1.603
孩子独自进行娱乐类阅读	-2.141	1.532	-0.210	-1.397	0.168	0.624	1.602
孩子在工作日注视（观看）电子屏幕的总时间	0.624	1.418	0.089	0.440	0.662	0.346	2.887
孩子在周末注视（观看）电子屏幕的总时间	-0.872	0.941	-0.182	-0.927	0.358	0.368	2.716
和孩子一起玩电子游戏	0.959	1.843	0.076	0.520	0.605	0.656	1.525

续表

	未标准化系数		标准化系数	T	显著性	共线性统计	
	B	标准误差	Beta			容差	VIF
和孩子一起去图书馆	3.476	2.285	0.213	1.522	0.134	0.720	1.389
读书或者讲故事给孩子听	−1.827	1.914	−0.152	−0.955	0.344	0.555	1.802
和孩子一起用电子终端(电脑、手机或者平板电脑)学习教育类内容	3.996	2.355	0.271	1.696	0.096	0.554	1.804
和孩子一起进行体力活动游戏	−2.560	2.069	−0.178	−1.237	0.221	0.680	1.470
和孩子一起参观博物馆、植物(动物)园	−6.444	3.660	−0.232	−1.760	0.084	0.815	1.227
和孩子一起去购物	2.901	3.207	0.135	0.905	0.370	0.632	1.582

表 4-28　女童（大班阶段）运动能力（投掷沙包）影响因素分析

	未标准化系数		标准化系数	T	显著性	共线性统计	
	B	标准误差	Beta			容差	VIF
(常量)	713.499	198.633		3.592	0.001		
BMI 分级	51.688	41.789	0.165	1.237	0.222	0.795	1.258
家庭较高收入成员的职业	−18.169	21.871	−0.119	−0.831	0.410	0.687	1.456
主要看护人的受教育情况	13.943	37.053	0.055	0.376	0.708	0.673	1.485
大运动量的体力活动游戏,比如奔跑、攀爬、跳跃、球类运动	7.343	14.778	0.071	0.497	0.621	0.693	1.444
和小伙伴一起玩追逐打闹游戏	−5.652	13.732	−0.061	−0.412	0.682	0.650	1.539

续表

	未标准化系数		标准化系数	T	显著性	共线性统计	
	B	标准误差	Beta			容差	VIF
骑儿童自行车、三轮车或踏板车	16.843	16.639	0.151	1.012	0.316	0.638	1.567
孩子独自玩电脑、手机或平板电脑	-7.671	16.753	-0.076	-0.458	0.649	0.520	1.923
孩子独自或和小伙伴一起玩"过家家"游戏	-18.780	15.224	-0.180	-1.234	0.223	0.665	1.504
孩子独自或和小伙伴一起涂色、画画或玩积木、拼插模型	7.316	15.027	0.077	0.487	0.628	0.566	1.766
孩子独自或和小伙伴一起唱歌跳舞	-26.335	15.621	-0.254	-1.686	0.098	0.624	1.603
孩子独自进行娱乐类阅读	-2.437	12.139	-0.030	-0.201	0.842	0.624	1.602
孩子在工作日注视(观看)电子屏幕的总时间	7.269	11.237	0.131	0.647	0.521	0.346	2.887
孩子在周末注视(观看)电子屏幕的总时间	0.898	7.455	0.024	0.120	0.905	0.368	2.716
和孩子一起玩电子游戏	-8.657	14.608	-0.087	-0.593	0.556	0.656	1.525
和孩子一起去图书馆	7.629	18.105	0.059	0.421	0.675	0.720	1.389
读书或者讲故事给孩子听	-0.703	15.165	-0.007	-0.046	0.963	0.555	1.802
和孩子一起用电子终端(电脑、手机或者平板电脑)学习教育类内容	-2.198	18.666	-0.019	-0.118	0.907	0.554	1.804

续表

	未标准化系数		标准化系数	T	显著性	共线性统计	
	B	标准误差	Beta			容差	VIF
和孩子一起进行体力活动游戏	-5.190	16.396	-0.046	-0.317	0.753	0.680	1.470
和孩子一起参观博物馆、植物(动物)园	-33.158	29.003	-0.151	-1.143	0.258	0.815	1.227
和孩子一起去购物	-13.693	25.409	-0.081	-0.539	0.592	0.632	1.582

表4-29 女童（大班阶段）运动能力（单脚站立）影响因素分析

	未标准化系数		标准化系数	T	显著性	共线性统计	
	B	标准误差	Beta			容差	VIF
（常量）	329.744	250.721		1.315	0.194		
BMI 分级	30.135	52.747	0.076	0.571	0.570	0.795	1.258
家庭较高收入成员的职业	-25.337	27.606	-0.132	-0.918	0.363	0.687	1.456
主要看护人的受教育情况	24.646	46.770	0.076	0.527	0.600	0.673	1.485
大运动量的体力活动游戏，比如奔跑、攀爬、跳跃、球类运动	19.372	18.653	0.148	1.039	0.304	0.693	1.444
和小伙伴一起玩追逐打闹游戏	-0.859	17.332	-0.007	-0.050	0.961	0.650	1.539
骑儿童自行车、三轮车或踏板车	26.157	21.002	0.185	1.245	0.218	0.638	1.567
孩子独自玩电脑、手机或平板电脑	-21.744	21.147	-0.169	-1.028	0.309	0.520	1.923
孩子独自或和小伙伴一起玩"过家家"游戏	-33.309	19.217	-0.253	-1.733	0.089	0.665	1.504

续表

	未标准化系数		标准化系数	T	显著性	共线性统计	
	B	标准误差	Beta			容差	VIF
孩子独自或和小伙伴一起涂色、画画或玩积木、拼插模型	−7.442	18.967	−0.062	−0.392	0.696	0.566	1.766
孩子独自或和小伙伴一起唱歌跳舞	−18.515	19.718	−0.141	−0.939	0.352	0.624	1.603
孩子独自进行娱乐类阅读	17.047	15.322	0.167	1.113	0.271	0.624	1.602
孩子在工作日注视（观看）电子屏幕的总时间	−14.417	14.184	−0.205	−1.016	0.314	0.346	2.887
孩子在周末注视（观看）电子屏幕的总时间	11.211	9.409	0.233	1.191	0.239	0.368	2.716
和孩子一起玩电子游戏	−24.845	18.439	−0.198	−1.347	0.184	0.656	1.525
和孩子一起去图书馆	−6.454	22.852	−0.040	−0.282	0.779	0.720	1.389
读书或者讲故事给孩子听	9.538	19.142	0.080	0.498	0.620	0.555	1.802
和孩子一起用电子终端（电脑、手机或者平板电脑）学习教育类内容	−1.470	23.560	−0.010	−0.062	0.950	0.554	1.804
和孩子一起进行体力活动游戏	22.659	20.695	0.158	1.095	0.279	0.680	1.470
和孩子一起参观博物馆、植物（动物）园	−21.486	36.609	−0.077	−0.587	0.560	0.815	1.227
和孩子一起去购物	−31.637	32.073	−0.147	−0.986	0.328	0.632	1.582

表 4 - 30　女童（大班阶段）运动能力（20 米快跑）影响因素分析

	未标准化系数		标准化系数	T	显著性	共线性统计	
	B	标准误差	Beta			容差	VIF
（常量）	1.680	1.560		1.077	0.286		
BMI 分级	0.109	0.328	0.045	0.332	0.741	0.795	1.258
家庭较高收入成员的职业	0.132	0.172	0.112	0.768	0.446	0.687	1.456
主要看护人的受教育情况	0.017	0.291	0.009	0.058	0.954	0.673	1.485
大运动量的体力活动游戏，比如奔跑、攀爬、跳跃、球类运动	0.114	0.116	0.142	0.982	0.330	0.693	1.444
和小伙伴一起玩追逐打闹游戏	-0.082	0.108	-0.114	-0.761	0.450	0.650	1.539
骑儿童自行车、三轮车或踏板车	-0.130	0.131	-0.150	-0.994	0.325	0.638	1.567
孩子独自玩电脑、手机或平板电脑	0.150	0.132	0.190	1.137	0.261	0.520	1.923
孩子独自或和小伙伴一起玩"过家家"游戏	0.105	0.120	0.130	0.877	0.384	0.665	1.504
孩子独自或和小伙伴一起涂色、画画或玩积木、拼插模型	0.018	0.118	0.025	0.154	0.878	0.566	1.766
孩子独自或和小伙伴一起唱歌跳舞	0.021	0.123	0.026	0.168	0.867	0.624	1.603
孩子独自进行娱乐类阅读	0.112	0.095	0.179	1.172	0.247	0.624	1.602
孩子在工作日注视（观看）电子屏幕的总时间	0.056	0.088	0.129	0.632	0.530	0.346	2.887

续表

	未标准化系数		标准化系数	T	显著性	共线性统计	
	B	标准误差	Beta			容差	VIF
孩子在周末注视(观看)电子屏幕的总时间	− 0.044	0.059	− 0.151	− 0.759	0.451	0.368	2.716
和孩子一起玩电子游戏	0.013	0.115	0.017	0.117	0.908	0.656	1.525
和孩子一起去图书馆	− 0.120	0.142	− 0.120	− 0.842	0.404	0.720	1.389
读书或者讲故事给孩子听	0.053	0.119	0.072	0.444	0.659	0.555	1.802
和孩子一起用电子终端(电脑、手机或者平板电脑)学习教育类内容	− 0.027	0.147	− 0.030	− 0.186	0.853	0.554	1.804
和孩子一起进行体力活动游戏	0.145	0.129	0.164	1.123	0.266	0.680	1.470
和孩子一起参观博物馆、植物(动物)园	0.232	0.228	0.136	1.018	0.313	0.815	1.227
和孩子一起去购物	0.325	0.200	0.247	1.626	0.110	0.632	1.582

四　幼儿园之外的活动与游戏对幼儿情绪与行为心理健康表现的影响

(一)幼儿情绪与行为心理健康表现基本情况

本节研究利用《长处与困难量表》对参与本研究的幼儿在幼儿园中班和大班阶段的情绪与行为心理健康表现分别进行了测量,幼儿园中班阶段获得有效样本数据449例,幼儿园大班阶段249例。表4－31为幼儿在情绪问题、品行问题、多动症状、同伴相处、亲社会行为五个维度的得分和总分情况,各维度分数分布以中位数和四分间距进行描述。

表 4 − 31　幼儿情绪与行为心理健康表现得分情况［中位数（P75 − P25）］

	第一阶段测量（幼儿园中班）			第二阶段测量（幼儿园大班）		
	男 （N = 192）	女 （N = 257）	总体 （N = 449）	男 （N = 116）	女 （N = 133）	总体 （N = 249）
情绪问题	1(0,2)	1(0,2)	1(0,2)	2(0,4)	2(0,3)	2(0,3)
品行问题	1(0,2)	1(0,2)	1(0,2)	1(0,2)	1(0,2)	1(0,2)
多动症状	3(1,5)	3(1,4)	3(1,5)	2.5(1,4)	2(1,4)	2(1,4)
同伴相处	1(0,1)	0(0,1)	0(0,1)	0.5(0,2)	1(0,2)	1(0,2)
亲社会行为	9(7,10)	9(8,10)	9(8,10)	8(7,10)	9(7,10)	9(7,10)
总分	7(4,10)	6(3,9)	6(4,9)	6(4,10)	6(3,10)	6(3,10)

对男女童的测量结果进行的独立样本检验分析表明，男女童在幼儿园中班阶段的情绪与行为心理健康表现只有"亲社会行为"维度存在显著差异（见表4 − 33），但从具体得分情况（见表4 − 32）来看，男女童在这一维度中的差异主要是各组样本的分布差异造成，并不能判断男女童相关表现的好坏。男女童在幼儿园大班时，从数据分析结果中未显示男女童的情绪与行为心理健康表现存在任何显著的性别差异。

表 4 − 32　男女童测量结果独立样本检验[a]

	情绪问题		品行问题		多动症状	
	幼儿园中班	幼儿园大班	幼儿园中班	幼儿园大班	幼儿园中班	幼儿园大班
曼 − 惠特尼 U	24218.0	6789.0	24066.0	7238.0	22701.0	7380.0
威尔科克森 W	42746.0	15700.0	57219.0	16149.0	55854.0	16291.0
Z	− 0.347	− 1.664	− 0.46	− 0.877	− 1.464	− 0.596
渐近显著性（双尾）	0.729	0.096	0.645	0.380	0.143	0.551
	同伴相处		亲社会行为		总分	
	幼儿园中班	幼儿园大班	幼儿园中班	幼儿园大班	幼儿园中班	幼儿园大班
曼 − 惠特尼 U	22730.0	7070.5	20972.0	7219.5	22634.5	7311.5
威尔科克森 W	55883.0	13856.5	39500.0	14005.5	55787.5	16222.5
Z	− 1.550	− 1.203	− 2.816 *	− 0.893	− 1.502	− 0.712
渐近显著性（双尾）	0.121	0.229	0.005	0.372	0.133	0.477

注：a. 分组变量为男、女；* 表示 P < 0.05。

对跟踪测试数据进行的配对样本检验分析参数结果见表4－33、表4－34、表4－35。从总体来看，幼儿在幼儿园中班和大班时情绪与行为心理健康表现的总得分之间并不存在显著差异；细化到每个维度来看，"品行问题"和"同伴相处"维度也都不存在显著的差异；在"多动症状"维度中，前后两次评价结果显示显著的差异（$Z = -3.095$，$P = 0.002 < 0.05$），进而比较样本中位数发现，幼儿在大班时的多动症状要比在中班时有所减少；而"情绪问题"维度则表现出在大班时比在中班时负面问题显著增加（$Z = -4.013$，$P < 0.001$）；同时在"亲社会行为"维度上，前后两次评价结果也存在显著的差异（$Z = -2.660$，$P = 0.008 < 0.05$），但由于两次样本数据的中位数相同，之所以存在显著差异可能是样本分布变化，并不能判断幼儿在两次测评结果中相关表现的好坏。

表4－33　幼儿总体情绪与行为心理健康表现在幼儿园中班与大班时的差异检验结果

	情绪问题 （中班－大班）	品行问题 （中班－大班）	多动症状 （中班－大班）	同伴相处 （中班－大班）	亲社会行为 （中班－大班）	总分 （中班－大班）
Z	$-4.013^{b\,*}$	-1.515^{c}	$-3.095^{c\,*}$	-1.826^{b}	$-2.660^{c\,*}$	-0.219^{c}
渐近显著性（双尾）	0.000	0.130	0.002	0.068	0.008	0.826

注：a. Wilcoxon带符号秩检验；b. 基于正秩；c. 基于负秩；* 渐进显著性（双尾）$P < 0.05$。

表4－34　男童情绪与行为心理健康表现在幼儿园中班与大班时的差异检验结果

	情绪问题 （中班－大班）	品行问题 （中班－大班）	多动症状 （中班－大班）	同伴相处 （中班－大班）	亲社会行为 （中班－大班）	总分 （中班－大班）
Z	$-4.344^{b\,*}$	-0.395^{c}	$-2.191^{c\,*}$	-0.531^{b}	-1.377^{c}	-0.421^{b}
渐近显著性（双尾）	0.000	0.693	0.028	0.595	0.169	0.674

注：a. Wilcoxon带符号秩检验；b. 基于正秩；c. 基于负秩；* 渐进显著性（双尾）$P < 0.05$。

表 4 – 35   女童情绪与行为心理健康表现在幼儿园中班与大班时的差异检验结果

	情绪问题（中班 – 大班）	品行问题（中班 – 大班）	多动症状（中班 – 大班）	同伴相处（中班 – 大班）	亲社会行为（中班 – 大班）	总分（中班 – 大班）
Z	– 1. 166[b]	– 1. 666[c]	– 2. 253[c] *	– 2. 023[b] *	– 2. 326[c] *	– 0. 751[c]
渐近显著性（双尾）	0. 244	0. 096	0. 024	0. 043	0. 020	0. 453

注：a. Wilcoxon 带符号秩检验；b. 基于正秩；c. 基于负秩；* 渐进显著性（双尾）P < 0.05。

在男童群体中，男童在幼儿园中班和大班时情绪与行为心理健康表现的总分之间也不存在显著差异；在"品行问题"、"同伴相处"和"亲社会行为"维度皆不存在显著的差异；在"多动症状"维度，男童在大班时的多动症状要比在中班时有显著的减轻（Z = – 2. 191，P = 0. 028 < 0. 05）；而在"情绪问题"维度，男童在大班时比中班时的负面问题显著增加（Z = – 4. 344，P < 0. 001）。

在女童群体中，女童在幼儿园中班和大班时情绪与行为心理健康表现的总分之间同样不存在显著差异；在"情绪问题"和"品行问题"维度不存在显著的差异；在"多动症状"维度，女童在大班时的多动症状也要比在中班时有显著的减轻（Z = – 2. 253，P = 0. 024 < 0. 05）；而在"同伴相处"维度，女童在大班时比在中班时的负面问题显著增加（Z = – 2. 023，P = 0. 043 < 0. 05）；女童在"亲社会行为"维度上，前后两次评价结果也存在显著的差异（Z = – 2. 326，P = 0. 020 < 0. 05），但由于两次样本数据的中位数相同，之所以存在显著差异可能是样本分布变化，同样不能说明女童在两次评价结果中亲社会行为表现的好坏情况。

（二）幼儿园之外的活动与游戏对幼儿园中班幼儿情绪与行为心理健康表现的影响

根据对本研究所调查的 449 名幼儿的主要看护人所填写的《长处与困难量表》（家长版）计算出的"长处与困难"的总分，被作为评价幼儿情绪与行为心理健康表现的分析依据，也就是本节研究分析中的因变量，潜在的影响因素（自变量）同样来自笔者自编的《幼儿活动与游戏（幼儿园之外）调查问卷》（中班阶段），共计 22 个自变量。在研究样本幼儿的幼儿园中班阶段回收有效问卷 449 份，根据总分及量表说明①将参与调查幼儿划分为正常、临界和存在困难三个组别，具体比例和人数如表 4-36 所示。存在困难组中的人数为 16 人，只占总人数的 3.56%，如果直接将其作为一组样本进行相关影响因素的分析，会造成分析模型结构的不稳定和结果的偏差，所以本研究在后续的数据分析中将临界组与存在困难组幼儿的数据合并为存在困难组。根据样本数据的类型和本研究的目的，在 SPSS 24.0 中采用逻辑回归模型对因变量和多个自变量之间的关系分别进行探索分析。

表 4-36　调查对象（幼儿园中班幼儿）情绪与行为心理健康表现等级划分结果

单位：人，%

	总分	等级划分					
		正常		临界		存在困难	
		人数	百分比	人数	百分比	人数	百分比
男童	8.30 ± 1.64	168	87.50	15	7.81	9	4.69
女童	8.72 ± 1.46	237	92.22	13	5.06	7	2.72
总体	8.54 ± 4.55	405	90.20	28	6.24	16	3.56

结果显示，22 个自变量最终纳入回归模型，分别是"幼儿的性别""主要看护人的性别""主要看护人的年龄""家庭较高收入成员的职业""主要看护人的受教育情况""和孩子一起玩积木和拼图""和孩子一起去图书馆""读书或者讲故事给孩子听""和孩子一起玩电子游戏""和孩子一起用电子终端（电脑、手机或者平板电脑）学习教育类内容""和孩子一起进行体力活动游戏""和孩子一起参观博物馆、植物（动物）园""和孩子一起去购物""孩子独自玩电脑、手机或平板电脑""孩子独自或和小伙伴一起玩'过家家'游戏""孩子独自或和小伙伴一起涂色、画画或玩积木、

―――――――――――

① 参见 https://sdqinfo.org。

拼插模型""孩子独自或和小伙伴一起唱歌跳舞""玩攀爬游戏""骑儿童自行车、三轮车或踏板车""玩轮滑类游戏""玩球""和小伙伴一起玩追逐打闹游戏"（回归模型中分类型自变量编码同本章第 89 页说明）。模型判断准确度为 95%，模型拟合优度检验系数为 0.956，表示模型拟合度较高，分析结果能够说明真实情况。具体分析结果见表 4 - 37。

数据分析结果提示在本研究所调查的有关影响因素中，有四项活动与游戏对研究样本幼儿的情绪与行为心理健康表现有显著影响，其中三项为积极影响，一项为消极影响。其中"孩子独自或和小伙伴一起唱歌跳舞"可能会显著提高这一年龄阶段孩子的心理健康水平，与从来没有过这项活动的幼儿相比，参与活动的频率为"偶尔并少于一周 1 次"的幼儿出现情绪与行为心理健康问题的风险只有 0.001 倍（$P = 0.043 < 0.05$），参与活动的频率为一周 1 ~ 2 次的幼儿出现情绪与行为心理健康问题的风险为 0.001 倍（$P = 0.017 < 0.05$），参与活动的频率为一周 3 ~ 4 次的幼儿出现情绪与行为心理健康问题的风险为 0.001 倍（$P = 0.015 < 0.05$），参与活动的频率为一周 5 次及以上的幼儿出现情绪与行为心理健康问题的风险为 0.004 倍（$P = 0.008 < 0.05$）；同家人一周去 3 ~ 4 次图书馆的幼儿出现情绪与行为心理健康问题的风险只有从来没有进行这项活动的幼儿的 0.060 倍（$P = 0.045 < 0.05$）；偶尔并少于一周一次和家人一起参观博物馆、植物（动物）园的幼儿出现情绪与行为心理健康问题的风险只有从来没有过这项活动的幼儿的 0.010 倍（$P = 0.016 < 0.05$）；而一周有 5 次及以上同家人一起用电子终端（电脑、手机或者平板电脑）学习教育类内容的幼儿出现情绪与行为心理健康问题的风险是从来没有过这项活动的幼儿的 33.170 倍（$P = 0.026 < 0.05$）。值得注意的是，本研究所调查的所有体力活动类的游戏并没有对样本对象幼儿在这一年龄阶段的情绪与行为心理健康表现产生影响。

（三）幼儿园之外的活动与游戏对幼儿园大班幼儿情绪与行为心理健康表现的影响

本节将调查对象幼儿升入幼儿园大班后的《长处与困难量表》的总分作为评价幼儿情绪与行为心理健康表现分析依据的因变量，自变量来自笔者

表4-37 幼儿园中班阶段幼儿情绪与行为心理健康表现影响因素分析

	B	标准误差	瓦尔德	df	显著性	Exp(B)	EXP(B)的95%置信区间	
							下限	上限
幼儿的性别(1)	1.271	0.811	2.456	1	0.117	3.570	0.727	17.477
家庭较高收入成员的职业			1.714	2	0.425			
家庭较高收入成员的职业(1)	0.934	0.719	1.690	1	0.194	2.550	0.622	10.408
家庭较高收入成员的职业(2)	0.311	1.007	0.095	1	0.757	1.370	0.190	9.819
主要看护人的受教育情况			4.808	3	0.186			
主要看护人的受教育情况(1)	2.278	1.386	2.703	1	0.100	9.760	0.645	147.656
主要看护人的受教育情况(2)	2.753	1.599	2.964	1	0.085	15.680	0.683	360.048
主要看护人的受教育情况(3)	-0.089	2.222	0.002	1	0.968	0.910	0.012	71.147
和孩子一起玩积木和拼图			3.189	3	0.363			
和孩子一起玩积木和拼图(1)	1.481	2.362	0.393	1	0.531	4.400	0.043	450.189
和孩子一起玩积木和拼图(2)	2.762	2.394	1.332	1	0.249	15.830	0.145	1725.735
和孩子一起玩积木和拼图(3)	3.422	2.552	1.798	1	0.180	30.640	0.206	4554.719
和孩子一起玩电子游戏			2.732	4	0.604			
和孩子一起玩电子游戏(1)	1.272	0.902	1.990	1	0.158	3.570	0.610	20.881
和孩子一起玩电子游戏(2)	0.274	0.992	0.076	1	0.783	1.320	0.188	9.190
和孩子一起玩电子游戏(3)	0.479	1.363	0.123	1	0.725	1.610	0.112	23.364
和孩子一起玩电子游戏(4)	1.622	1.429	1.288	1	0.256	5.060	0.308	83.300
和孩子一起去图书馆			5.597	3	0.133			
和孩子一起去图书馆(1)	0.970	1.157	0.703	1	0.402	2.640	0.273	25.454
和孩子一起去图书馆(2)	-0.650	0.711	0.835	1	0.361	0.520	0.129	2.105

续表

	B	标准误差	瓦尔德	df	显著性	Exp(B)	EXP(B)的 95%置信区间	
							下限	上限
和孩子一起去图书馆(3)	-2.886*	1.438	4.032	1	0.045	0.060	0.003	0.933
读书或者讲故事给孩子听			6.212	4	0.184			
读书或者讲故事给孩子听(1)	-16.190	27790.506	0.000	1	1.000	0.000	0.000	—
读书或者讲故事给孩子听(2)	0.323	4.576	0.005	1	0.944	1.380	0.000	10840.488
读书或者讲故事给孩子听(3)	-3.054	4.473	0.466	1	0.495	0.050	0.000	302.906
读书或者讲故事给孩子听(4)	-1.914	4.440	0.186	1	0.666	0.150	0.000	886.430
和孩子一起用电子终端(电脑、手机或者平板电脑)学习教育类内容			7.624	4	0.106			
和孩子一起用电子终端(电脑、手机或者平板电脑)学习教育类内容(1)	0.398	1.015	0.153	1	0.695	1.490	0.204	10.881
和孩子一起用电子终端(电脑、手机或者平板电脑)学习教育类内容(2)	0.044	0.921	0.002	1	0.962	1.050	0.172	6.358
和孩子一起用电子终端(电脑、手机或者平板电脑)学习教育类内容(3)	-1.145	1.291	0.786	1	0.375	0.320	0.025	4.001
和孩子一起用电子终端(电脑、手机或者平板电脑)学习教育类内容(4)	3.502*	1.570	4.978	1	0.026	33.170	1.530	719.051
和孩子一起进行体力活动游戏			4.401	4	0.354			
和孩子一起进行体力活动游戏(1)	-0.460	2.756	0.028	1	0.868	0.630	0.003	140.161
和孩子一起进行体力活动游戏(2)	0.963	2.817	0.117	1	0.732	2.620	0.010	655.009

续表

	B	标准误差	瓦尔德	df	显著性	Exp（B）	EXP（B）的 95%置信区间	
							下限	上限
和孩子一起进行体力活动游戏（3）	-0.665	2.845	0.055	1	0.815	0.510	0.002	135.751
和孩子一起进行体力活动游戏（4）	0.259	2.860	0.008	1	0.928	1.300	0.005	352.516
和孩子一起参观博物馆、植物（动物）园			6.559	4	0.161			
和孩子一起参观博物馆、植物（动物）园（1）	-5.283*	2.189	5.822	1	0.016	0.010	0.000	0.371
和孩子一起参观博物馆、植物（动物）园（2）	-2.600	1.653	2.475	1	0.116	0.070	0.003	1.895
和孩子一起参观博物馆、植物（动物）园（3）	-1.213	1.730	0.492	1	0.483	0.300	0.010	8.823
和孩子一起参观博物馆、植物（动物）园（4）	-20.230	40192.970	0.000	1	1.000	0.000	0.000	—
和孩子一起去购物			4.830	4	0.305			
和孩子一起去购物（1）	8.695	5.626	2.389	1	0.122	5971.700	0.097	36697718.000
和孩子一起去购物（2）	6.950	5.427	1.640	1	0.200	1043.210	0.025	43428909.000
和孩子一起去购物（3）	6.076	5.363	1.284	1	0.257	435.380	0.012	15986542.000
和孩子一起去购物（4）	6.858	5.457	1.580	1	0.209	951.430	0.022	41983894.000
孩子独自玩电脑、手机或平板电脑			2.694	4	0.610			

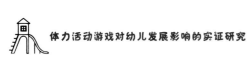

续表

	B	标准误差	瓦尔德	df	显著性	Exp（B）	EXP（B）的95%置信区间	
							下限	上限
孩子独自玩电脑、手机或平板电脑（1）	-0.702	1.456	0.232	1	0.630	0.500	0.029	8.603
孩子独自玩电脑、手机或平板电脑（2）	-1.307	1.106	1.396	1	0.237	0.270	0.031	2.366
孩子独自玩电脑、手机或平板电脑（3）	-0.312	1.091	0.082	1	0.775	0.730	0.086	6.215
孩子独自玩电脑、手机或平板电脑（4）	0.076	1.029	0.005	1	0.941	1.080	0.144	8.101
孩子独自或和小伙伴一起玩"过家家"游戏			3.417	4	0.491			
孩子独自或和小伙伴一起玩"过家家"游戏（1）	-0.911	3.591	0.064	1	0.800	0.400	0.000	457.899
孩子独自或和小伙伴一起玩"过家家"游戏（2）	-0.373	2.849	0.017	1	0.896	0.690	0.003	183.407
孩子独自或和小伙伴一起玩"过家家"游戏（3）	-1.749	2.800	0.390	1	0.532	0.170	0.001	42.036
孩子独自或和小伙伴一起玩"过家家"游戏（4）	-1.987	2.651	0.562	1	0.454	0.140	0.001	24.755
孩子独自或和小伙伴一起涂色、画画或玩积木、拼插模型			14.970	4	0.005			

续表

	B	标准误差	瓦尔德	df	显著性	Exp(B)	EXP(B)的95%置信区间	
							下限	上限
孩子独自或和小伙伴一起涂色、画画或玩积木、拼插模型(1)	34.231	21190.194	0.000	1	0.999	734926202400000.000	0.000	·
孩子独自或和小伙伴一起涂色、画画或玩积木、拼插模型(2)	30.576	21190.194	0.000	1	0.999	190067808100000.000	0.000	·
孩子独自或和小伙伴一起涂色、画画或玩积木、拼插模型(3)	30.028	21190.194	0.000	1	0.999	1098824112000000.000	0.000	·
孩子独自或和小伙伴一起涂色、画画或玩积木、拼插模型(4)	27.326	21190.194	0.000	1	0.999	737226461100.000	0.000	·
孩子独自或和小伙伴一起唱歌跳舞			7.580	4	0.108			
孩子独自或和小伙伴一起唱歌跳舞(1)	-7.585*	3.744	4.104	1	0.043	0.001	0.000	0.781
孩子独自或和小伙伴一起唱歌跳舞(2)	-7.186*	3.005	5.718	1	0.017	0.001	0.000	0.274
孩子独自或和小伙伴一起唱歌跳舞(3)	-7.150*	2.929	5.960	1	0.015	0.001	0.000	0.244
孩子独自或和小伙伴一起唱歌跳舞(4)	-7.820*	2.929	7.129	1	0.008	0.004	0.000	0.125
玩攀爬游戏			2.838	4	0.585			
玩攀爬游戏(1)	0.975	0.985	0.981	1	0.322	2.650	0.385	18.278

续表

	B	标准误差	瓦尔德	df	显著性	Exp(B)	EXP(B)的95%置信区间	
							下限	上限
玩攀爬游戏(2)	-0.540	1.116	0.234	1	0.628	0.580	0.065	5.196
玩攀爬游戏(3)	0.946	1.304	0.527	1	0.468	2.580	0.200	33.182
玩攀爬游戏(4)	0.819	1.123	0.532	1	0.466	2.270	0.251	20.490
玩球			3.925	4	0.416			
玩球(1)	22.126	12427.250	0.000	1	0.999	4066189992.000	0.000	—
玩球(2)	20.858	12427.250	0.000	1	0.999	1144596625.000	0.000	—
玩球(3)	19.259	12427.250	0.000	1	0.999	231358481.400	0.000	—
玩球(4)	20.406	12427.250	0.000	1	0.999	727846774.700	0.000	—
和小伙伴一起玩追逐打闹游戏			5.428	4	0.246			
和小伙伴一起玩追逐打闹游戏(1)	20.023	17624.939	0.000	1	0.999	496329208.200	0.000	—
和小伙伴一起玩追逐打闹游戏(2)	15.414	17624.939	0.000	1	0.999	4945966.080	0.000	—
和小伙伴一起玩追逐打闹游戏(3)	18.079	17624.939	0.000	1	0.999	710589989.000	0.000	—
和小伙伴一起玩追逐打闹游戏(4)	18.645	17624.939	0.000	1	0.999	1251148848.400	0.000	—
骑儿童自行车、三轮车或踏板车			8.890	4	0.064			
骑儿童自行车、三轮车或踏板车(1)	0.419	1.989	0.044	1	0.833	1.520	0.031	74.960

续表

	B	标准误差	瓦尔德	df	显著性	Exp(B)	EXP(B)的95%置信区间	
							下限	上限
骑儿童自行车、三轮车或踏板车(2)	-0.671	1.892	0.126	1	0.723	0.510	0.013	20.840
骑儿童自行车、三轮车或踏板车(3)	0.707	1.911	0.137	1	0.711	2.030	0.048	85.877
骑儿童自行车、三轮车或踏板车(4)	-1.995	1.769	1.272	1	0.259	0.140	0.004	4.359
玩轮滑类游戏			1.753	4	0.781			
玩轮滑类游戏(1)	-21.150	6677.924	0.000	1	0.997	0.000	0.000	—
玩轮滑类游戏(2)	-17.110	9543.248	0.000	1	0.999	0.000	0.000	—
玩轮滑类游戏(3)	1.290	1.566	0.679	1	0.410	3.630	0.169	78.272
玩轮滑类游戏(4)	-3.313	3.035	1.192	1	0.275	0.040	0.000	13.954
主要看护人的性别(1)	-3.379	1.942	3.028	1	0.082	0.030	0.001	1.532
主要看护人的年龄			1.804	2	0.406			
主要看护人的年龄(1)	-1.183	1.028	1.325	1	0.250	0.310	0.041	2.297
主要看护人的年龄(2)	-0.483	1.118	0.187	1	0.666	0.620	0.069	5.522
常量	-65.290	30234.189	0.000	1	0.998	0.000		

注: * 通过显著性为 0.05 的 Wald 检验，自变量对因变量有显著影响。

自编的《幼儿活动与游戏（幼儿园之外）调查问卷》（大班阶段）共计20个。本研究阶段回收有效问卷249份，根据总分及量表说明①将参与调查幼儿划分为正常、临界和存在困难三个组别，具体比例和人数如表4-38所示。临界组的人数为18人，占总有效样本人数的7.23%，存在困难组的人数为19人，占总有效样本人数的7.63%。虽然两组人数的占比都超过了5%，但考虑到比例依然与正常组相差悬殊，以及与前期研究的一致性，所以本节研究在数据分析中依然将临界组与存在困难组幼儿的数据合并为存在困难组。根据样本数据的类型和本研究的目的，在SPSS 24.0中采用逻辑回归模型对因变量和多个自变量之间的关系进行探索分析。

表4-38 调查对象（幼儿园大班幼儿）情绪与行为心理健康表现等级划分结果

单位：人，%

	总分	等级划分					
		正常		临界		存在困难	
		人数	百分比	人数	百分比	人数	百分比
男童	7.91±5.91	97	83.62	8	6.90	11	9.48
女童	7.30±5.47	115	86.47	10	7.52	8	6.02
总体	7.59±5.67	212	85.14	18	7.23	19	7.63

将20个自变量："幼儿性别""主要看护人的年龄""家庭较高收入成员的职业""主要看护人的受教育情况""和孩子一起玩电子游戏""和孩子一起去图书馆""读书或者讲故事给孩子听""和孩子一起用电子终端（电脑、手机或者平板电脑）学习教育类内容""和孩子一起进行体力活动游戏""和孩子一起参观博物馆、植物（动物）园""孩子独自进行娱乐类阅读""孩子独自或和小伙伴一起玩'过家家'游戏""孩子独自或和小伙伴一起涂色、画画或玩积木、拼插模型""孩子独自或和小伙伴一起唱歌跳舞""大运动量的体力活动游戏，比如奔跑、攀爬、跳跃、球类运动""骑儿童自行车、三轮车

---

① A. R. Goodman, "Strengths and Difficulties Questionnaire as a Dimensional Measure of Child Mental Health," *Journal of the American Academy of Child & Adolescent Psychiatry* 4 (2009): 400-403.

或踏板车""和小伙伴一起玩追逐打闹游戏""孩子独自玩电脑、手机或平板电脑""孩子在工作日注视（观看）电子屏幕的总时间""孩子在周末注视（观看）电子屏幕的总时间"（回归模型中分类型自变量编码同本章中"幼儿园之外的活动与游戏对幼儿园中班幼儿身体质量指数的影响"说明），纳入回归模型（模型一）后，模型判断准确度为 93.5%，模型拟合优度检验系数为 0.135，表示模型拟合度较高，具体分析结果见表 4-39。由于此模型的分析结果显示仅有一个自变量对因变量具有显著的影响，因此尝试在此基础上经过反复测试筛选出了可能会对分析结果造成干扰的 5 个自变量，并将其从模型一中排除建立回归模型二（其他自变量未做更改），从模型一中被排除的自变量包括："孩子在工作日注视（观看）电子屏幕的总时间""孩子在周末注视（观看）电子屏幕的总时间""家庭较高收入成员的职业""和孩子一起参观博物馆、植物（动物）园""和孩子一起用电子终端（电脑、手机或者平板电脑）学习教育类内容"，此回归模型（模型二，共计 15 个自变量）分析结果显示较多自变量对因变量具有影响作用，模型判断准确度为 91.7%，模型拟合优度检验系数为 0.107，表示模型拟合度较高，具体分析结果见表 4-40。

　　模型一数据分析结果显示，只有"和小伙伴一起玩追逐打闹游戏"表现出了对研究样本幼儿的情绪与行为心理健康表现显著的影响，比起从来没有过此类游戏的幼儿，一周玩 1~2 次此类游戏的幼儿出现情绪与行为心理健康问题的风险只有 0.006（P = 0.026 < 0.05）。在模型二的数据分析结果中，则有 4 个自变量对研究样本幼儿的情绪与行为心理健康表现有显著影响。第一，经常玩打闹类游戏可能是显著改善幼儿情绪与行为心理健康表现的原因，具体表现为，一周玩 1~2 次打闹游戏的幼儿存在情绪与行为心理健康问题的风险只有从来没有过这类游戏的幼儿的 0.058 倍（P = 0.017 < 0.05）；第二，骑儿童自行车、三轮车或踏板车可能是显著改善幼儿情绪与行为心理健康表现的游戏活动，具体显示为，活动频率为一周 1~2 次的幼儿存在情绪与行为心理健康问题的风险只有从来没有过这项游戏活动的幼儿的 0.037 倍（P = 0.016 < 0.05），活动频率为一周 3~4 次的幼儿存在情绪与行为心理健康问题的风险只有从来没有过这项游戏活动的幼儿的 0.063 倍

表4-39 幼儿园大班阶段幼儿情绪与行为心理健康表现影响因素分析（模型一）

	B	标准误差	瓦尔德	df	显著性	Exp(B)	EXP(B)的95%置信区间	
							下限	上限
幼儿性别(1)	0.021	1.550	0.000	1	0.989	1.022	0.049	21.305
主要看护人的受教育情况			2.845	3	0.416			
主要看护人的受教育情况(1)	-3.576	2.120	2.845	1	0.092	0.028	0.000	1.785
主要看护人的受教育情况(2)	-25.352	10770.042	0.000	1	0.998	0.000	0.000	—
主要看护人的受教育情况(3)	-33.471	40192.971	0.000	1	0.999	0.000	0.000	—
大运动量的体力活动游戏,比如奔跑、攀爬、跳跃、球类运动			1.481	4	0.830			
大运动量的体力活动游戏,比如奔跑、攀爬、跳跃、球类运动(1)	-3.044	3.577	0.724	1	0.395	0.048	0.000	52.790
大运动量的体力活动游戏,比如奔跑、攀爬、跳跃、球类运动(2)	-1.502	3.519	0.182	1	0.670	0.223	0.000	220.442
大运动量的体力活动游戏,比如奔跑、攀爬、跳跃、球类运动(3)	-2.595	3.705	0.490	1	0.484	0.075	0.000	106.396
大运动量的体力活动游戏,比如奔跑、攀爬、跳跃、球类运动(4)	-2.147	3.601	0.356	1	0.551	0.117	0.000	135.676
和小伙伴一起玩追逐打闹游戏			6.790	4	0.147			
和小伙伴一起玩追逐打闹游戏(1)	1.302	2.117	0.378	1	0.539	3.676	0.058	232.911
和小伙伴一起玩追逐打闹游戏(2)	-5.098*	2.287	4.971	1	0.026	0.006	0.000	0.540

续表

	B	标准误差	瓦尔德	df	显著性	Exp（B）	EXP（B）的 95% 置信区间	
							下限	上限
和小伙伴一起玩追逐打闹游戏（3）	0.433	2.590	0.028	1	0.867	1.542	0.010	247.010
和小伙伴一起玩追逐打闹游戏（4）	3.297	2.891	1.301	1	0.254	27.039	0.094	7811.972
骑儿童自行车、三轮车或踏板车			5.378	4	0.251			
骑儿童自行车、三轮车或踏板车（1）	−2.171	2.659	0.667	1	0.414	0.114	0.001	20.921
骑儿童自行车、三轮车或踏板车（2）	−4.772	2.903	2.701	1	0.100	0.008	0.000	2.506
骑儿童自行车、三轮车或踏板车（3）	−2.824	2.878	0.962	1	0.327	0.059	0.000	16.733
骑儿童自行车、三轮车或踏板车（4）	1.651	3.427	0.232	1	0.630	5.211	0.006	4302.505
孩子独自玩电脑、手机或平板电脑			2.737	4	0.603			
孩子独自玩电脑、手机或平板电脑（1）	−3.705	4.035	0.843	1	0.358	0.025	0.000	66.871
孩子独自玩电脑、手机或平板电脑（2）	−3.564	3.138	1.290	1	0.256	0.028	0.000	13.273
孩子独自玩电脑、手机或平板电脑（3）	−1.462	3.015	0.235	1	0.628	0.232	0.001	85.380

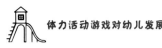

续表

	B	标准误差	瓦尔德	df	显著性	Exp（B）	EXP（B）的 95%置信区间	
							下限	上限
孩子独自玩电脑，手机或平板电脑（4）	-2.210	3.297	0.449	1	0.503	0.110	0.000	70.277
孩子独自和小伙伴一起唱歌跳舞			3.541	4	0.472			
孩子独自或和小伙伴一起唱歌跳舞（1）	0.425	2.894	0.022	1	0.883	1.529	0.005	443.993
孩子独自或和小伙伴一起唱歌跳舞（2）	-4.187	2.950	2.014	1	0.156	0.015	0.000	4.934
孩子独自或和小伙伴一起唱歌跳舞（3）	-1.942	2.813	0.477	1	0.490	0.143	0.001	35.565
孩子独自或和小伙伴一起唱歌跳舞（4）	-1.488	2.563	0.337	1	0.562	0.226	0.001	34.291
孩子独自进行娱乐类阅读			3.946	4	0.413			
孩子独自进行娱乐类阅读（1）	-2.781	2.411	1.330	1	0.249	0.062	0.001	6.996
孩子独自进行娱乐类阅读（2）	-5.192	2.701	3.695	1	0.055	0.006	0.000	1.107
孩子独自进行娱乐类阅读（3）	-3.239	2.149	2.273	1	0.132	0.039	0.001	2.643
孩子独自进行娱乐类阅读（4）	-2.701	2.301	1.378	1	0.240	0.067	0.001	6.106
和孩子一起玩电子游戏			3.714	4	0.446			
和孩子一起玩电子游戏（1）	2.894	1.779	2.648	1	0.104	18.071	0.553	590.290
和孩子一起玩电子游戏（2）	2.506	1.985	1.593	1	0.207	12.255	0.250	600.174

续表

	B	标准误差	瓦尔德	df	显著性	Exp(B)	EXP(B)的95%置信区间	
							下限	上限
和孩子一起玩电子游戏(3)	3.062	2.365	1.676	1	0.196	21.370	0.207	2204.282
和孩子一起玩电子游戏(4)	-14.611	28026.294	0.000	1	1.000	0.000	0.000	0.000
和孩子一起去图书馆			0.527	3	0.913			
和孩子一起去图书馆(1)	-0.885	1.988	0.198	1	0.656	0.413	0.008	20.305
和孩子一起去图书馆(2)	-0.987	1.768	0.312	1	0.577	0.373	0.012	11.926
和孩子一起去图书馆(3)	0.237	2.384	0.010	1	0.921	1.267	0.012	135.566
读书或者讲故事给孩子听			4.560	4	0.336			
读书或者讲故事给孩子听(1)	5.552	3.262	2.897	1	0.089	257.680	0.431	153938.739
读书或者讲故事给孩子听(2)	4.221	2.525	2.795	1	0.095	68.135	0.483	9606.249
读书或者讲故事给孩子听(3)	0.346	2.535	0.019	1	0.891	1.414	0.010	203.382
读书或者讲故事给孩子听(4)	2.807	2.548	1.214	1	0.271	16.562	0.112	2441.875
和孩子一起用电子终端(电脑,手机或者平板电脑)学习教育类内容			5.730	4	0.220			
和孩子一起用电子终端(电脑,手机或者平板电脑)学习教育类内容(1)	-1.304	1.827	0.509	1	0.475	0.271	0.008	9.751
和孩子一起用电子终端(电脑,手机或者平板电脑)学习教育类内容(2)	-4.628	2.526	3.356	1	0.067	0.010	0.000	1.382
和孩子一起用电子终端(电脑,手机或者平板电脑)学习教育类内容(3)	-0.867	1.977	0.192	1	0.661	0.420	0.009	20.244
和孩子一起用电子终端(电脑,手机或者平板电脑)学习教育类内容(4)	5.452	4.067	1.797	1	0.180	233.166	0.080	675713.008

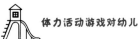

续表

	B	标准误差	瓦尔德	df	显著性	Exp(B)	EXP(B)的 95%置信区间	
							下限	上限
和孩子一起进行体力活动游戏			2.469	4	0.650			
和孩子一起进行体力活动游戏(1)	4.663	3.859	1.460	1	0.227	105.978	0.055	204043.644
和孩子一起进行体力活动游戏(2)	3.240	3.608	0.806	1	0.369	25.525	0.022	30068.748
和孩子一起进行体力活动游戏(3)	3.712	3.481	1.137	1	0.286	40.947	0.045	37632.943
和孩子一起进行体力活动游戏(4)	-1.803	4.455	0.164	1	0.686	0.165	0.000	1022.013
和孩子一起参观博物馆、植物园(动物)			3.117	3	0.374			
和孩子一起参观博物馆、植物园(动物)(1)	-5.154	5.106	1.019	1	0.313	0.006	0.000	128.086
和孩子一起参观博物馆、植物园(动物)(2)	-7.425	5.096	2.123	1	0.145	0.001	0.000	12.981
和孩子一起参观博物馆、植物园(动物)(3)	-5.670	5.519	1.056	1	0.304	0.003	0.000	171.916
主要看护人年龄			1.637	2	0.441			
主要看护人年龄(1)	0.672	1.589	0.179	1	0.672	1.959	0.087	44.112
主要看护人年龄(2)	-1.765	2.352	0.563	1	0.453	0.171	0.002	17.201

续表

	B	标准误差	瓦尔德	df	显著性	Exp(B)	EXP(B)的95%置信区间	
							下限	上限
家庭较高收入成员的职业			0.317	2	0.854			
家庭较高收入成员的职业(1)	0.452	1.209	0.140	1	0.709	1.571	0.147	16.803
家庭较高收入成员的职业(2)	1.036	1.973	0.276	1	0.600	2.817	0.059	134.576
孩子在工作日注视（观看）电子屏幕的总时间	-0.140	0.496	0.080	1	0.777	0.869	0.329	2.297
孩子在周末注视（观看）电子屏幕的总时间	0.010	0.289	0.001	1	0.971	1.011	0.574	1.781
孩子独自或和小伙伴一起涂色、画画或玩积木、拼插模型			2.639	4	0.620			
孩子独自或和小伙伴一起涂色、画画或玩积木、拼插模型(1)	-0.182	3.761	0.002	1	0.961	0.833	0.001	1325.437
孩子独自或和小伙伴一起涂色、画画或玩积木、拼插模型(2)	-0.424	3.901	0.012	1	0.914	0.655	0.000	1370.275
孩子独自或和小伙伴一起涂色、画画或玩积木、拼插模型(3)	1.880	3.406	0.305	1	0.581	6.553	0.008	5198.961
孩子独自或和小伙伴一起涂色、画画或玩积木、拼插模型(4)	2.911	3.882	0.562	1	0.453	18.368	0.009	37004.897
孩子独自或和小伙伴一起玩"过家家"游戏			3.894	4	0.421			
孩子独自或和小伙伴一起玩"过家家"游戏(1)	0.800	3.798	0.044	1	0.833	2.226	0.001	3805.072

续表

	B	标准误差	瓦尔德	df	显著性	Exp（B）	EXP（B）的95%置信区间	
							下限	上限
孩子独自或和小伙伴一起玩"过家家"游戏（2）	3.848	3.694	1.085	1	0.298	46.901	0.034	6528.297
孩子独自或和小伙伴一起玩"过家家"游戏（3）	2.172	3.489	0.388	1	0.534	8.778	0.009	8184.962
孩子独自或和小伙伴一起玩"过家家"游戏（4）	-1.821	3.268	0.311	1	0.577	0.162	0.000	97.967

注：* 通过显著性为 0.05 的 Wald 检验，自变量对因变量有显著影响。

表 4 - 40 幼儿园大班阶段幼儿情绪与行为心理健康表现影响因素分析（模型二）

	B	标准误差	瓦尔德	df	显著性	Exp（B）	EXP（B）的95%置信区间	
							下限	上限
和孩子一起进行体力活动游戏			4.418	4	0.352			
和孩子一起进行体力活动游戏（1）	-2.656	1.740	2.332	1	0.127	0.070	0.002	2.124
和孩子一起进行体力活动游戏（2）	-2.830	1.638	2.985	1	0.084	0.059	0.002	1.462
和孩子一起进行体力活动游戏（3）	-2.325	1.547	2.258	1	0.133	0.098	0.005	2.029

续表

	B	标准误差	瓦尔德	df	显著性	Exp(B)	EXP(B)的95%置信区间	
							下限	上限
和孩子一起进行体力活动游戏(4)	-4.118*	2.019	4.162	1	0.041	0.016	0.000	0.851
大运动量的体力活动游戏,比如奔跑、攀爬、跳跃、球类运动			1.793	4	0.774			
大运动量的体力活动游戏,比如奔跑、攀爬、跳跃、球类运动(1)	0.025	1.717	0.000	1	0.988	1.025	0.035	29.674
大运动量的体力活动游戏,比如奔跑、攀爬、跳跃、球类运动(2)	-1.053	1.580	0.445	1	0.505	0.349	0.016	7.711
大运动量的体力活动游戏,比如奔跑、攀爬、跳跃、球类运动(3)	-0.170	1.657	0.011	1	0.918	0.844	0.033	21.695
大运动量的体力活动游戏,比如奔跑、攀爬、跳跃、球类运动(4)	-0.742	1.625	0.209	1	0.648	0.476	0.020	11.508
骑儿童自行车、三轮车或踏板车			8.663	4	0.070			
骑儿童自行车、三轮车或踏板车(1)	-1.208	1.096	1.216	1	0.270	0.299	0.035	2.558
骑儿童自行车、三轮车或踏板车(2)	-3.296*	1.362	5.857	1	0.016	0.037	0.003	0.534
骑儿童自行车、三轮车或踏板车(3)	-2.762*	1.407	3.852	1	0.049	0.063	0.004	0.996
骑儿童自行车、三轮车或踏板车(4)	-0.517	1.408	0.135	1	0.714	0.596	0.038	9.426

续表

	B	标准误差	瓦尔德	df	显著性	Exp(B)	EXP(B)的 95%置信区间	
							下限	上限
孩子独自玩电脑、手机或平板电脑			4.229	4	0.376			
孩子独自玩电脑、手机或平板电脑(1)	-0.488	2.058	0.056	1	0.812	0.614	0.011	34.656
孩子独自玩电脑、手机或平板电脑(2)	-2.637	1.803	2.140	1	0.144	0.072	0.002	2.451
孩子独自玩电脑、手机或平板电脑(3)	-1.160	1.726	0.452	1	0.502	0.314	0.011	9.233
孩子独自玩电脑、手机或平板电脑(4)	-1.841	1.754	1.102	1	0.294	0.159	0.005	4.933
孩子独自或和小伙伴一起玩"过家家"游戏			2.196	4	0.700			
孩子独自或和小伙伴一起玩"过家家"游戏(1)	1.504	2.085	0.520	1	0.471	4.499	0.076	267.691
孩子独自或和小伙伴一起玩"过家家"游戏(2)	2.049	1.964	1.088	1	0.297	7.761	0.165	364.670
孩子独自或和小伙伴一起玩"过家家"游戏(3)	1.841	1.955	0.887	1	0.346	6.303	0.137	290.606
孩子独自或和小伙伴一起玩"过家家"游戏(4)	0.862	1.951	0.195	1	0.658	2.369	0.052	108.341

续表

	B	标准误差	瓦尔德	df	显著性	Exp(B)	EXP(B)的 95% 置信区间	
							下限	上限
孩子独自或和小伙伴一起涂色、画画或玩积木、拼插模型			4.463	4	0.347			
孩子独自或和小伙伴一起涂色、画画或玩积木、拼插模型(1)	2.369	1.792	1.748	1	0.186	10.686	0.319	358.102
孩子独自或和小伙伴一起涂色、画画或玩积木、拼插模型(2)	0.798	2.009	0.158	1	0.691	2.221	0.043	113.981
孩子独自或和小伙伴一起涂色、画画或玩积木、拼插模型(3)	1.715	1.979	0.750	1	0.386	5.554	0.115	268.758
孩子独自或和小伙伴一起涂色、画画或玩积木、拼插模型(4)	2.404	2.186	1.209	1	0.272	11.063	0.152	803.536
和孩子一起玩电子游戏			3.253	4	0.516			
和孩子一起玩电子游戏(1)	1.435	0.818	3.077	1	0.079	4.198	0.845	20.857
和孩子一起玩电子游戏(2)	1.062	0.943	1.268	1	0.260	2.892	0.455	18.371
和孩子一起玩电子游戏(3)	1.555	1.341	1.345	1	0.246	4.736	0.342	65.587
和孩子一起玩电子游戏(4)	-19.626	21188.680	0.000	1	0.999	0.000	0.000	—
和小伙伴一起追逐打闹游戏			10.736	4	0.030			
和小伙伴一起追逐打闹游戏(1)	-0.007	1.052	0.000	1	0.994	0.993	0.126	7.801
和小伙伴一起玩追逐打闹游戏(2)	-2.854*	1.195	5.706	1	0.017	0.058	0.006	0.599

续表

	B	标准误差	瓦尔德	df	显著性	Exp(B)	EXP(B)的95%置信区间	
							下限	上限
和小伙伴一起玩追逐打闹游戏(3)	-0.464	1.200	0.149	1	0.699	0.629	0.060	6.612
和小伙伴一起玩追逐打闹游戏(4)	1.523	1.229	1.536	1	0.215	4.587	0.412	51.031
幼儿性别(1)	-0.577	0.703	0.673	1	0.412	0.562	0.142	2.227
主要看护人的年龄			2.999	2	0.223			
主要看护人的年龄(1)	0.644	0.928	0.481	1	0.488	1.904	0.309	11.740
主要看护人的年龄(2)	-0.846	1.130	0.561	1	0.454	0.429	0.047	3.931
孩子独自或和小伙伴一起唱歌跳舞			7.038	4	0.134			
孩子独自或和小伙伴一起唱歌跳舞(1)	-0.178	1.442	0.015	1	0.902	0.837	0.050	14.125
孩子独自或和小伙伴一起唱歌跳舞(2)	-2.796	1.463	3.650	1	0.056	0.061	0.003	1.075
孩子独自或和小伙伴一起唱歌跳舞(3)	-1.633	1.495	1.193	1	0.275	0.195	0.010	3.657
孩子独自或和小伙伴一起唱歌跳舞(4)	-1.960	1.513	1.677	1	0.195	0.141	0.007	2.735
和孩子一起去图书馆			3.123	3	0.373			
和孩子一起去图书馆(1)	-0.871	1.173	0.551	1	0.458	0.419	0.042	4.173

续表

	B	标准误差	瓦尔德	df	显著性	Exp（B）	EXP（B）的95%置信区间 下限	EXP（B）的95%置信区间 上限
和孩子一起去图书馆（2）	-0.462	0.938	0.242	1	0.623	0.630	0.100	3.961
和孩子一起去图书馆（3）	0.989	1.148	0.742	1	0.389	2.690	0.283	25.536
主要看护人的受教育情况			7.593	3	0.055			
主要看护人的受教育情况（1）	-2.519*	0.914	7.593	1	0.006	0.081	0.013	0.483
主要看护人的受教育情况（2）	-21.855	12222.701	0.000	1	0.999	0.000	0.000	.
主要看护人的受教育情况（3）	-26.214	40192.970	0.000	1	0.999	0.000	0.000	.
孩子独自进行娱乐类阅读			3.830	4	0.430			
孩子独自进行娱乐类阅读（1）	-0.557	1.212	0.211	1	0.646	0.573	0.053	6.161
孩子独自进行娱乐类阅读（2）	-2.359	1.380	2.925	1	0.087	0.094	0.006	1.411
孩子独自进行娱乐类阅读（3）	-1.517	1.132	1.795	1	0.180	0.219	0.024	2.018
孩子独自进行娱乐类阅读（4）	-1.230	1.008	1.489	1	0.222	0.292	0.041	2.108
读书或者讲故事给孩子听			4.142	4	0.387			
读书或者讲故事给孩子听（1）	3.556	2.039	3.043	1	0.081	35.034	0.644	1905.106
读书或者讲故事给孩子听（2）	3.282	1.858	3.121	1	0.077	26.620	0.698	1014.669
读书或者讲故事给孩子听（3）	2.643	1.817	2.117	1	0.146	14.058	0.399	494.717
读书或者讲故事给孩子听（4）	3.426	1.821	3.539	1	0.060	30.742	0.866	1090.804
常量	3.011	3.946	0.582	1	0.445	20.302		

注：＊通过显著性为 0.050 的 Wald 检验，自变量对因变量有显著影响。

（P＝0.049＜0.05）；第三，和孩子一起进行体力活动游戏有可能显著改善幼儿的情绪与行为心理健康问题，具体表现为，活动频率为一周5次及以上的幼儿存在情绪与行为心理健康问题的风险只有从来没有过这类活动的幼儿的0.016倍（P＝0.041＜0.05）；第四，主要看护人的受教育情况也有可能是对幼儿的情绪与行为心理健康表现产生影响的因素，具体表现为，主要看护人的受教育情况为高中或中专的幼儿存在情绪与行为心理健康问题的风险只有主要看护人的受教育情况为初中及以下的幼儿的0.081倍（P＝0.006＜0.05）。

第三节　小结

第一，幼儿在幼儿园中班时，经常和大人一起玩电子游戏很可能会导致幼儿超重，玩轮滑类游戏、和大人一起去图书馆有可能降低幼儿超重的风险；男女童的运动能力在大多数项目上并不存在显著的差异，只是在平衡力上女童相对优于男童，而男童在投掷能力上相对优于女童；相对男童来讲，幼儿园之外的活动和游戏对女童有更多的影响，以静坐为主的活动对发展幼儿的运动能力不利，体力活动游戏中的球类游戏、追逐打闹游戏和攀爬游戏分别对女童的跑步和投掷能力有积极的影响，男童的运动能力表现并没有与任何一项幼儿园之外的体力活动游戏产生显著的关联；对于幼儿情绪与行为心理健康表现的改善来说，与家人去图书馆，参观博物馆、植物（动物）园，孩子独自或和小伙伴一起唱歌跳舞等活动表现了显著的积极影响，但大人经常利用电子设备对幼儿进行教育有可能对幼儿的情绪与行为心理健康表现产生消极的影响，典型的体力活动游戏并没有比幼儿的其他活动与游戏对幼儿园中班幼儿心理健康产生优势影响。

第二，幼儿在幼儿园大班时，周末注视（观看）电子屏幕的总时间与幼儿超重的风险成正比，而奔跑、攀爬、跳跃、球类等大运动量的体力活动游戏和追逐打闹游戏都显示具有降低幼儿超重风险的积极作用；随着从中班到大班的年龄增长，幼儿的运动能力也有了显著的提高，男女童的差异开始变得显著，女童的平衡能力依然占有优势，而男童在跳、投掷和拍球能力上都开始领先女童；静坐类的活动依然表现出对于幼儿运动能力的显著负面影响，但在幼儿园大班阶段，幼儿园之外的体力活动游戏无论是对于男童还是女童的运动能力都没有表现出显著的影响；幼儿园大班幼儿的体力活动游戏对于幼儿情绪与行为心理健康的积极作用开始显现，追逐打闹游戏的积极影响相对最为显著，幼儿的骑行、亲子体力活动游戏也都显示了对于幼儿在改善情绪与行为心理健康表现方面的积极价值。

第三，通过跟踪调查发现，幼儿的性别、主要看护人的年龄和性别并没有对调查样本的身体指数（BMI）、情绪与行为心理健康表现产生显著的影响，但家庭背景相对优越的孩子可能有超重的风险，主要看护人的受教育情况偏低则有可能对孩子的情绪与行为心理健康表现造成负面影响。总体来看，幼儿园之外的体力活动游戏能够在一定程度上降低幼儿超重的风险、改善幼儿的情绪与行为心理健康表现，但对幼儿运动能力发展的影响不显著。这一结果一方面说明了体力活动游戏对于幼儿发展的价值，另一方面也提示了幼儿在幼儿园之外的体力活动游戏的局限性和在幼儿园教育过程中促进幼儿体力活动游戏开展的重要性。

第五章 幼儿园户外自主游戏活动中幼儿体力活动影响因素研究

第一节 背景

　　幼儿期是幼儿培养良好生活习惯的重要时期，也是幼儿良好运动习惯形成的重要时期。充足的体力活动是幼儿健康发展的基础，世界卫生组织推荐儿童每日应保证运动量为 60 分钟中高强度的体力活动。作为幼儿日间活动的主要场所，幼儿园不仅为幼儿提供启蒙教育，同时也为他们日常充足的体力活动提供保障和支持。户外活动是幼儿园有计划有组织的教育活动，同时也是幼儿回归自然、释放天性的游戏活动，体力活动游戏是其中一种主要的活动形式。户外活动应保证幼儿"适当的自主选择和自由活动时间"[①]，自主游戏活动是户外活动的重要组成部分。但幼儿的户外自主游戏活动也可能受到各种环境因素的限制，造成体力活动强度较低，体力活动游戏（体力活动水平应达到中高强度）缺乏。尽管活泼好动是幼儿的天性，但近年来越来越多的研究表明幼儿体力活动明显不足，哪怕是在本应"活蹦乱跳""大汗淋漓"的户外活动时间，幼儿处在久坐、不活跃状态的

---

① 中华人民共和国教育部：《幼儿园教育指导纲要（试行）》，2001 年 7 月 2 日，http：//www. moe. gov. cn/srcsite/A06/s3327/200107/t20010702_ 81984. html。

比例依然很高。[1]

　　国内外许多学者对幼儿在户外活动时间的行为模式从多种视角出发进行了研究。如对幼儿户外活动时间中体力活动强度水平的观测与评价,[2] 不同性别幼儿体力活动参与情况的差异比较,[3] 社会交往和互动模式与幼儿体力活动水平之间的关系研究,[4] 户外环境设施与幼儿体力活动水平之间的关系研究等等。[5] 通过目前已有的研究可以发现,幼儿的体力

[1]　K. I. Dias et al. , "International Comparison of the Levels and Potential Correlates of Objectively Measured Sedentary Time and Physical Activity among Three-to-Four-Year-Old Children," *International Journal of Environmental Research and Public Health* 16 (2019) : 1929; R. R. Pate et al. , "Prevalence of Compliance With a New Physical Activity Guideline for Preschool-Age Children," *Childhood Obesity* 4 (2015) : 415 – 420; P. Tucker, "The Physical Activity Levels of Preschool-Aged Children: A Systematic Review," *Early Childhood Research Quarterly* 4 (2008) : 547 – 558; T. L. McKenzie et al. , "Physical Activity Levels and Prompts in Young Children at Recess: A Two-Year Study of a Bi-Ethnic Sample," *Research Quarterly for Exercise and Sport* 68 (1997) : 195 – 202.

[2]　全明辉等:《基于加速度传感器的学龄前儿童体力活动蒐集特征研究》,《上海体育学院学报》2020 年第 2 期,第 33 ~ 38 + 86 页;方慧等:《儿童体力活动变化趋势特征及其对体适能影响的追踪研究》,《体育科学》2018 年第 6 期,第 44 ~ 52 页;W. H. Brown et al. , "Assessing Preschool Children's Physical Activity: The Observational System for Recording Physical Activity in Children-Preschool Version," *Research Quarterly for Exercise and Sport* 2 (2006) : 167 – 176; R. R. Pate et al. , "Physical Activity among Children Attending Preschools," *Pediatrics* 5 (2004) : 1258 – 1263.

[3]　De M. Craemer et al. , "The Effect of a Kindergarten-Based, Family-Involved Intervention on Objectively Measured Physical Activity in Belgian Preschool Boys and Girls of High and Low SES: The ToyBox-Study," *The International Journal of Behavioral Nutrition and Physical Activity* 1 (2014) : 38 – 46; S. Maatta et al. , "Children's Physical Activity and the Preschool Environment: The Moderating Role of Gender," *Early Childhood Research Quarterly* 1 (2019) : 39 – 48.

[4]　C. E. Van et al. , "Preschooler's Physical Activity Levels and Associations with Lesson Context, Teacher's Behavior, and Environment during Preschool Physical Education," *Early Childhood Research Quarterly* 2 (2012) : 221 – 230; J. S. Gubbels et al. , "Interaction between Physical Environment, Social Environment, and Child Characteristics in Determining Physical Activity at Child Care," *Health Psychology* 1 (2011) : 84 – 90.

[5]　G. Cardon et al. , "The Contribution of Preschool Playground Factors in Explaining Children's Physical Activity during Recess," *International Journal of Behavioral Nutrition and Physical Activity* 11 (2008) : 1 – 6; C. Boldeman et al. , "Impact of Preschool Environment upon Children's Physical Activity and Sun Exposure," *Preventive Medicine* 4 (2006) : 301 – 308.

活动受到多种因素的影响。为了探索幼儿体力活动的影响因素，设计科学合理的教育干预策略在户外活动中促进幼儿的体力活动游戏，本章将从以下四个方面展开论证：第一，以幼儿为观察对象，对他们的幼儿园户外自主游戏活动进行客观和系统的观测；第二，分析幼儿园户外自主游戏活动中幼儿的体力活动特点及性别差异；第三，探讨户外自主游戏活动中幼儿体力活动的影响因素；第四，对男女童体力活动影响因素的差异进行比较。

第二节　研究方法

一　研究样本的选取

研究样本幼儿来自随机抽选的 4 所幼儿园，这些幼儿园皆为广州市规范化办园单位，研究观测征得了幼儿园负责人的同意。4 所幼儿园内均设有运动场、直跑道、大型固定器械区、种植（饲养）操作区，幼儿人均户外活动场地面积在 4 平方米及以上（最小的为 4 平方米，最大的为 14 平方米），配备有充足的运动游戏小型器材，每日安排至少 2 小时的户外活动时间。在 4 所幼儿园中随机抽选 300 名幼儿，获取家长的知情同意后，在 2018 年 10 月至 11 月对幼儿的户外自主游戏活动情况进行了系统的非参与式直接观测。

二　数据的收集

研究采用幼儿体力活动观测系统（Observational System for Recording Physical Activity in Children Preschool Version，OSRAC-P）修订版对幼儿在户外自主游戏活动中的体力活动行为进行系统的非参与式直接观测，该观测方法在国际上的多个与幼儿体力活动相关的研究中被使用，并被证实为较可靠的幼儿体力活动观测工具，观测系统的各分量表及各项目的观测者一致性

（interobserver agreement）在 79%～95%。[1] 在户外自主游戏活动时间里，观测者对随机抽选的幼儿进行跟踪观测，每30秒为一个观测段，其中5秒进行观测，25秒进行记录，完成一次观测数据的收集，对每位幼儿每次的观测至少持续5分钟并且重复两次。观测内容包括幼儿的性别、活动行为、活动场景、同伴构成、活动的发起者、活动中的干预和互动七个项目。具体编码见表5-1。

表 5 - 1　幼儿体力活动行为观测表编码

编码	性别	活动行为	同伴构成	活动场景	活动中的互动	活动的发起者	活动中的干预
1	男	久坐或静止	独自	开阔场地	无互动	教师	无干预
2	女	轻缓体力活动	与教师一起	便携器材	有互动	男童	教师促进
3		中高强度体力活动	与男童一起	固定运动设施		女童	教师抑制
4			与女童一起	轮车区		不确定	同伴促进
5			男女童混合（除观察对象以外）	沙（水）池			同伴抑制
6				操作区			不确定

以下是对应观测表编码的幼儿体力活动示例图片与活动行为特点的说明。照片 A，独自，久坐或静止，固定运动设施（独木桥平台），无互动。照片 B，与女童一起（照片中白色衣服女童），中高强度体力活动，固定运动设施（独木桥），无互动。照片 C，与男童一起（照片中女童），轻缓体力活动，固定运动设施（秋千），无互动；与女童一起（照片中男童），久

① W. H. Brown et al. , "Social and Environmental Factors Associated with Preschoolers' Nonsedentary Physical Activity," *Child Development* 1（2009）：45 - 58；W. H. Brown et al. , "Assessing Preschool Children's Physical Activity：The Observational System for Recording Physical Activity in Children-Preschool Version," *Research Quarterly for Exercise and Sport* 2（2006）：167 - 176；M. Dowda et al. , "Parental and Environmental Correlates of Physical Activity of Children Attending Preschool," *Archives of Pediatrics & Adolessent Medicine* 10（2011）：939 - 944；赵伟、张莹：《体育游戏背景下音乐速度对4～5岁幼儿体力活动水平的影响》，《中国体育科技》2018年第1期，第39～48页。

坐或静止，固定运动设施（秋千），无互动。照片 D，独自，轻缓体力活动，固定运动设施（秋千），无互动。照片 E，男女童混合（照片中蓝衣服男童），中高强度体力活动，固定运动设施（爬架），有互动。照片 F，与教师一起（照片左侧拉着教师手的女童），轻缓体力活动，开阔场地（跑道），有互动；独自一人（照片中跑道中跑步男童），中高强度体力活动，开阔场地（跑道），无互动；与男童一起（照片中玩吊环男童），中高强度体力活动，固定设施（吊环），有互动。照片 G，与男童一起（照片中浅色短袖男童），中高强度体力活动，便携器材（小足球），有互动。照片 H，独自，中高强度体力活动，便携器材（小篮球），无互动。照片 I，与男童一起（照片中深色短袖男童），久坐或静止，沙（水）池，有互动。照片 J，与男童一起（照片中前景男童），轻缓体力活动（未蹬骑，仅以坐骑姿势先前稍有移动），轮车区，有互动，同伴促进（后面男童提醒前面男童骑快点）。照片 K，男女童混合（游戏中教师仅协助清理地面的小球以防意外，并未与游戏中幼儿发生互动，故不记作活动中的同伴），中高强度体力活动，便携器材（海绵球），有互动，同伴促进（提醒加速"进攻"）。照片 L，与女童一起（照片中深色衣服女童），轻缓体力活动，操作区，无互动。照片 M，与女童一起（照片中短发女童），中高强度体力活动，便携器材（垫子，轮胎），无互动。照片 N，男女童混合，中高强度体力活动，便携器材（小篮球，雪糕桶），有互动。照片 O，与男童一起（照片中背对镜头女童），中高强度体力活动，便携器材（跳袋），有互动。照片 P，男女童混合，中高强度体力活动，便携器材（钻爬垫），有互动，教师抑制（提醒降低爬行速度注意安全）。照片 Q，与男童一起（照片中女童），轻缓体力活动，操作区，有互动。

　　本研究中负责数据观测的 3 名观测者在观测开始前对幼儿体力活动观测系统的内容构成、编码方案和记录规则进行了学习和讨论，以确保 3 名观测者对于活动编码的理解和记录达到较高的一致性。正式观测前，3 名观测者在同一时间对在合作幼儿园中随机抽选的两名幼儿的户外自主游戏活动进行了观测，并各自记录观测结果。利用肯德尔和谐系数检验方法对 3 名观测者

所记录的共计 60 次观测数据的结果的一致性进行考察。检验结果显示，肯德尔 W 值 = 0.884，P < 0.05，表明 3 名观测者利用幼儿体力活动观测系统所录得的数据结果一致性较高。

本研究每周对每所幼儿园的户外自主游戏活动进行 1 次观测，每次观测总时长为 60 分钟，这期间 3 名观测者同时进行观测，每名观测者观测 5 名幼儿。每两周至少完成 4 所幼儿园的 1 轮观测，观测共持续两个月，完成共计 5 轮观测，观测幼儿总有效人数 253 人，总观测数 5785 次，总有效观测数 5734 次（"活动场景"变量存在 51 次缺失数据），总时长 2867 分钟。

三 数据统计分析

对观测结果进行描述性分析，分类数据以计数表示，连续数值型数据以平均值和标准差表示。利用逻辑回归模型评估户外自主游戏活动中的各种影响因素对于幼儿体力活动的参与频率和强度的影响。研究中所有分析采用 SPSS 24.0 完成，显著水平设定为 0.05，并对逻辑回归结果进行图形可视化处理，以便更清晰地展示幼儿体力活动与影响因素之间的关系。

第三节　结果与分析

一　幼儿园户外自主游戏活动中幼儿体力活动基本情况

本研究最终获取的有效观测数据来自 4 所幼儿园的 253 名幼儿，幼儿的年龄、男女比例、身高、体重和观测场所的幼儿人均户外面积基本情况如表 5－2 所示。

表 5－2　被观测幼儿及观测环境的基本情况

项目	描述统计（均数±标准差）
幼儿的年龄（月）	49±1.32
男童（%）	52.50
女童（%）	47.50
幼儿身高（厘米）	106.20±9.92
幼儿体重（公斤）	18.04±7.60
幼儿人均户外活动面积（平方米）	8±4.32

根据幼儿体力活动观测系统对活动行为按活动强度的分级，将其他观测项目中的观测数据进行了归类统计，具体结果见表 5－3。

表5-3 幼儿户外自主游戏活动中体力活动行为观测结果

		活动行为						总计	
		久坐或静止		轻缓体力活动		中高强度体力活动			
		计数(次)	百分比(%)	计数(次)	百分比(%)	计数(次)	百分比(%)	计数(次)	百分比(%)
性别	男	742	12.83	871	15.06	1376	23.79	2989	51.68
	女	726	12.55	1611	27.85	459	7.93	2796	48.33
同伴构成	独自	948	16.39	426	7.36	162	2.80	1536	26.55
	与教师一起	159	2.75	126	2.18	46	0.80	331	5.72
	与男童一起	120	2.07	546	9.44	871	15.06	1537	26.57
	与女童一起	119	2.06	997	17.23	206	3.56	1322	22.85
	男女童混合	122	2.11	387	6.69	550	9.51	1059	18.31
活动场景	开阔场地	512	8.93	738	12.87	682	11.89	1932	33.69
	便携器材	262	4.57	330	5.76	536	9.35	1128	19.68
	固定运动设施	352	6.14	662	11.55	303	5.28	1317	22.97
	轮车区	167	2.91	305	5.32	227	3.96	699	12.19
	沙(水)池	102	1.78	296	5.16	23	0.40	421	7.34
	操作区	73	1.27	151	2.63	13	0.23	237	4.13
活动中的互动	无	1013	17.51	472	8.16	270	4.67	1755	30.34
	有	455	7.87	2010	34.75	1565	27.05	4030	69.67

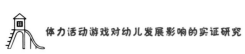

续表

		活动行为						总计	
		久坐或静止		轻缓体力活动		中高强度体力活动			
		计数（次）	百分比（%）	计数（次）	百分比（%）	计数（次）	百分比（%）	计数（次）	百分比（%）
活动的发起者	教师	18	0.31	53	0.92	34	0.59	105	1.82
	男童	21	0.36	27	0.47	42	0.73	90	1.56
	女童	35	0.61	15	0.26	17	0.29	67	1.16
	不确定	1394	24.10	2387	41.26	1742	30.11	5523	95.47
活动中的干预	无干预	1287	22.25	1549	26.78	1068	18.46	3904	67.49
	教师促进	0	0.00	42	0.73	1	0.02	43	0.75
	教师抑制	9	0.16	51	0.88	41	0.71	101	1.75
	同伴促进	13	0.22	129	2.23	164	2.83	306	5.28
	同伴抑制	12	0.21	7	0.12	0	0.00	19	0.33
	不确定	147	2.54	704	12.17	561	9.70	1412	24.41

幼儿体力活动观测结果显示，男女童在户外自主活动时间中有25.38%的时间进行的是久坐或静止活动，31.72%的时间进行的是中高强度体力活动，其他时间进行的是轻缓体力活动。以中高强度体力活动作为考量依据，男童（1376/2989＝46.03%）比女童更活跃（459/2796＝16.42%）。

就所观察到的幼儿在活动中的同伴结构而言，独自（26.55%）、与男童一起（26.57%）、与女童一起（22.85%）进行的活动占比差别不大，男女童混合的活动占比稍低（18.31%），与教师一起的占比最低（5.73%）。在不同的同伴结构形式下，与男童一起进行的活动最为活跃，中高强度水平的活动占到了56.67%（871/1537），而独自一人时活跃度为最低，中高强度水平活动只有10.55%（162/1536）。需要注意的是在与教师一起进行的活动中幼儿久坐或静止状态占比也比较高（159/331＝48.04%）。

在不同的活动场景中录得的活动占比从高到低依次为开阔场地（33.69%）、固定运动设施（22.97%）、便携器材（19.68%）、轮车区（12.19%）、沙（水）池（7.34%）和操作区（4.13%）。其中在各场景录得的活动中，便携器材场景中幼儿的中高强度体力活动较其他场景占比最高，达到47.52%（536/1128），其他场景中相应的比例分别为开阔场地35.30%（682/1932）、固定运动设施23.01%（303/1317）、轮车区32.47%（227/699）、沙（水）池5.46%（23/421）和操作区5.49%（13/237）；久坐或静止活动则在操作区的活动占比较其他场景更多，为30.80%（73/237），其他场景中相应的比例分别为开阔场地26.50%（512/1932）、便携器材23.23%（262/1128）、固定运动设施26.73%（352/1317）、轮车区23.89%（167/699）、沙（水）池24.22%（102/421）。

幼儿在活动中的互动情况表现为，所录得无互动的情况占比（30.34%）少于有互动的情况（69.67%）。同时，幼儿在无互动情况下的中高强度体力活动占比（270/1755＝15.38%）也低于在有互动（1565/4030＝38.83%）情况下的，而幼儿所进行的久坐或静止活动则是无互动时（1013/1755＝57.72%）远多于有互动时（455/4030＝11.29%）。

由于观测过程并非对同一幼儿的全程跟踪，选择观察对象及其活动行为的时点是随机且不完全连续的，因此对于大多数活动的发起者无法做出判断。在所观测到的可确认发起者的活动中，男童发起的活动里中高强度的活动占比最高（42/90＝46.67%），而在女童为发起者的活动里这一占比最低（17/67＝25.37%）。

对于活动中的干预行为，一方面由于本研究观测时间段设定为户外自主活动时间，另一方面由于观测研究形式为非参与式，因此在最终得到的观测结果中，无干预行为发生的活动和不确定干预者的活动总数占到了绝大多数。在可判断的干预行为中可以发现，发生在中高强度体力活动中的促进行为主要来自同伴（164/306＝53.6%），而抑制行为则全部来自教师（41次）。

二 幼儿园中幼儿户外自主游戏活动的性别差异

本研究中所观测的幼儿户外自主游戏活动样本为随机抽选，并且男女童性别比例相差不大（男童51.68%，女童48.33%），但从不同观察项目的结果中发现，男女童的活动特点不尽相同。于是将幼儿的性别作为因变量，将户外自主游戏活动中的同伴构成、活动中的互动、活动场景以及活动行为这四个有代表性的游戏特征作为自变量，利用逻辑回归模型对幼儿户外自主游戏活动的性别差异进行更深入的讨论。回归模型分析结果如图5-1所示。

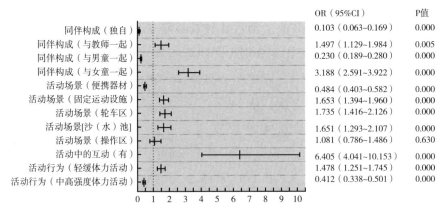

注：参考类别为同伴构成（男女童混合），活动场景（开阔场地），
活动中的互动（无），活动行为（久坐或静止）

图5-1 幼儿户外自主游戏活动的性别差异

分析结果显示，在户外自主游戏活动的同伴构成特征中，与"男女童混合"的构成类型相比较，"独自"进行的活动中出现女童的可能性较小，为0.103（P＜0.001）；"与教师一起"进行的活动中出现女童的可能性则较大，为1.497（P＞0.001）；"与男童一起"出现女童的可能性较小，为0.230（P＜0.001）；"与女童一起"出现女童的可能性较大，为3.188（P＜0.001）。

户外自主游戏活动不同的活动场景中，与在"开阔场地"中进行的活动相比较，利用"便携器材"进行的活动中出现女童的可能性较小，为0.484（P＜0.001）；在"固定运动设施""轮车区""沙（水）池"等活动场景进行的活动中出现女童的可能性都较大，分别为1.653（P＜0.001）、1.735（P＜0.001）、1.651（P＜0.001）；在"操作区"进行的活动中出现女童的可能性与在"开阔场地"场景中的情况差别不显著。

从活动中的互动情况来看，有互动的活动中出现女童的可能性明显较大，是无互动情况的6.405倍（P＜0.001）。

在游戏的活动作为方面，将"久坐或静止"状态下的男女童参与情况作为参考类别进行比较，"轻缓体力活动"中出现女童的可能性较大，为1.478（P＜0.001）；"中高强度体力活动"中出现女童的可能性则较小，为0.412（P＜0.001）。

三　幼儿体力活动影响因素分析

将幼儿户外游戏活动观测结果中的幼儿的活动行为作为因变量，性别、活动中的互动、活动场景、同伴构成以及所在幼儿园的人均户外活动面积作为自变量，对影响幼儿体力活动的因素采用二元逻辑回归模型进行探索。其中因变量选取了"久坐或静止""中高强度体力活动"作为代表幼儿体力活动参与情况的两个水平进行分析。考虑到活动中的干预和活动的发起者两个变量的观测结果中的有效数据与总有效观测次数相比较少，对分析模型的稳定性会产生较大的影响，因此未将这两个变量纳入最终的回归模型。回归模型分析结果如图5－2所示。

结果显示，在同伴构成变量中，"与男童一起"有可能是促进中高强度

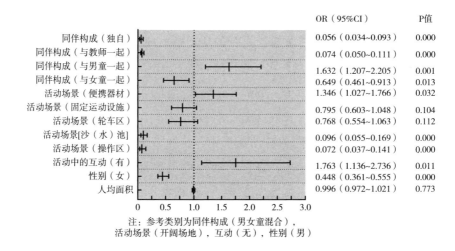

	OR（95%CI）	P值
同伴构成（独自）	0.056（0.034~0.093）	0.000
同伴构成（与教师一起）	0.074（0.050~0.111）	0.000
同伴构成（与男童一起）	1.632（1.207~2.205）	0.001
同伴构成（与女童一起）	0.649（0.461~0.913）	0.013
活动场景（便携器材）	1.346（1.027~1.766）	0.032
活动场景（固定运动设施）	0.795（0.603~1.048）	0.104
活动场景（轮车区）	0.768（0.554~1.063）	0.112
活动场景[沙（水）池]	0.096（0.055~0.169）	0.000
活动场景（操作区）	0.072（0.037~0.141）	0.000
活动中的互动（有）	1.763（1.136~2.736）	0.011
性别（女）	0.448（0.361~0.555）	0.000
人均面积	0.996（0.972~1.021）	0.773

注：参考类别为同伴构成（男女童混合），
活动场景（开阔场地），互动（无），性别（男）

图 5 - 2　幼儿园户外自主游戏活动中幼儿体力活动影响因素

体力活动的因素，同"男女童混合"进行的活动相比较，在"与男童一起"进行的活动中出现中高强度体力活动的可能性显著较高，是前者的1.632倍（P=0.001<0.05）；而"独自"、"与教师一起"和"与女童一起"则有可能减少体力活动的参与，以这三种同伴构成形式进行的活动分别是"男女童混合"进行的活动里出现中高强度体力活动的可能性的0.056倍（P<0.001）、0.074倍（P<0.001）和0.649倍（P=0.013<0.05）。

活动场景变量中，与自主游戏活动中最常见的"开阔场地"相比较，在"固定运动设施"和"轮车区"场景中出现中高强度体力活动的可能皆未显示明显的差异；"便携器材"场景则有可能对中高强度体力活动有促进作用，在这一活动场景中出现中高强度体力活动的可能则是"开阔场地"场景的1.346倍（P=0.032<0.05）；但统计结果也提示了"沙（水）池"和"操作区"活动场景有可能会降低体力活动水平，在这两种场景中出现中高强度体力活动的可能性分别是在"开阔场地"场景中进行的活动里出现中高强度体力活动可能性的0.096倍（P<0.001）和0.072倍（P<0.001）。

幼儿的活动行为在不同的互动情况下表现出显著的差异。活动中的互动对幼儿体力活动的参与和强度水平有着显著的积极影响，在"有互动"的情况下出现中高强度体力活动的可能是在"无互动"情况下的 1.763 倍（P = 0.011 < 0.05）。

性别的差异同样是造成幼儿体力活动水平差异的原因之一。男童明显比女童更活跃，女童进行中高强度体力活动的可能只有男童的 0.448 倍（P < 0.001）。

幼儿园中人均户外活动面积并没有表现出对于幼儿体力活动行为的显著影响。

四　不同性别幼儿体力活动影响因素分析

在前面的分析中可以发现，男女童无论是在户外游戏的活动特点上，还是在游戏的活动强度上都存在显著的差异，因此有必要将男女童进行分组，进一步对不同性别幼儿体力活动参与的影响因素进行探讨。将男女童活动行为分别作为因变量（选取"久坐或静止"和"中高强度体力活动"两个水平），同伴构成、活动场景、活动中的互动以及所在幼儿园的人均户外活动面积作为自变量，采用二元逻辑回归模型进行分析。回归模型分析结果如图 5 - 3 所示。

结果显示，在户外自主游戏活动的同伴构成特征中，无论是男童还是女童，"独自"和"与教师一起"都会显著地降低体力活动水平，其中男童出现中高强度体力活动的可能分别只有"男女童混合"进行的活动的 0.025 倍（P = 0.004 < 0.05）和 0.004 倍（P < 0.001），女童则为 0.090 倍（P < 0.001）和 0.265 倍（P < 0.001）；而男女童在"与男童一起"和"与女童一起"的同伴构成下的体力活动表现则不同，依然是与"男女童混合"相比，女童在这两种同伴构成情况下的活动行为皆无显著的差异，男童则是在"与男童一起"时更为活跃，出现中高强度体力活动的可能为 2.425 倍（P = 0.001 < 0.05），他们"与女童一起"时活跃度相对较低，出现中高强度体力活动的可能为 0.204 倍（P < 0.001）。

在户外自主游戏活动的活动场景中，与"开阔场地"相比较，无论是男童还是女童，在"沙（水）池"和"操作区"场景中体力活动强度皆相对较

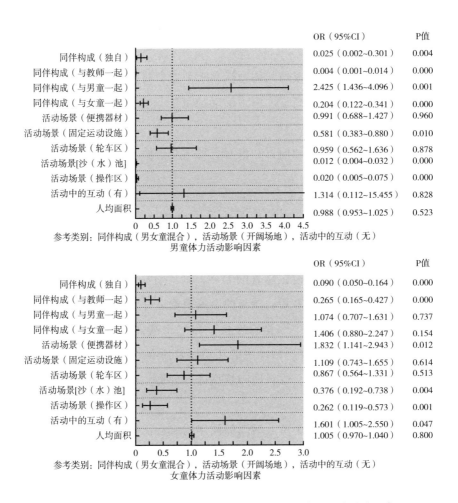

图 5 - 3　幼儿园户外自主游戏活动中男、女童体力活动影响因素

低，男童出现中高强度体力活动的可能分别只有 0.012 倍（P < 0.001）和 0.020 倍（P < 0.001），女童为 0.376 倍（P = 0.004 < 0.05）和 0.262 倍（P = 0.001 < 0.05）；而在"轮车区"进行的活动中，无论是男童还是女童，都没有表现出与在"开阔场地"的体力活动水平相比的显著差异；在使用"便携器材"进行的活动中，男童的活跃度与他们在"开阔场地"场景中的活跃度没有显著差异，而女童则表现出更高的活跃度，她们在使用"便携器材"场景中出现的中高强度体力活动的可能是在"开阔场地"场景中的 1.832

倍（P = 0.012 < 0.05）；在"固定运动设施"场景中的活动中，女童的活跃度则与她们在"开阔场地"场景中的活跃度没有显著差异，而男童表现出相对较低的活跃度，男童在"固定运动设施"场景中出现的中高强度体力活动的可能只有在"开阔场地"场景中的 0.581 倍（P = 0.010 < 0.05）。

男女童的体力活动的参与和强度水平在不同的互动情况下的表现不尽相同。互动可以显著提高女童的活跃度，女童在"有互动"情况下出现中高强度体力活动的可能是在"无互动"情况下的 1.601 倍（P = 0.047 < 0.05）；而男童在有互动和无互动的情况下，体力活动水平并没有表现出显著的差异。

幼儿园中人均户外活动面积无论是对男童还是女童体力活动的参与和强度水平则都未表现出显著的影响。

第四节　讨论

一　幼儿园中幼儿户外自主游戏活动的特征及性别差异

总体来看，幼儿在幼儿园户外自主游戏活动中的中高强度体力活动的占比并不高，由于本研究中的每个观测时间段都完整地覆盖了幼儿当天在园内的户外自主游戏活动时间，那么依据观测结果所显示的时间占比，幼儿在平均 1 个小时的户外自主游戏活动时间里，中高强度的体力活动时间大约只有 18 分钟，而剩余的时间中大部分幼儿的游戏活动还是以轻缓体力活动和久坐或静止为主；户外自主游戏活动的同伴构成特点表现为幼儿更倾向于和自己同性别的伙伴一起玩耍，"与男童一起"玩耍的活动里的中高强度体力活动占比最高，而"与教师一起"的活动则是另一个极端，观测所记录的这类同伴构成下的游戏最少，且其中中高强度体力活动占比最低；观测所记录的发生在"开阔场地"场景中的幼儿户外自主游戏活动相对较多，并且在这一场景中的中高强度体力活动占比也较高，分析其原因可能在于幼儿在"开阔场地"的"追逐打闹"游戏可能较少受到环境或者教师的限制，同时也发现幼儿在"沙（水）池"和"操作区"进行的活动中中高强度体力活动占比非常低，幼儿在这两类游戏场景中的大多数时间主要进行轻缓体力活动，抑或是处于久坐或静止状态；从幼儿户外自主游戏活动的互动情况来说，有互动的游戏活动占大多数，并且多与轻缓体力活动水平相关联；在观测研究所记录的为数不多的能够判断"活动的发起者"的活动中，由男童发起的中高强度体力活动占比最高，而女童发起的最低，教师发起的久坐或静止活动占比最低，而女童发起的最高；游戏活动中可明确辨别的干预行为同样不多，但值得注意的是，其中的教师干预行为并未表现出对幼儿体力活动的参与和强度水平的加强作用，"教师促进"基本没有发生在幼儿的中高强度体力活动中，并且只有极少几例的"教师抑制"干预是发生在幼儿久坐或静止时的，这可能是由于教师认为幼儿天生就很活跃，或者是觉得幼儿的体力活动强度已经足够。

观测研究的结果表明，男童和女童的户外自主游戏活动表现出显著不同的特征。无论是男童还是女童都明显会更倾向于与同性同伴一起游戏，除此之外，女童比男童在自主游戏中与教师更为亲密，而与女童相比男童更多地会一人独自玩耍；男女童在户外自主游戏活动中对游戏场景的选择特征表现为，比起在"开阔场地"，女童比男童更喜欢在"固定运动设施"、"轮车区"和"沙（水）池"区域进行游戏活动，而男童则明显更喜欢使用"便携器材"进行游戏活动，在观察研究中，我们经常会看到女童出现在那些更适合坐下来交谈或玩耍的游戏场景中，而男童则往往选择能够支持他们进行更大运动量或有更多活动空间的游戏场景；从观测案例的数值来讲，男女童互动行为差别并不大，但将发生这些互动行为的游戏活动的其他特征进行控制之后，我们可以很清楚地看到，在其他特征类似的户外自主游戏活动中，女童的互动行为显著地多于男童；男女童在户外自主游戏中处于久坐或静止状态的活动占比区别不大，但女童的轻缓体力活动显著多于男童，而男童的中高强度体力活动在活动中的占比要显著高于女童，男童在活动中显然更为活跃，而女童的中高强度体力活动则明显相对较少。

二　幼儿园户外游戏环境对幼儿体力活动的影响

虽然幼儿在户外往往比在室内更为活跃，但我们观测发现，在户外玩耍时，所记录的游戏中只有不到三分之一的活动为中高强度体力活动。在"沙（水）池"和"操作区"所记录的中高强度体力活动相比其他户外活动的场景更是少之又少，并且这种情况无论是在男童还是在女童群体中都表现得十分相似。在"沙（水）池"中，男女童基本以蹲或坐的姿势为主，虽然他们在"小菜园""小厨房"等这样的操作区里的站姿活动相对会多一些，但游戏活动同样是以身体局部的、轻缓的动作为主，很少出现全身中高强度体力活动。

在"轮车区"游戏活动场景里，男女童可以推或骑自行车、三轮车或踏板车类有轮子的玩具车，这样的游戏场景令男女童的身体活动强度有所提高。从整体来看，男女童在"轮车区"的活跃度与在"开阔场地"的活跃度并不存在显著的区别，分性别来看对女童群体数据的分析结果亦显示如此，但在男童群体中，他们在"轮车区"的活跃度相比在"开阔场地"的依然较低。这种类似的情况也出现在以爬架、滑梯或秋千等"固定运动设施"为主要活动场景的游戏中。究其原因可能有以下几点，一个原因在于轮车设备或固定运动设施并不能满足所有的幼儿同时进行游戏的需要，等待和轮换的时间有可能会降低游戏过程中的体力活动强度；另一个原因可能在于这类活动场景的场地限制，比如在本研究所调研的幼儿园中尽管有些人均户外活动面积可以达到8平方米以上，但作为避免安全隐患的基本操作，这些幼儿园对"轮车区"依然有着严格的区域划分限制，幼儿通常无法快速连贯地骑或推车，并且可能会需要比较频繁地停车或转向，这在无形中也会降低幼儿的体力活动水平；教师的态度或干预也可能是影响幼儿体力活动的原因之一，尽管本研究所获得的教师干预活动案例较少，因此并未将教师干预因素纳入整体的体力活动影响因素来分析，但在观察中依然可以发现，出于安全考虑，当幼儿特别是男童在"轮车区"开始表现出兴奋或者活跃的状态，抑或是在"固定运动设施"区域有拥挤或混乱的趋势时，教师会持警惕的态度，有的教师可能还会将这些兴奋的幼儿引导至别的游戏区域，这无形中可能也会对幼儿造成一种"这里不适合剧烈运动"的暗示。

从幼儿的总体情况来看，幼儿在使用球、跳绳、沙包或垫子等便携运动器材进行游戏时的体力活动水平比在草地、操场、跑道等"开阔场地"场景中的体力活动水平要显著更高，但对男女童的情况分别进行分析的结果却显示这两类活动场景中的幼儿体力活动水平差异主要来自女童，使用便携运动器材进行的游戏能够显著提高女童的体力活动水平，而男童在这两类场景中的体力活动参与和强度水平之间并无显著的差别，且都比在其他场景中显著更高。由此我们不难发现，对于男童来说，不论是充足的运动空间还是丰富的运动器材都能够有效地保证他们在户外自主游戏活动中的活跃度，而对于女童来说，多样和充足的运动器材对于提高她们在活动时的中高强度体力水平更为重要。

三　社会交往模式对幼儿体力活动的影响

户外自主游戏活动是幼儿进行社会交往的一种重要形式，幼儿在游戏中表现出不同的互动和同伴构成特点。从总体来看，游戏中的互动可以作为幼儿中高强度体力活动的一个积极预测因素，但在男女童的分组分析中，我们发现互动对于中高强度体力活动的积极作用主要出现在女童中，而活动中是否存在互动行为并不是一个对男童体力活动产生影响的显著因素。但结合女童在游戏活动比男童明显较低的体力活动参与和强度水平表现来看，教师如果能在游戏中创设更多的互动环境，加强对幼儿特别是女童体力活动的鼓励，不失为促进幼儿体力活动的解决方案。

游戏中的同伴构成对于幼儿在户外游戏中的活跃度起着显著的作用。无论是从幼儿整体情况来看，还是从男女童各自群体的分析来看，在独自一人进行的游戏和与教师一起进行的游戏中，幼儿的体力活动水平相比其他同伴构成都要明显低得多；在与男童一起进行的游戏活动中，幼儿的体力活动水平从总体来看是最高的。这种情况在男童群体中也是如此；而在女童群体中，无论是与男童一起，还是与女童一起，抑或是在男女童混合的同伴构成中，她们的体力活动参与度和强度水平都不存在显著的差异。由此可见，幼儿在独自一人时的体力活动最需要关注，教师应尽量鼓励幼儿和同龄人一起玩耍。同时，教师也有必要提高在户外自主游戏活动中促进幼儿体力活动的意识，特别是当幼儿处于久坐或静止状态时，尽量避免陪着幼儿保持这样的状态，争取能够通过转移幼儿的注意将幼儿引导至更为活跃的游戏中去。

如前所述，在户外自主游戏活动观测中我们未能收集到充足的干预行为和游戏发起者的信息，一方面，由于非参与式观测研究的设计限制，不允许观测者与幼儿或教师进行交流以获取更多的相关信息，在以后的研究中可以考虑将干预行为的编码进一步细化和改进，以获取更多有效信息对目前的研究加以充实。另一方面，干预行为有效信息的缺乏也证实了教师在幼儿户外自主游戏活动中的参与度比较低的事实，观测者在与教师的交流过程中也发现，教师们对于幼儿的户外自主游戏活动的关注点绝大多数在于对幼儿的安全防护，并且对于发起游戏或进行干预存在一定的顾虑，担心会因此破坏幼儿在游戏活动中的自主性，但正如本研究结果显示，幼儿在户外自主游戏活动中的活跃度并不高，教师有必要为促进幼儿的体力活动参与提供进一步的支持。

第五节　小结

第一，在幼儿园户外自主游戏活动中幼儿的中高强度体力活动不足，女童在游戏中的活跃度比男童更低。在同伴构成、活动场景、活动中的互动等其他户外自主游戏活动的特点中男女童也存在较为显著的差异。教师通过系统地观察能够对幼儿在游戏中的体力活动行为有更全面的认识，并以此为依据改进和完善教育方法与手段以提高幼儿的体力活动的参与度和强度水平。

第二，便携器材的使用能够对促进幼儿在幼儿园户外自主游戏活动中的体力活动的参与度产生积极的影响，而幼儿在"沙（水）池"和"操作区"的活动的体力活动强度显著较低。提供充足和多样的小型便携器材，合理引导幼儿选择游戏区域对于提升幼儿的体力活动的参与度和强度水平具有积极的作用。

第三，开阔场地能够促进幼儿的中高强度体力活动，而幼儿园的人均户外活动面积并未表现出对于幼儿体力活动的显著影响。对幼儿园中的游戏区域进行科学规划能够弥补场地的不足，为保证幼儿充足的体力活动提供有力的支持。

第四，游戏中的互动能够显著提高幼儿的活跃度，而幼儿在独自一人进行游戏时的体力活动水平最低。积极的社会交往是提高幼儿在户外自主游戏活动中体力活动参与度的重要因素。

第五，教师在幼儿园户外自主游戏活动中对于提高幼儿体力活动水平并没有表现出积极的影响作用。这一结果提示幼儿教师有必要对于幼儿体力活动水平的实际情况加以更深入的关注和了解，加强对于幼儿在自主游戏活动中久坐或静止行为的干预，平衡在游戏中作为幼儿的同伴、引导者以及看护人的多重角色，以有效地促进幼儿在游戏中的体力活动参与度和提高体力活动强度水平。

第六章 幼儿教师对于幼儿体育活动和体力活动游戏的认知与态度

在幼儿园中，体育活动最常见的形式是幼儿自主体力活动游戏和有教师组织和指导的身体练习活动与游戏，无论是在对幼儿自主体力活动游戏的鼓励和环境创设中，还是在对教师发起和引导的体力活动游戏的设计和实施中，幼儿教师对于幼儿体育活动和体力活动游戏的认知与态度极大程度地决定了其教育行为，继而影响了幼儿的活动体验和教师的教育效果。本部分研究以访谈的形式对幼儿园教师关于幼儿体育活动和体力活动游戏的认知态度进行了解，同时以问卷的形式对教师关于幼儿自主体力活动游戏中的主要形式之一——"打闹"游戏的认知态度进行调查与分析。

第一节 研究对象与方法

一 研究对象

本研究将幼儿教师对幼儿体育活动和幼儿体力活动游戏的相关认知及态度作为研究对象。从广州市 5 个区（天河、越秀、荔湾、海珠、白云）分层随机抽选了 100 名幼儿教师（最终完成问卷 71 人，完成访谈 21 人）作为调查对象（对教师就职幼儿园的选择兼顾了广州市教育局公布的 2016 年广州市各区公办、民办幼儿园数量，以及省一级、市一级、区一级幼儿园数量

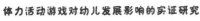

比例①）。参与调查问卷的幼儿教师有 3 名男性，68 名女性，平均年龄为 36 岁（最小年龄为 21 岁，最大年龄为 50 岁，标准差为 9.4），平均工作年限为 15 年（最长为 30 年，最短为 1 年，标准差为 9.8）。

二 研究方法

（一）观察法

本课题组研究人员于 2016 年 3 月至 7 月在广州市 MHJ 幼儿园、TDX 幼儿园、DY 幼儿园对幼儿的自主体力活动游戏分别进行了为期 15 周的非参与式观察，对幼儿的体力活动游戏的活动形式、特点、强度、幼儿与教师的态度等进行实地观察、记录和了解，以此作为访谈提纲和调查问卷设计的部分依据。

（二）文献法

以"身体活动""游戏""体力活动""打闹游戏""幼儿""学前儿童""教师""态度"等为关键词在"中国知网"和"Web of Science"上查阅了相关中英文文献近 100 篇，对目前国内外学前教育领域与教师对幼儿体力活动游戏的认知与态度相关的研究进展进行了系统地了解和梳理，并为本节研究调查问卷中对"打闹"游戏的分类提供了理论依据。

（三）访谈法

本研究拟订了一份旨在了解幼儿教师对于幼儿体育活动和体力活动游戏的认知与态度的访谈提纲（附件 4），提纲包括 5 个主题，分别为：第一，如何看待喜欢运动的幼儿；第二，如何理解教师在幼儿体育活动和体力活动游戏中的角色定位；第三，教师在幼儿体育活动和体力活动游戏中承担什么职责；第四，幼儿体育活动和体力活动游戏的开展所面临的障碍是什么；第五，促进幼儿在园内的体育活动和体力活动游戏的有利因素是什么。访谈时间为 2017 年 5 月 23 日和 2017 年 6 月 11 日，分别在广东省二幼和广州市芭

---

① 广州市教育局：《2016 年广州市教育统计手册》，2017 年 5 月 18 日，http://jyj. gz. gov. cn/ gk/sjtj/content/post_ 5293844. html。

洲保利世贸博览馆进行并完成，共计 21 名幼儿教师接受并完成了访谈，在结果分析中引用了个别接受访谈教师的原话，已将教师真实姓名隐去。

（四）问卷调查法

本研究编制了幼儿教师对于幼儿"打闹"游戏的认知与态度调查问卷，调查问卷由两部分组成，第一部分为幼儿教师的基本信息调查，其中包括性别、年龄、所在幼儿园办学性质、所在幼儿园评级、学历、是否有体育教育专业背景、职称；第二部分为认知与态度主问卷（包括 8 个大问题，其中共 66 个小问题），这一部分的问题主要包括三个方面：其一，教师对于所任教的幼儿园中幼儿的"打闹"游戏情况的了解；其二，教师对于"打闹"游戏的态度；其三，教师对于"打闹"游戏的干预。问卷题目选项采用四级作答形式，选项分别为完全没有、有一些、比较多、非常多。在问卷使用之前，研究组邀请了 6 名学前教育和体育领域的专家对问卷的效度进行了评价，根据专家评价的意见，对问卷进行了修改和调整。问卷正式发放前对随机邀请的调查对象中的 15 名教师进行了两次间隔 3 周的预调查，将两次调查结果进行了重测信度检验，结果显示两次测试结果不存在显著差异，spearmen 相关系数为 0.713，问卷具有较高的信度。调查问卷具体内容见附件 5。正式调查问卷的发放开始于 2017 年 9 月，共计发放问卷 100 份，所有问卷在 2017 年 12 月回收完毕，共计回收有效问卷 71 份。接受问卷调查的教师的基本信息如表 6-1 所示。

表 6-1 参与调查教师基本信息

单位：人，%

		人数	比例
性别	男	3	4.2
	女	68	95.8
年龄	25 岁及以下	16	22.5
	26~35 岁	18	25.4
	36~45 岁	18	25.4
	46 岁及以上	19	26.8
所在幼儿园办学性质	民办	41	57.7
	公办	30	42.3

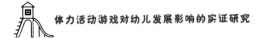

续表

		人数	比例
所在幼儿园评级	未评级	6	8.5
	规范园	36	39.4
	市一级以上园	29	52.1
学历	中职及以下	18	25.4
	专科	27	31.0
	本科	24	40.8
	研究生	2	2.8
是否有体育教育专业背景	是	2	2.8
	否	69	97.2
职称	三级及以下	34	47.9
	二级	27	38.0
	一级	8	11.3
	高级	2	2.8

第二节　结果与分析

一　幼儿教师对于幼儿体育活动和体力活动游戏的认知与态度

（一）主题一：如何看待喜欢运动的幼儿

受访的幼儿教师大多认为幼儿个体特征决定了他们参与体育活动的数量，幼儿的性格、性别、年龄、对体育活动的个人偏好和对教师引导的反馈，这些因素都决定了幼儿的活跃程度和体育活动参与情况。"爱运动的孩子会主动去户外玩游戏，积极地响应教师的组织"（ZSH 老师）。

尽管没有非常明确地表达，但有不少受访的幼儿教师表示，爱运动的幼儿在探索新事物和学习新知识的能力方面也具有优势。许多爱运动的幼儿对周围的一切都感兴趣：他们很好奇，对新鲜事物都愿意尝试，同时，反过来说，自发的探索行为也能令幼儿更加活跃，"对我来说，一个爱运动的孩子对一切都感兴趣。即使他们不是在跑步或者做体操，他们也会积极参与到大运动量的游戏中"（TYP 老师）。

有一些幼儿教师还将爱运动的讨论延伸到了情感层面，他们认为体育活动是快乐和自信的同义词。一个爱运动的幼儿喜欢跑跑跳跳，并且总是在寻找运动的机会，因为体育活动对这些幼儿来说是愉快的，他们乐在其中。有一位受访教师还提到有些幼儿在老师的鼓励下动起来之后，在运动中感受到自我成长的成就感，比如，"有的孩子不爱运动是因为他们害羞或害怕表现不好……老师鼓励这些孩子说：'你很棒！你能做到！'他们发现自己也可以在运动中表现得很好，随之也越来越自信"（ZQ 老师）。

有几位受访教师强调了家庭环境对幼儿运动习惯影响的重要性。根据他们的观察，许多爱运动的幼儿都来自爱运动的家庭。如果幼儿在家庭环境中已经掌握了一定的运动技能，幼儿园的教师就能有更多的空间组织幼儿进行更多种类和形式的体育活动，"一个爱运动的孩子背后是爱运动的家庭，他们的父母已经向他们展示了多做运动的好处"（LXW 老师）。

值得注意的是，在受访教师中，并没有人提到比如速度、力量、耐力、走、跑、跳、投等这些具体的身体素质和运动能力。对他们来说，一个爱运动的幼儿自然而然地会拥有与其发展阶段相应的运动技能，他们对自己的身体有着良好的控制能力，能够在日常活动中有不错的运动表现，"我发现，爱运动的孩子更能自如地控制他们的身体，学习新动作也更加容易"（ZWY 老师）。

（二）主题二：如何理解教师在幼儿体育活动和体力活动游戏中的角色定位

幼儿教师对于自己在幼儿体育活动和体力活动游戏中的角色定位，最能体现在他们为幼儿创造体力活动机会的过程中。从活动创意，到活动设计，再到组织实施，教师在其中的角色非常重要。然而在教学实践中，教师所扮演的角色是否能达到预期，则取决于教师在这些活动中的参与程度。受访的大多数教师表示，他们一般会对幼儿体力活动的开始部分加以引导，其他时间则以监督为主；但也有教师认为，"在孩子们进行游戏时，我们应该和孩子们一直一起玩，让他们知道运动很有趣。如果只是带着孩子们开个头，活动的连贯性就被破坏了"（LY 老师）。许多受访的幼儿教师认为教师能够向幼儿示范体育活动对于教师来说也是快乐和有趣的。但也有一些教师认为自己在多数情况下只是幼儿体力活动游戏的"发起人"，之所以不对活动过程进行太多的干预是想要培养幼儿进行活动的自主性和独立性，亦有几位教师表示不参与是由于自己对体育活动不感兴趣或者不擅长，"对我自己来说，体育活动并不太重要。但领导要求我们必须带着小朋友做运动。我自己体质一般，太长时间的运动坚持不下来。一般来说，我会给孩子们开个头，然后让他们自己运动，我会在一旁鼓励他们"（YCY 老师）。

幼儿家长期望教师在幼儿的园内体育活动中扮演何种角色，起到怎样的作用呢？受访教师和幼儿园负责人大多表示，在他们日常与家长交流的过程中，除有一些家长会要求老师能够严格控制幼儿看电视或者接触电子设备的时间以外，并没有得到过和幼儿的体育活动相关的家长要求或反馈，家长们更关心的是教师对幼儿在适应集体生活和提高认知水平方面的帮助。一位幼儿园的负责人认为既然没有得到家长更多的反馈，那说明家长对于幼儿园老师在对幼儿的体育活动方面的组织和教学是满意的，"没有家长跟我提到过他们对我们幼儿园在提高孩子们的运动能力或者加强体育锻炼方面有什么要求或者建议。甚至有很多家长觉得，每天他们在接送孩子的时候，看到孩子们在户外的玩耍就是在做运动了"（XXY 主任）。

幼儿园对于教师在体育活动相关工作中的考核要求是决定教师角色定位的另一个重要因素。受访教师和幼儿园负责人认为，目前对于教师工作考评的规定里并没有要求教师必须全程参与幼儿的体育活动。幼儿园都很重视幼儿的身体运动，让幼儿动起来是对教师的要求，至于选择何种项目和参与程度，教师有足够的空间和自由，"我们没有明确地规定过教师在幼儿的体育活动中的角色，鼓励孩子们多做运动是我们的目标，老师们可以自由地选择他们擅长或是熟悉的方式达成这个目标。遵照作息常规保证幼儿的运动时间，是幼儿园对老师们的要求，我们不能强迫老师们全程跟幼儿一起运动，引导孩子们做运动才是关键"（DS 园长）；"有些老师自己不喜欢运动，这不是什么问题，能让我们的孩子们保证运动量，老师们就尽到了自己的职责，达到了考核的标准，不能强求每个老师必须是运动爱好者"（HYP 园长）。

（三）主题三：教师在幼儿体育活动和体力活动游戏中承担什么职责

　　所有的受访教师和幼儿园负责人都明确地表示幼儿需要大量的体力活动，同时在日常的幼儿园教学和活动组织中他们会要求教师有意识地尽量去保证幼儿充足的运动量。受访教师们都提到《3－6岁儿童学习与发展指南》《幼儿园一日活动指南》等学前教育指导方针，明确表示自己在日常的教学中最重要的职责就是保证幼儿每日至少一小时的体育活动，保证每个幼儿都能顺利学会集体操，尽可能地练习20米快跑、立定跳远、单脚站立、投掷沙包、拍球这些项目，并争取能让他们的成绩达到一定的标准。老师们认为利用体育活动来维持纪律和幼儿日常活动秩序也是自己的职责，因为让幼儿充分活动之后，他们就能安静下来；相比而言，幼儿的运动量少会导致很多问题，例如，注意力涣散、争吵和难以遵守规则或常规。很多受访教师都提到了体育活动和幼儿的多余精力释放之间的关系，"大家都发现，如果他们不让孩子们多运动，那么接下来老师们就会有麻烦了"（XY老师）。

　　但对于自主体育活动和幼儿的自主户外游戏这些活动的组织和安排，受访教师对于教师所应承担的职责的看法就不尽相同了，比如有的教师认为，为幼儿提供多样的体育运动项目选择是老师的职责，因为不同的运动内容、方式会明显影响幼儿的运动效果。还有的教师认为，"我们的职责不仅是让孩子们的运动项目达标，我们也应该教他们怎么能够玩得开心又安全"（LCH老师）；另外一些教师所持的观点就与前者不太相同，有的说"现在国家的政策越来越强调孩子们的体育活动，我一定会遵照园里的规定保证孩子们每天的运动，但我觉得没有更多的精力和能力去给孩子们设计更多的体育游戏，我不擅长这个，这也不是我必须完成的职责"（XPP老师）。也有受访教师认为，户外游戏就应该是幼儿的自主活动，这样幼儿可以从中获益更多，"自主游戏可以让孩子们放松，他们可以随心所欲地玩，不用大人告诉他们该怎么做。我们不也是这么长大的吗？我觉得教师不应该对这一部分活动干预"（DS园长）。

　　访谈还涉及了关于教师在体育活动资源利用方面的职责，受访的幼儿园负责人表示会要求自己园里的教师充分利用园里的运动场地和体育设施，并

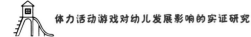

且鼓励教师们利用日常物品去开发一些幼儿体力游戏的器材和小道具。教师们一致认为幼儿体育活动和体力活动游戏的场地不仅是田径场，还包括园内的绿地、架空层以及室内的空地，他们都会积极地去利用这些场地组织幼儿的体育活动或者户外活动，并且大部分老师会将爬架、滑梯和秋千这些设施同时用在体育活动和体力活动游戏的组织中。但在访谈中也有一名受访教师表达了不同的看法，"我不喜欢带孩子们去健身器材区域，因为他们在那里总是过度的兴奋，很难控制，如果不是我带着他们做单一线路的活动，他们会上蹦下跳，到处乱跑，我担心会有安全隐患"（LZM 老师）。

（四）主题四：幼儿体育活动和体力活动游戏的开展所面临的障碍是什么

受访教师们向研究小组反馈了对于更充足的、高质量的体育活动器材的强烈需求。教师们普遍认为攀爬架、骑乘玩具、爬行圈等器材能够有助于学龄前儿童的身体活动，但大多数受访教师表示自己幼儿园的体育活动器材不足，比如一名受访教师说："我们都知道孩子需要充足的运动，但器材不够用，或者种类不够丰富，我们怎么能让孩子们持续进行有一定强度的活动……"（L 老师）。每名受访教师所在的幼儿园的幼儿数量基本都处于饱和状态，有名受访教师说："我们园里新装设了攀岩墙，在设计上确实充分地考虑到了安全防护，可问题是这个墙太小了，光我自己的班就有 30 个孩子，不可能我选 5 个孩子出来去玩，其他孩子排队等着吧"（X 老师），另一名受访教师也有同感，"我们有 6 辆双人三轮车，孩子们都很喜欢，但经常得维持秩序"（L 老师）。器材设备的质量问题也是受访教师提出的重点问题，比如，"幼儿园里的这些器材损坏的概率非常大，这么多小孩子用，坏也很正常，可是坏了就得等买回新的替换后才能再用，本来就不够用，器材一坏更不够了"（Z 老师），另一名受访教师说，"最麻烦的是零件坏了，需要修理或者更换，比买新的要等更长的时间，修好之前也不可能让孩子们继续用了"（Z 老师）。教师们还提到幼儿园经费预算的限制，尤其是维修和更换器材的经费下拨一般需要很长的时间，而在这期间，可用器材的数量就相应减少了。总之，教师们一致认为器材设施数量不足和质量不过硬是幼儿体育活动和体力活动游戏的开展所面临的主要障碍。

受访教师们普遍认为不论是户外还是室内，场地空间的不足是影响幼儿体育活动和体力活动游戏开展的另一大障碍。"我们幼儿园空间太小了，都不够我们一个班的孩子们随心所欲地跑，不小心就会撞在一起，只要是孩子们做些大动作的活动，我们就得非常小心地看着，以防意外……，我觉得空间不够是最大的问题"（LXW 老师）。持类似看法的教师非常多，大家都谈到了户外场地对于孩子们体力活动游戏的影响，"我们园里只有一条小跑道，如果我们有一个大操场，孩子们能够自由自在地在操场上奔跑，他们肯定开心得不得了"（Q 老师）。室内空间的限制也会影响幼儿体育活动的开展，"有时候因为天气原因，我们得让孩子们在室内活动，可室内的空间太小了，如果大家都站在教室里，基本就把教室挤满了，有时候我们得把教室里的家具重新摆放，才能给孩子们腾出更多的活动空间"（HCJ 老师）。许多受访教师还提到了游戏活动环境创设和空间限制之间的冲突，受访教师觉得许多体育活动和体力活动游戏都需要大型器材和场地的支持，可如果创设固定器材会占据大部分的园内空间，而很多可活动的体育器材的搭建又耗时耗力，"我们得给孩子们创设尽量丰富的游戏环境，可地方（空间）不够真的是很伤脑筋"（XQ 老师）。

（五）主题五：促进幼儿在园内的体育活动和体力活动游戏的有利因素是什么

当教师们被问及什么是促进幼儿园体育活动的有利因素时，幼儿园管理层的重视程度被放到了最重要的位置上。具体来说，主要包括以下几个方面：第一，管理层是否能够肯定教师在幼儿体育活动设计和组织过程中付出的努力，有教师谈道："体育活动教案的设计比赛一直都是我们园里传统项目，尤其是年轻的老师很愿意参加，因为通过这个机会，一方面可以提高和班上小朋友的亲密度，另一方面能够展示自己"（LXY 老师）；第二，是否愿意为教师提供更多自主组织活动的空间和自由度，比如有的教师说，"挺喜欢组织孩子们在户外做运动的，因为园里没有给我们什么压力，只要保证安全，带着孩子们尽情地玩就好了"（LLL 老师）；第三，是否能够为体育活动提供更多的经费支持，是否愿意为教师们提供在体育活动教学知识和能力方面继续学习和进修的机会，有一位幼儿园负责人如是说，"我们的幼儿园对于体育活动的重视不只停留在对政策的执行上，而且体现在管理层对于解决教师们在教学实践中所遇到的问题上，我们的老师总是能想出一些新的点子去激发孩子们体育锻炼的兴趣，我们一直也从人力和财力上全力支持，就是希望能鼓励所有老师发挥他们的创造力把园里的体育活动搞得有声有色"（LFQ园长）。

在接受访谈和后续问卷调查的教师中，仅有两位教师具有体育教育的专业背景。访谈中我们也发现教师对于体育教育专业知识技能的学习交流和提高也是促进幼儿体育活动和体力活动游戏开展的重要支持。受访教师都提到，自己所在的学区会经常组织关于幼儿体育活动的教研，教师们能够从中获得很多在日常教学活动组织中可借鉴的素材，同时也可以发现许多需要改进的细节，"区里和市里（教育局）会经常举办教研活动研讨会，我们把自己的教学展示给大家，请大家一起评课，能给教师们很多启发"（XXY主任）。受访教师还谈到专业人士的重要作用，幼儿园中的每一位教师都有责任去组织和看护幼儿的体育活动和体力活动游戏，但由于专业体育教师在幼儿园中的配备是有限的，许多普通幼教教师会对自己的体育教育专业水平有些担心，多一些专业的意见能够帮助教师们在幼儿体育活动和体力活动游戏开展中少走很多弯路，"我们大多数老师不是专业的体育老师，多听一些体育专家的讲座，在对孩子们体育活动内容的把握和运动量的控制方面能有所帮助"（HSQ老师）。除了教研讲座以外，教学案例书籍和网络多媒体课件也是教师们获得体育活动和体力活动游戏教学资源的重要途径，当教师们遇到教学难题的时候，都会有意识地去查找资料，选择适合自己的解决方案，大多数幼儿园能够给教师配备充足的教学资料，"我们园里有老师们搜集整理的体育活动游戏案例，有纸质的，也有影像的，这个太重要了，能给大家很多灵感，我们都希望孩子们的身体锻炼能够是有趣的"（DS园长）。

二 幼儿教师对于幼儿"打闹"游戏的认知与态度

"打闹"游戏是幼儿自主体力活动游戏的一种重要形式，"打闹"游戏同时也是幼儿的假装游戏或象征游戏的一种重要形式，"打闹"游戏中存在丰富的角色素材和自然而灵活的角色互换机会，这恰恰为幼儿提供了一个自主探索和发展自我的有效途径。幼儿在"打闹"游戏中可以获得充足的运动量，并且有效地发展语言和社会交往能力，本研究在对幼儿园之外的体力活动游戏的研究中也发现，"打闹"游戏对于幼儿（特别是幼儿园大班幼儿）的情绪与行为心理健康表现有显著的积极影响；但由于游戏中难免存在激烈的身体运动行为（比如摔跤、扭打、踢腿和追跑打闹），游戏升级为"冲突"或发生意外的潜在可能也随之增加，相比于其他游戏形式，幼儿教师往往更倾向于对"打闹"游戏（特别是打斗和玩耍"武器"）进行干预和阻止。幼儿教师对于"打闹"游戏的了解程度和所持的态度决定了其是否能够对游戏过程进行有效的控制和正面的引导，是否能够在工作中充分尊重幼儿的天性，利用"打闹"游戏促进幼儿的发展。

（一）幼儿进行"打闹"游戏的基本情况

根据对已有相关文献的参考和通过实地观测所掌握的情况，本研究在问卷调查中列出了幼儿"打闹"游戏的主要形式，分别是"口头玩笑或大叫大笑""击拳或拍打""戳点或抓""打架或摔跤""压在同伴身上""追逐""旋转""挠痒痒""打滚""扇打""保护与救援"。[1] 调查结果显示"口头玩笑或大叫大笑""击拳或拍打""戳点或抓""追逐""旋转""保护与救援"是出现相对较多的形式，其中"追逐"（平均分值 = 3.27，标准差 = 0.72）是最常见的"打闹"游戏形式；"打架或摔跤""压在同伴身上""挠痒痒""打滚""扇打"则出现得相对较少，特别是"扇打"（平均分值 = 1.28，标准差 = 0.54）出现得最少，大多数教师（76.1%）表示自己园里的幼儿完全没有进行过这种游戏形式。具体的结果见表 6 - 2。

---

[1] A. D. Pellegrini, "Elementary School Children's Rough-and-Tumble Play," *Early Childhood Research Quarterly* 4 (1989): 245 - 260; P. Smith, "Play Fighting and Real Fighting: Perspectives on Their Relationship," in A. Schmitt et al., eds., *New Aspects of Ethology* (New York: Plenum Press, 1997), pp. 47 - 64; A. Brett et al., "Play in Preschool Classrooms: Perceptions of Teachers and Children," *Journal of Early Childhood Teacher Education* 1 (2002): 71 - 79; P. Jarvis, "Rough and Tumble Play: Lessons in Life," *Evolutionary Psychology* 1 (2006): 330 - 346; M. Tannock, "Rough and Tumble Play: An Investigation of the Perceptions of Educators and Young Children," *Early Childhood Education Journal* 4 (2008): 357 - 361; M. Longue, H. Harvey, "Preschool Teachers' Views of Active Play," *Journal of Research in Childhood Education* 3 (2009): 32 - 49.

表 6-2 幼儿在自由活动时间进行的 "打闹" 游戏形式

游戏形式	完全没有		有一些		比较多		非常多		平均分值	标准差
	人数（人）	比例（%）	人数（人）	比例（%）	人数（人）	比例（%）	人数（人）	比例（%）		
口头玩笑或大叫大笑	0	0.0	45	63.4	25	35.2	1	1.4	2.38	0.52
击拳或拍打	4	5.6	40	56.3	26	36.6	1	1.4	2.34	0.61
戳点或抓	1	1.4	20	28.2	40	56.3	10	14.1	2.83	0.68
打架或摔跤	41	57.7	23	32.4	5	7.0	2	2.8	1.55	0.75
压在同伴身上	37	52.1	23	32.4	8	11.3	3	4.2	1.68	0.84
追逐	0	0.0	11	15.5	30	42.3	30	42.3	3.27	0.72
旋转	10	14.1	25	35.2	31	43.7	5	7.0	2.44	0.82
挠痒痒	29	40.8	29	40.8	11	15.5	2	2.8	1.80	0.80
打滚	37	52.1	25	35.2	9	12.7	0	0.0	1.61	0.71
闹打	54	76.1	14	19.7	3	4.2	0	0.0	1.28	0.54
保护与救援	5	7.0	18	25.4	36	50.7	12	16.9	2.77	0.81

关于男女童参与不同"打闹"游戏形式的差别，问卷调查的数据的百分比统计和秩和检验结果显示，有一些游戏形式基本只出现在男童中，其中"打架或摔跤"、"击拳或拍打"、"打滚"、"扇打"和"压在同伴身上"最为明显，大多数调查教师表示女童完全没有这种游戏（比例分别为91.5%、84.5%、77.5%、77.5%、73.2%）；"挠痒痒"则是女童常玩的"打闹"游戏形式，52.1%的教师认为男童完全没有这种类型的游戏；男女童对"追逐"、"旋转"、"保护与救援"和"口头玩笑或大叫大笑"游戏的参与没有显著的性别差异，其中"追逐"游戏可以说是最为典型的男女童都会参与的游戏形式，选择女童玩的"比较多"和"非常多"的教师占比为81.6%，男童相应选项占比为85.9%。表6－3为具体结果。

（二）教师对不同"打闹"游戏形式所持态度

幼儿的"打闹"游戏经常会被成年人误解为具有攻击性，有可能会助长儿童相互争斗的风气。[①]有调查显示，幼儿教师认为三分之一的"打闹"游戏会导致幼儿间真正的打斗，但根据研究者的观察，事实上"打闹"游戏令幼儿"假戏真做"的可能性只有百分之一。[②]对"打闹"游戏的态度在很大程度上决定了教师是否能够在工作中充分尊重幼儿的天性，继而进行有效的控制和正面的引导。在这里将重点讨论实际情境中哪些游戏形式会被教师认为是有可能导致幼儿违反日常行为规范的（比如争斗、说脏话、推、挤、拉、扯等行为），以及教师关于不同形式的"打闹"游戏对于幼儿不同性别是否适宜。

调查结果显示，教师认为"打架或摔跤"（平均分值＝3.45，标准差＝0.67）是最有可能导致幼儿违反日常行为规范的游戏形式，"扇打"（平均分值＝3.31，标准差＝0.67）和"击拳或拍打"（平均分值＝3.18，

---

① J. L. Flanders et al. , "Rough-and-Tumble Play and the Regulation of Aggression: an Observational Study of Father-child Play Dyads," *Aggressive Behavior* 5 (2009): 285 - 295.

② D. Paquette et al. , "Prevalence of Father-Child Rough-and-Tumble Play and Physical Aggression in Preschool Children," *Eurpean Journal of Psychology of Education* 2 (2003): 171 - 189.

表6-3 男女童选择"打闹"游戏的差异

游戏形式		完全没有 女	完全没有 男	有一些 女	有一些 男	比较多 女	比较多 男	非常多 女	非常多 男	Z值(Sig.)
口头玩笑或大叫大笑	人数(人)	12	3	35	47	17	19	7	2	-0.337
	比例(%)	16.9	4.2	49.3	66.2	23.9	26.8	9.9	2.8	(0.736)
击拳或拍打	人数(人)	60	1	9	28	2	31	0	11	-9.802
	比例(%)	84.5	1.4	12.7	39.4	2.8	43.7	0.0	15.5	(0.000)*
戳点或抓	人数(人)	14	4	46	26	9	28	2	13	-5.250
	比例(%)	19.7	5.6	64.8	36.6	12.7	39.4	2.8	18.3	(0.000)*
打架或摔跤	人数(人)	65	25	6	19	0	24	0	3	-7.143
	比例(%)	91.5	35.2	8.5	26.8	0.0	33.8	0.0	4.2	(0.000)*
压在同伴身上	人数(人)	52	27	12	20	6	22	1	2	-4.340
	比例(%)	73.2	38.0	16.9	28.2	8.5	31	1.4	2.8	(0.000)*
追逐	人数(人)	1	1	12	9	29	27	29	34	-0.915
	比例(%)	1.4	1.4	16.9	12.7	40.8	38.0	40.8	47.9	(0.360)
旋转	人数(人)	10	12	34	44	20	11	7	4	-1.841
	比例(%)	14.1	16.9	47.9	62.0	28.2	15.5	9.9	5.6	(0.066)
挠痒	人数(人)	14	37	42	30	11	3	4	1	-4.310
	比例(%)	19.7	52.1	59.2	42.3	15.5	4.2	5.6	1.4	(0.000)*
打滚	人数(人)	55	35	12	25	3	8	1	3	-3.476
	比例(%)	77.5	49.3	16.9	35.2	4.2	11.3	1.4	4.2	(0.001)*
扇打	人数(人)	55	35	15	26	1	8	0	2	-3.714
	比例(%)	77.5	49.3	21.1	36.6	1.4	11.3	0.0	2.8	(0.000)*
保护与救援	人数(人)	6	4	32	31	29	30	4	6	-0.723
	比例(%)	8.5	5.6	45.1	43.7	40.8	42.3	5.6	8.5	(0.470)

注：*$P<0.05$，男女童在此项目上有显著差异。

表6-4 不同的"打闹"游戏形式导致幼儿违反日常行为规范的可能

游戏形式	完全不可能		有少许可能		有一些可能		非常可能		平均分值	标准差
	人数(人)	比例(%)	人数(人)	比例(%)	人数(人)	比例(%)	人数(人)	比例(%)		
口头玩笑或叫大笑	8	11.3	32	45.1	20	28.2	11	15.5	2.48	0.89
击拳或拍打	0	0.0	12	16.9	34	47.9	25	35.2	3.18	0.70
戳点或抓	5	7.0	24	33.8	29	40.8	13	18.3	2.70	0.85
打架或摔跤	0	0.0	7	9.9	25	35.2	39	54.9	3.45	0.67
压在同伴身上	3	4.2	19	26.8	33	46.5	16	22.5	2.87	0.81
追逐	18	25.4	22	31.0	23	32.4	8	11.3	2.30	0.98
旋转	30	42.3	23	32.4	15	21.1	3	4.2	1.87	0.89
挠痒痒	39	54.9	25	35.2	7	9.9	0	0.0	1.55	0.67
打滚	22	31.0	30	42.3	14	19.7	5	7.0	2.03	0.89
扇打	0	0	8	11.3	33	46.5	30	42.3	3.31	0.67
保护与救援	13	18.3	35	49.3	17	23.9	6	8.5	2.23	0.85

标准差 = 0.70）在教师眼中的"危险"程度紧随其后；相对来说，教师认为"挠痒痒"出问题的可能性最小（平均分值 = 1.55，标准差 = 0.67），选择"完全不可能"和"有少许可能"的教师占比总数达到了 90.1%，"旋转"（平均分值 = 1.87，标准差 = 0.89）游戏也被认为是不容易"违规"的游戏，选择"完全不可能"和"有少许可能"的教师占比总数为 74.7%。具体结果见表 6 - 4。

所有接受问卷调查的教师都认为"追逐"游戏，是既适合男童又适合女童玩的"打闹"游戏形式，此外"旋转"和"保护与救援"对于男女童也都比较合适；除了"追逐"和"旋转"这两种大多数教师认为是两种性别皆适合的游戏以外，其他所有的"打闹"游戏都有教师认为是只适合男童的，与这个结果形成对比的是只有一半左右的游戏形式是被教师认为是只适合女童的。我们从这个结果中不难发现大多数"打闹"游戏形式在教师的观念中更适合男童玩，激烈的体力活动游戏并不适合女童。具体调查结果见表 6 - 5。

表 6 - 5　不同的"打闹"游戏所适合的不同幼儿性别

游戏形式	只适合男童		只适合女童		男女童都适合	
	人数（人）	比例（%）	人数（人）	比例（%）	人数（人）	比例（%）
口头玩笑或大叫大笑	20	28.2	9	12.7	42	59.2
击拳或拍打	59	83.1	0	0	12	16.9
戳点或抓	16	22.5	6	8.5	49	69.0
打架或摔跤	69	97.2	0	0	2	2.8
压在同伴身上	49	69.0	0	0	22	31.0
追逐	0	0	0	0	71	100
旋转	0	0	13	18.3	58	81.7
挠痒痒	5	7.0	40	56.3	26	36.6
打滚	38	53.5	0	0	33	46.5
扇打	51	71.8	3	4.2	17	23.9
保护与救援	12	16.9	2	2.8	57	80.3

（三）教师对幼儿"打闹"游戏的干预

经过本研究前期的实地观测和调研，研究小组发现，教师们对于"打闹"游戏所采取的干预措施因人而异，通过进一步的问卷调查结果可以看到，选择"对幼儿加强安全教育"是教师用得最多的干预措施（平均分值＝3.20，标准差＝0.79），选择"较常采用"和"总是采用"教师的占比达到了77.5%，"将幼儿引导至安全区域"也是较为常用的方法（平均分值＝3.11，标准差＝0.92），选择"较常采用"和"总是采用"教师的占比为74.7%；与之相反的是，"保持旁观，如果幼儿间没有冲突发生就不予以干预"最少被教师采用（平均分值＝1.94，标准差＝0.86），选择"完全不采用"和"有时会采用"教师的占比为74.6%，"与幼儿的父母沟通"也是较少被采用的干预措施（平均分值＝2.14，标准差＝0.88），选择"完全不采用"和"有时会采用"教师的占比为70.4%。关于教师对"打闹"游戏会采取的干预措施的具体调查结果如表6－6所示。

"打闹"游戏是比较常见的幼儿自主体力活动游戏，幼儿的天性在游戏中能够得到充分的释放，但一方面由于激烈的"打闹"游戏有可能导致游戏场面的失控，另一方面由于幼儿年龄小，自控能力和辨别是非的能力有限，因此教师合理的引导和干预就显得尤为重要。在对合作幼儿园的调研中发现，教师会对那些有可能"失控"的"打闹"游戏采取措施，关于教师在何种情境下对幼儿的"打闹"游戏进行干预或制止，调查结果显示，当"出现幼儿可能受伤的风险"时，73%的教师会对"打闹"游戏进行制止，而只有27%的教师选择进行干预；当"幼儿在游戏中做出明令禁止的行为"时，61%的教师会选择加以制止，39%的教师选择进行干预；当"游戏开始转变为打架或争斗"的时候，54%的教师选择制止，46%的教师选择干预。我们发现在以上三种情境中，选择制止的教师人数皆多于选择干预的教师人数，而只有当幼儿在游戏中过于兴奋的情境下，选择干预的教师（56%）才稍多于选择制止的教师（44%）。具体结果见表6－7。

表6-6 教师对"打闹"游戏会采取的干预措施

干预措施	完全不采用		有时会采用		较常采用		总是采用		平均分值	标准差
	人数(人)	比例(%)	人数(人)	比例(%)	人数(人)	比例(%)	人数(人)	比例(%)		
立即制止	5	7.0	30	42.3	16	22.5	20	28.2	2.72	0.96
将幼儿引导至安全区域	4	5.6	14	19.7	23	32.4	30	42.3	3.11	0.92
拥抱、安抚	12	16.9	36	50.7	14	19.7	9	12.7	2.28	0.90
与幼儿的父母沟通	17	23.9	33	46.5	15	21.1	6	8.5	2.14	0.88
对幼儿加强安全教育	0	0	16	22.5	25	35.2	30	42.3	3.20	0.79
调整幼儿的活动环境(以保证安全)	6	8.5	23	32.4	22	31.0	20	28.2	2.79	0.95
引导幼儿从"打闹"游戏调整为和缓、安静的活动	3	4.2	28	39.4	26	36.6	14	19.7	2.72	0.83
保持旁观,如果幼儿间没有冲突发生就不予以干预	25	35.2	28	39.4	15	21.1	3	4.2	1.94	0.86
先警告提醒,未果则予以制止	10	14.1	29	40.9	18	25.4	14	19.7	2.51	0.97

表 6 – 7 教师在以下何种情境下会对幼儿的"打闹"游戏进行干预或制止

情境	采取的措施			
	制止		干预	
	人数（人）	比例（%）	人数（人）	比例（%）
幼儿在游戏中做出明令禁止的行为	43	61	28	39
出现幼儿可能受伤的风险	52	73	19	27
参与游戏的幼儿过于兴奋	31	44	40	56
游戏开始转变为打架或争斗	38	54	33	46

那么，教师对"打闹"游戏做出判断和采取干预措施的最主要依据又是什么呢？如表 6 – 8 所示，参与问卷调查的 39.4% 的教师选择了"教学经验"作为最主要的判断依据，25.4% 的教师认为最主要的依据是"同事间的共识"，16.9% 和 18.3% 的教师分别选择了"专业知识"和"幼儿园的规章制度"作为最主要的依据。

表 6 – 8 教师对幼儿"打闹"游戏做出判断和采取干预措施的最主要依据

依据	人数（人）	比例（%）
幼儿园的规章制度	13	18.3
专业知识	12	16.9
教学经验	28	39.4
同事间的共识	18	25.4

第三节 小结

通过对访谈和问卷调查结果的归纳和分析，我们将有关幼儿教师对于幼儿体育活动和体力活动游戏的认知与态度的研究发现归纳如下。

第一，教师普遍认同体育活动和体力活动游戏对于幼儿发展的重要价值，能够主动积极地去促进幼儿参与体力活动游戏，幼儿园的管理人员能够将促进幼儿的身体锻炼置于工作的重要位置，并为教师创造对相关知识进行学习和交流的机会；幼儿家长和幼儿园的管理考核制度并没有对教师在幼儿的体育活动组织中的职责提出过多具体的要求，教师自由发挥的空间较大；活动空间的限制和活动器材的维护在一定程度上阻碍了幼儿体育活动和体力活动游戏的开展，并且有可能造成安全隐患；教师希望能够通过学习体育活动组织的专业知识提高自己的实践能力。

第二，具体到教师对幼儿自主体力活动游戏的认知和态度，本研究选择了典型但在实践中具有争议的"打闹"游戏作为调研的主题，调查结果显示在幼儿"打闹"游戏的各种形式中，"追逐"、"旋转"、"保护与救援"和"口头玩笑或大叫大笑"这些身体接触和对抗性相对和缓的游戏形式比较常见，同时，这些游戏形式在男女童中出现的频率也并不存在显著的性别差异；而"打架或摔跤"、"击拳或拍打"、"压在同伴身上"、"打滚"和"扇打"之类较为激烈的体力活动游戏在幼儿中相对出现得较少，并且在女童中出现的概率比男童更低，同时这一类游戏也被教师认为最有可能导致幼儿违反日常行为规范；"打闹"游戏是相对较为激烈的幼儿自主体力活动游戏，教师的干预措施也比在其他游戏情境中出现得更频繁，只有少数教师会选择只要幼儿间没有"冲突"就保持旁观，多数教师会及时对幼儿进行安全教育。在"打闹"游戏有可能"失控"的情况下，大多数教师会做出保守的决定，对游戏进行制止，大多数教师采取这些干预措施的依据更多是来自教学经验。

第三，总体来看，幼儿教师和幼儿园管理人员对于幼儿体育活动和体力活动游戏的态度是积极的，但教育资源仍有待进一步丰富，对体育专业知识的支持仍需加强；从幼儿教师对"打闹"游戏的认知和态度可以看出，游戏中幼儿的安全是教师在对幼儿自主体力活动游戏进行看护或加以引导过程中所考虑的核心问题，因此干预或制止措施的使用较为普遍，然而从另一个角度来看这必然造成幼儿社交或扮演类体力活动游戏体验的减少，以及自主体力活动游戏中体力活动水平的降低。教师对于幼儿体力活动游戏的创设和引导是一门教育的艺术，只有深入地理解幼儿的游戏语言，缓和游戏过程中的矛盾，才能够真正地为游戏中的幼儿保驾护航。

第七章　幼儿体力活动游戏课程化的探索

第一节　背景

体力活动游戏对于幼儿发展具有积极的影响，无论是既往相关研究的结果还是本研究对于幼儿在幼儿园之外的体力活动游戏的调研都证实了体力活动游戏的这一重要价值。但本研究前期的调研结果也提示了幼儿在幼儿园之外的体力活动游戏的局限性，幼儿在幼儿园自主游戏活动时间里中高强度体力活动的不足，以及加强在幼儿园教育过程中促进幼儿体力活动游戏开展的重要性。依据《3-6岁儿童学习与发展指南》对幼儿在幼儿园中每天的户外活动时间一般不少于两小时，其中体育活动时间不少于1小时的基本要求，本课题组所调研幼儿园的幼儿的体力活动游戏主要在体育（体能）课和户外活动这两个时间段里进行，其中，有组织地引导游戏（教师发起且教师主导）和自主体力活动游戏（幼儿发起且幼儿主导）是两种最基本的游戏形式。课题组在对幼儿园进行调研的过程中发现，一线幼儿教师的智慧和动手能力是令人敬佩的，尽管身处园区条件各不相同，但他们都在努力为幼儿创设尽量丰富的游戏环境和游戏机会。但如何令教师主导的有组织的体力活动游戏不仅有游戏的外在形式并且充满游戏精神，进而延伸到幼儿的自主体力活动游戏中；如何将幼儿在自主体力活动游戏中所表现出的兴趣爱好和体能发展上的个体差异反馈到有组织的引导游戏的创设中；如何在体力活动游戏中让幼儿玩得尽兴又玩得安全；如何充分尊重幼儿游戏的发展性、发挥幼儿游戏的教育性、利用幼儿游戏的冒险性；如何将体育（体能）课和体力活动游戏在学前幼儿教育的过程中构建成健康、语言、社会、科学、艺术多学科知识融合的课程体系，而不是一个个零散的或者教育目的单一的活动。这些问题不仅是课题组在科学研究视角下的疑问，也是受访的一线教师在实践当中的困惑。

从 20 世纪 80 年代开始的幼儿园课程改革在理念层面比任何时期都更为突出游戏在学前教育课程中的地位。国家先后出台的《国务院关于当前发展学前教育的若干意见》《教育部等四部门关于实施第三期学前教育行动计划的意见》等指导性文件中都明确指出了"坚持以游戏为基本活动"的改革方向。教育部在 2018 年 7 月发布的《教育部办公厅关于开展幼儿园"小学化"专项治理工作的通知》指出："以游戏为基本活动，灵活运用集体、小组和个别活动等多种形式，合理安排和组织幼儿一日生活，促进幼儿在活动中通过亲身体验、直接感知、实践操作进行自主游戏和学习探究。"[1] 幼儿的游戏长期以来都是我国学前教育专家关注的重点，游戏的课程体系化问题更是当前研究的重中之重。游戏从不被认为是课程到进入课程再到成为正式课程的组成部分的过程是一个历史进程。这个过程，是随着我国教育界对课程的理解从"分科课程"到"活动课程"和"经验课程"的深入而产生的。[2]"最大限度地发挥幼儿在游戏中的主动性和创造性，同时也最大限度地发挥教师的专业力量，通过游戏的力量促进幼儿的学习和发展"[3] 是当前游戏课程化推进的目标。作为幼儿体育最佳载体的体力活动游戏更是走到了课程化改革的十字路口。而目前的情况是，学前教育专业没有身体动作发展

---

① 中华人民共和国教育部：《教育部办公厅关于开展幼儿园"小学化"专项治理工作的通知》，2018 年 7 月 5 日，http://www.moe.gov.cn/srcsite/A06/s3327/201807/t20180713_342997.html.

② 周桂勋：《〈纲要〉与〈指南〉导向的游戏课程化》，《陕西学前师范学院学报》2019 年第 5 期，第 68~71 页。

③ 王振宇：《论游戏课程化》，《幼儿教育》2018 年第 12 期，第 3~8 页。

课程，体育教育专业缺乏幼儿教育知识。[1] 北京大学妇女儿童体育研究中心主任董进霞教授在对全国不同地区的近 400 名幼儿园教师的抽样调查中发现，户外游戏体系和体育课程体系的构建已成为幼儿园的主要需求。[2] 而我国目前有关幼儿体育的规定只能在幼儿教育法规中寻得相关字句，尚未形成专门的教育法规或条例。[3] 幼儿体育和体力活动游戏缺乏科学的课程或者活动内容体系，学前教育学科、体育学科的协同与融合势在必行。[4] 本部分研究以游戏课程化的视角对幼儿体力活动游戏进行梳理，并尝试进行体力活动游戏课程化体系的构建与实践。

第二节　幼儿体力活动游戏课程化的体系构建

一　概念界定

"课程"在汉语中的词义是"课业及其进程"，[5] "课程"作为教育研究领域的核心概念之一，其定义超过 120 种。[6] 在我国学前教育发展过程中，对于课程的理解与实践经历了从"学科课程"到"学习经验"的转变。在学科课程理念中"课程"被定义为"教学科目的总称，或学生功课的进程"，[7] 伴随着 20 世纪 80 年代以来《幼儿园工作规程》、《幼儿园教育指导纲要（试行）》和《3－6 岁儿童学习与发展指南》等一系列学前教育法规政策的出台，幼儿园中课程的定义逐渐转变为"学习经验，是试图把握学生实际学到些什么。……是指学生体验到的意义，而不是要再现的事实或要

① 庄弼：《幼儿期的动作发展影响一生》，《中国教育报》2019 年 4 月 7 日，第 2 版。
② 陈梦谣：《教育专家聚焦幼儿健康发展》，《新华网》2019 年 5 月 20 日，http://education. news. cn/2019 – 05/20/c_ 1210138690. htm。
③ 郝晓岑、王凯珍、毛阳涛：《积极生态系统下美国幼儿体育政策研究》，《中国体育科技》2017 年第 5 期，第 3～11 + 47 页。
④ 吉戎昊：《首都体育学院教授王凯珍：幼儿足球游戏缺乏科学的课程和活动内容》，《新华网》2019 年 11 月 27 日，http://www.xinhuanet.com/sports/2019 – 11/27/c1125280913. htm。
⑤ 施良方：《课程理论——课程的基础、原理与问题》，教育科学出版社，1996，第 6 页。
⑥ 丁念金：《课程内涵之探讨》，《全球教育展望》2012 年第 5 期，第 8～21 页。
⑦ 李秉德主编《教学论》，人民教育出版社，2001。

演示的行为"。①

所谓"一日活动皆课程",而游戏正是幼儿园中的基本活动,幼儿的学习体验更多来自游戏体验。幼儿的游戏独具发展和教育的特性（见第一章第四节儿童游戏的特性）,幼儿园中的游戏即幼儿的学习。游戏课程化正是指"从幼儿的游戏出发,及时把握幼儿学习的生长点,通过引导和建构新的游戏,促进幼儿学习与发展的过程"。②

在本研究中,幼儿体力活动游戏课程化就是一个为幼儿的体力活动游戏赋予课程化的目标和内容、系统科学地进行课程化的组织与实施和评价的教育实践过程。在这一教育实践过程中并不是将体力活动游戏简单地转变为传统的强调"教与学"的课程,而是要构建一个游戏与课程的交集区,教育价值由教师的组织与引导和幼儿的探索与体验共同实现。

二 课程化的目标

课程目标是现代课程理论中的重要概念,"是指通过具体的教学内容和教学活动使学生在某一时间内将发生的性质不同和程度不同的变化结果"。③幼儿园课程目标将学前教育目的在幼儿园课程的实践中落地,使学前教育的特定价值观能在课程中得以体现。只有明确了课程目标,才能使幼儿园课程编制的方向得以明确,使课程内容的选择和组织以及课程的实施和评价等与课程目标成为一个有机的整体。对于幼儿体力活动游戏的课程化目标制定,第一,要确保以《3－6岁儿童学习与发展指南》为依据;第二,由于幼儿的体力活动游戏并非身体的"一元"活动,而是涉及幼儿各个领域全面发展的"多元"活动,因此要全面地体现《3－6岁儿童学习与发展指南》所提出的幼儿在五大领域学习和发展的目标;第三,每个幼儿的身体和动作发展表现和速度千差万别,这个时期幼儿的游戏形式和内容也在不断发展中,

---

① 施良方:《课程定义辨析》,《教育评论》1994年第3期,第44~47页。
② 王振宇:《论游戏课程化》,《幼儿教育》2018年第12期,第3~8页。
③ 白月桥:《课程标准实验稿课程目标订定的探讨》,《课程·教材·教法》2004年第9期,第3~10页。

因此课程目标的设置应细化身体动作和技能的发展目标，并且考虑幼儿游戏的"最近发展区"，确保体力活动游戏内容符合幼儿的生长发育规律，又能够发挥通过游戏"拔高"的积极效果。

三 课程化的内容

课程内容是将教育目标具体化的手段，幼儿园课程内容必须涵盖基本知识、基本态度、基本技能和基本行为，幼儿体力活动游戏内容同样应该从儿童的知、情、意、行全面发展的角度进行选择和完善。第一，在体力活动游戏课程化的教育实践中基本知识的内容包括帮助幼儿通过身体活动学习健康、安全和自我保护的基本知识，通过游戏中的"任务或挑战"学习生活环境中的常见名称和图形的象征含义，在游戏过程中熟悉基本的数量、方位和时间，理解规则的意义；第二，幼儿体力活动游戏中关于基本态度养成的内容应包括能够激发幼儿运动兴趣的主题游戏、能够增强幼儿自信心和提高成就感的循序渐进的运动能力和身体素质的锻炼、能够增强幼儿责任感和团队归属感的团队协作活动；第三，体力活动游戏中有关基本技能的内容应以幼儿的大肌肉动作为主，以游戏的活动形式为幼儿创造掌握基本身体动作和提高运动能力的机会。课程内容的选择和设置要尽量全面地满足幼儿在走、跑、跳、投、攀爬、拍球、蹬骑等基本身体动作发展方面的需要，同时也要合理地安排运动量和运动强度，科学地创设体力活动游戏主题，有效而全面地提高幼儿的各项身体素质。

四 课程化的组织原则

课程需要根据一定的组织原则，妥善地设计课程要素，对幼儿的学习经验进行科学有序地排列和统整，使学习经验的积累不是简单的堆砌而是推进多维的增长，以达到课程和教学目标。在体力活动游戏课程化的教育实践中，组织原则应主要包括以下几点：第一，体力活动游戏的组织要坚持游戏精神第一，充分考虑游戏中应具有的"期待与惊奇""理解与力量""快乐与美感"这些在游戏体验中必不可少的要素（见第一章第三节游戏的元素），将游戏不仅作为体力活动的形式还应将游戏作为体力活动的精髓——游戏是幼儿体验得来的不是教师教出来的，游戏是幼儿自己玩出来的不是教师规定出来的，幼儿在游戏中实现的是社会化的成长，幼儿在游戏中获得的是生活化的经历。第二，课程的组织要坚持全科融合的理念，身体锻炼和运动技能是体力活动游戏的载体而不是"围墙"，不应只在健康领域去寻找教学依据，幼儿体力活动游戏不是"单科"教学，教学目标、内容和方式应该是为了满足幼儿全面发展的需求而设置。第三，坚持适宜性教育，根据人类动作发展规律，在什么时间段，应该学习与发展什么动作，教师就应该选择相应的运动内容。在体力活动游戏中创设适宜幼儿发展的教学环境，将适宜的基本运动动作进行合理编排或加以组合融入游戏，才能促进幼儿身心和谐发展，充分体现教育的完整价值。① 第四，深化全纳教育理念，联合国教科文组织将全纳教育定义为：全纳教育是通过增加学习、文化与社区参与，减少教育系统内外的排斥，关注并满足所有学习者多样化需求的过程。无论是课程游戏内容的选择、游戏环境的创设，还是身体活动的强度和难度的设置，都应该考虑到每个幼儿的需求。一个好的课程应该有弹性、有张力，能够容纳所有的幼儿，为具有特殊教育需求的幼儿提供接受教育的机会。

五 课程化的教育实施

课程的实施是将教育目标和教育计划付诸实践的过程，游戏课程化就是要将松散的游戏有机地组织起来，赋予其更为丰富的教育价值，在体力活动游戏课程化的教育实践中，教师对于幼儿活动体验的支持、对幼儿表现的观察评价和师生之间的交流互动是实施的核心。

第一，幼儿自发的自主游戏和教师组织的引导游戏是幼儿在体力活动游戏中获得体验的两个最主要的途径。在体力活动游戏课程化的教育实践中，新内容被引入的初期教师组织和引导的游戏比重可以稍高，教师的引导能够

---

① 辛利、庄弼、周毅：《动作教育在幼儿园课程设置中的地位》，《体育学刊》2015 年第 6 期，第 68~74 页。

为幼儿有效地创设"最近发展区"，随着课程的推进，在幼儿已基本获得"关键经验"后，教师在教育实施中的角色便要积极转换，为幼儿创设更多自主游戏的机会，教师将幼儿带到课程主题中，接下来让幼儿决定怎么玩，玩什么，玩完了再玩什么……由幼儿来创造游戏和课程的"生长点"，[①] 在课程实践的过程中让"儿童教儿童"。[②]

第二，教师在教学过程中的观察与评价是体力活动游戏课程化教育实践实施的关键活动。观察与评价密切相连，游戏中的幼儿所展现的能力、所遇到的困难、所产生的需求和兴趣、幼儿的体力活动发展水平与教师创设的内容的适宜程度，这些都是教师要观察的重点，教师对于所观察到的细节及时做出评价和判断是有效调整和控制教育实践过程的重要步骤。教师细心的观察和客观积极的评价是孩子们玩得尽兴，玩有所得的保障。

第三，在体力活动游戏课程化的教育实践中，幼儿"玩中学"所获得的身体活动体验不仅可以从自己的尝试中得来、从教师的启发引导中得来，还可以从与其他幼儿的交流和分享中得来。交流与分享是游戏课程化的实践过程中必不可少的环节。当教师适时地抓住游戏过程中的闪光点，通过有效的提问和巧妙的点拨，调动幼儿参与讨论的积极性，为幼儿的游戏创设出更高级的社会化情境和展示自我的平台，在了解别人怎么想怎么做的同时，引发幼儿对自己该怎么做的思考。

第四，游戏中的幼儿都是"冒险家"，有挑战的游戏对于幼儿才有吸引力，但在体力活动游戏中也确实存在冲撞、磕碰、挤压等各种幼儿看不到的危险因素，教师在游戏课程化的教育实践的过程中一方面有必要做好周全的安全保障，另一方面也要积极地创设"冒险"的游戏环境和营造气氛，引导幼儿在"冒险"中发现危险，在游戏体验中学会勇敢也学会远离危险。把握好教育过程中"冒险"与安全的平衡，体力活动就能被赋予更强的游戏生命力。

---

① 王振宇：《游戏课程化——一种课程新模式》，亚洲幼教年会论文，青岛，2019年10月。
② 引自陈鹤琴先生学前教育十七条教学原则。

六 课程化的效果评价

幼儿园课程评价是了解幼儿教育的适宜性和有效性、调整和改进课程设计与实施工作、促进儿童发展、提高教育质量的必要手段，它既是课程运作的"终点"，又是课程继续完善的"起点"，伴随课程运作的全过程。幼儿体力活动游戏课程化的教育实践同样需要有科学和系统的教育效果评价，才能够不断地完善和发展。评价的重点主要有以下几个方面。第一，定性与定量评价相结合。教育评价不仅应包含以测量结果数据作为基础的科学的、理性的事实判断，也应包含以哲学思考和逻辑论证为基础的人文主义的价值判断，从实践的、理论的不同维度和不同层次出发，揭示课程的意义，说明课程的价值。① 对于体力活动游戏课程化的效果评价，利用定性的描述可以对幼儿在探索和体验活动过程中的态度、方法、行为方式等进行评价，利用定量的评价可以对幼儿的身心发展各项指标进行具体分析。第二，多维度评价。虽然体力活动游戏课程化的教育实践主体活动内容是身体活动，但其中的教育内容和教育价值是"全科"的，教育效果的评价也应覆盖健康、语言、社会、科学、艺术五大领域的多维度指标，以儿童全面发展的视角对效果进行多维度评价，是确保体力活动游戏课程化的教育实践不囿于"一元"健康观的有效途径。第三，短期效果与长期影响并重。体力活动游戏课程化的完善不是一蹴而就的，幼儿的发展也不是匀速的，对短期效果进行评价可以及时反馈活动的效果，抓住幼儿的发展敏感期，对长期影响进行评估则是去预测教育实践对幼儿发展的影响。在体力活动游戏课程化的实践中，短期效果的评价应包括对幼儿对游戏中融入的基本知识内容的掌握情况和运动能力的发展情况的评价，也应包括对是否促进了幼儿体力活动的参与的评价；而长期影响的评价则应更多地将焦点放在课程是否为幼儿的成长打下了坚实的基础，是否帮助他们养成了良好的运动习惯上。

---

① 王坚红主编《学前教育评价——理论·方法·实践》，人民教育出版社，1994，第55～59页。

第三节 幼儿体力活动游戏课程化框架设计

基于前期对游戏理论以及幼儿体力活动游戏相关文献的梳理和分析、对幼儿在幼儿园外和幼儿园内体力活动游戏的调研以及对幼儿教师与幼儿园管理人员的相关调查访谈的结果，本研究组以游戏课程化为理念，设计了将游戏的灵活与自主和课程的规范与系统相融合的体力活动游戏课程化框架。

一 体力活动游戏课程化框架的教育目标

体力活动游戏课程化框架的教育目标主要体现在知识与技能、过程与方法和情感态度与价值观三个层面。

第一，在知识与技能层面，以《3-6岁儿童学习与发展指南》中3~6岁儿童发展目标为依据，以提高幼儿走、跑、跳、投、攀、爬、控制物体为主的多种身体基本动作和运动能力为目标；创设多学科融合的游戏情境，以幼儿的五大领域全面发展为目标。

第二，在过程与方法层面，充分发挥幼儿的自主能力，在游戏过程中积极创设"最近发展区"，引导幼儿思考和实践如何控制自己的身体，如何体脑并用地解决问题，将发展身体动作的价值投射到日常生活中。

第三，在情感态度与价值观层面，通过体力活动游戏帮助幼儿建构积极自我意象，形成良好的自我效能感和价值感；帮助幼儿改善各种不良情绪，提高幼儿的亲社会能力水平；促进幼儿的体力活动参与，促进幼儿积极的身体锻炼习惯的养成。

二 体力活动游戏课程化框架设计思路

本研究所设计的体力活动游戏课程化框架建立在对幼儿园的实地调研、与学前教师（专家）的交流讨论，并借鉴当前国内外优秀的幼儿体力活动游戏的基础上。为了强化游戏情境体验和仪式感，体力活动游戏课程化框架借鉴了定向运动中线路设计、图标引导、探险寻宝等元素，以幼儿体能与基本动作发展活动为基本运动方式，系统地串联起幼儿园中最常见的活动区域，通过"探险"的主题延伸创设游戏情境，自然地将健康、语言、社会、科学和艺术多领域发展目标融入其中，坚持用游戏精神之光照耀教育过程。体力活动游戏课程化框架将体力活动游戏分为组织主线、区域创设、游戏元素、活动原则和多学科融合元素五个系统，并分别在每一个系统之下对相应活动的组织建议进行了归纳。教师在使用的时候可以结合教育对象和教育环境的特点，灵活选择适宜的内容依据框架结构设计、组织和引导体力活动游戏。幼儿体力活动游戏课程化框架设计思维导图见图 7-1。

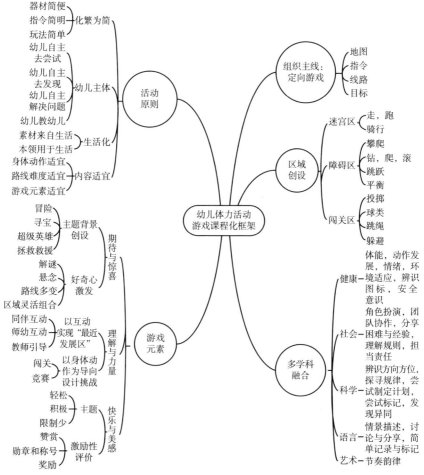

图 7-1　幼儿体力活动游戏课程化框架设计思维导图

三 体力活动游戏课程化教育实践课例

依据"体力活动游戏课程化框架",课题组设计了以"小小探险家寻宝"为游戏情境设定,以简单的定向运动元素为组织主线的体力活动游戏课程化的教育实践课例。在本研究探索的体力活动游戏课程化框架中,定向任务赋予了每一次游戏的故事背景,并将每一次游戏串联成一个幼儿做主角的完整的"历险记"。由于幼儿的发展是日新月异的,每个幼儿的发展表现也是各有特点,所以体力活动游戏课程化框架的设计将类似的身体锻炼方式分别归位于"迷宫区"、"障碍区"和"闯关区",每个区域打破了空间的限制,以同类的身体活动为标志区分。每个区域具体的内容可以是游戏中使用的独立活动,在孩子们熟悉和适应体力活动游戏与课程结合的模式之后,也可以进行组合和串联。以下分别为"迷宫区"、"障碍区"和"闯关区"三个区域的体力活动游戏课程化实践的具体操作方案示例。

（一）迷宫区示例

活动目标:

1. 能将寻宝图上图形的形状、颜色和目标位置一一对应;

2. 模拟折返跑,锻炼儿童奔跑能力,提高心肺功能;

3. 提高幼儿方位感,强化认知能力;培养手眼协调配合的能力;

4. 体验团队合作带来的乐趣,增加集体凝聚力。

器材:

1. 定点标识（点标碟,雪糕桶,小凳子皆可）;

2. 地图;

3. 目标点宝藏象征物（可以是小印章、小贴纸、小玩具等）。

场地布置如图 7 - 2 所示（⊕地图,☠☠☠☠一组幼儿,▦▦定点标识）:

地图范例如图 7 - 3 所示,三角形标记出发点,同心圆标记终点,线条指示路线,路线连接的点为目标点。

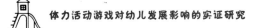

准备区

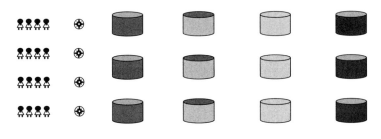

图 7 - 2

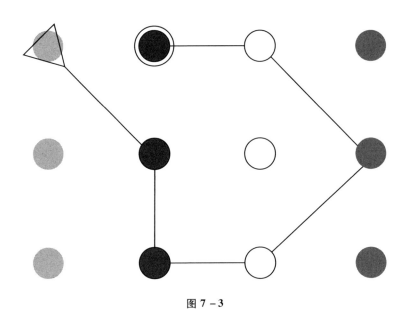

图 7 - 3

组织过程概述（注：游戏过程的时长均以初次游戏用时计，随着幼儿对游戏内容的熟悉进行相应的调整）：

1. 介绍游戏（5 分钟）

（1）老师介绍游戏名称——迷宫寻宝，介绍标志物；

（2）提醒幼儿注意安全，遇到拥挤的通道时挨个通过；

2. 玩游戏

（1）把幼儿带到准备区，分发给每组（个）幼儿一张寻宝图，老师带领大家熟悉图上的障碍目标点路线（2 分钟），进行与方位识别有关的热身游戏（5 分钟）；

（2）老师发令，幼儿开始迷宫寻宝，寻找目标点藏着的宝贝，收集齐宝贝后跑回终点（一轮游戏 5~6 分钟）；

（3）根据幼儿完成的进度可以安排小组间交换地图，进行多轮寻宝；

（4）寻宝结束后，伴随音乐放松（2 分钟），请幼儿相互分享宝贝，交流寻宝的困难点和小技巧（3 分钟）；

3. 升级游戏

幼儿熟悉游戏内容后，可以适当增加规则的难度，比如对寻宝的顺序和时间进行限制；将游戏空间扩大，比如增加定点标识的间隔距离，增加定点标识的个数；将游戏的空间从单一空间延伸至更丰富的生活化空间，将宝藏象征物换成实景实地的物品；在学期的后期可以将"迷宫区"的活动作为热身活动。

（二）障碍区示例

活动目标：

1. 能够循序渐进地完成地图上的障碍路线，并尝试逐渐加快速度；

2. 发展基本身体动作，锻炼基础体能；

3. 提高专注度，提高对环境转换的适应力；

4. 学习和理解规则，培养幼儿勇敢和坚持不懈的精神；

5. 幼儿通过自行搭建障碍物，发挥想象力、创造力，提高动手能力。

器材：

1. 定点标识用于折线或躲闪跑（雪糕桶、小凳子或海绵柱皆可作为定点标识）；

2. 障碍路线图；

3. 障碍物有小跨栏架（较高障碍物）用于跨越，轮胎或竹梯平放（较低障碍物）用于连续跳跃，平衡木（可用低凳拼搭）用于平衡动作；

4. 园内的爬架、爬垫或滑梯设备用于攀、爬、钻；

5. 五种小神龙印章（悬挂于每一段障碍路线的结束端）。

地图范例如图 7-4 所示，三角形标记出发点，同心圆标记终点，线条指示路线。

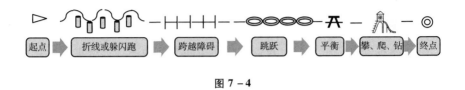

图 7-4

组织过程概述（注：游戏过程的时长均以初次游戏用时计，随着幼儿对游戏内容的熟悉进行相应的调整）：

1. 介绍游戏（5 分钟）

（1）老师介绍游戏名称——丛林探险，介绍路线；

（2）鼓励幼儿勇敢地穿越"大森林"，在探险过程中互助互爱；

2. 玩游戏

（1）把幼儿带到准备区，分发给每组（个）幼儿一张探险图，老师带领幼儿熟悉图上的障碍点、路线和印章悬挂位置，尝试穿越障碍路线作为热身（6~7 分钟）；

（2）老师宣布探险啦，幼儿开始丛林探险，穿越每一道障碍后在手背上盖一个"小神龙"印章，穿越所有障碍后集齐五个"小神龙"印章跑过终点获得丛林勋章（一轮游戏 5~6 分钟），多轮"探险"可收获多个勋章；

（3）探险结束后，伴随音乐放松（2 分钟），请幼儿相互分享宝贝，交流探险的困难点和小技巧（3 分钟）；

3. 升级游戏

障碍布置循序渐进，幼儿熟悉游戏后，可以适当增加障碍数量难度；障碍的布置可以加入巩固幼儿的常规身体运动动作和强化体能的练习游戏；在学期的中后期可以请幼儿自己进行障碍的布置和路线的设计。

（三）闯关区示例

活动目标：

1. 练习投掷、拍球和跳绳等加入了器械掌握和控制要求的运动，达到

《3—6 岁儿童学习与发展指南》 对不同年龄幼儿的相应动作参考标准；

2. 尝试简单的运算，比较大小，测量距离和高度；

3. 能与同伴协商和制定规则；

4. 理解团队协作，重视自己在团队中的职责。

器材：

1. 沙包、海绵球、吸力球、海绵棒、跳绳、跳袋用于闯关任务（闯关任务为投掷目标、球的控制、跳跃等，将保持平衡、爬、翻等动作穿插其中）；

2. 球筐、挂布、吸力球、白板、网绳等（用于制作投掷目标）；

3. 小玩具、贴纸或印章（闯关胜利的奖励）。

组织过程概述（注：游戏过程的时长均以初次游戏用时计，随着幼儿对游戏内容的熟悉进行相应的调整）：

1. 介绍游戏（5 分钟）

（1）老师介绍游戏名称——大闯关；

（2）介绍游戏主题和规则，给幼儿加油鼓劲；

2. 玩游戏

（1）把幼儿带到准备区，将游戏器材分发给每组（个）幼儿，老师带领进行投掷、拍球和跳绳热身小游戏（6~7 分钟）；

（2）各组幼儿抽取自己的闯关任务，老师宣布闯关开始。各组幼儿开始接力进行闯关挑战，闯关成功获得勇士勋章（一轮游戏 5~6 分钟）；

（3）根据幼儿完成的进度可以安排多轮任务抽取和挑战；

（4）闯关游戏结束后，伴随音乐放松（2 分钟），请幼儿交流闯关心得，讨论在闯关过程中遇到的难题及下次该怎么解决（3 分钟）；

3. 升级游戏

幼儿熟悉游戏内容后，可以适当增加闯关难度，比如提高对跳绳或拍球的数量要求；延长投掷距离，提高投掷点的难度；加入额外加分的闯关元素；在学期的中后期，闯关区可以加入迷宫区或是障碍区，使游戏的主题背景和"探险"线路更为完整，让幼儿能够玩得更加酣畅淋漓。

第四节　幼儿体力活动游戏课程化的教育实践探索

为了更近一步探索以体力活动游戏课程化为理念的幼儿园体力活动游戏对于幼儿发展以及幼儿体力活动行为的影响，课题组与广州市 MHJ 幼儿园合作，邀请定向运动专家作为顾问，于 2018 年 3 月 19 日至 5 月 31 日（计为 11 周）开展了基于幼儿体力活动游戏课程化框架的教育干预实践，干预内容包括对幼儿园内户外体育活动每周两次每次 30 分钟的体力活动游戏课程化的教育干预、与幼儿教师每两周一次的教学研讨以及对与幼儿园户外游戏场地布置的调整和游戏场景的创设。课题组对干预前后对照组和干预组幼儿的体力活动和身心发展情况进行了测量与分析。

一　研究方法

（一）实验干预法

《幼儿园教育纲要（试行）》、《幼儿园工作规程》以及《3－6 岁儿童学习与发展指南》是本部分研究活动设计的基础指导依据，教育干预方案的设计参考和借鉴了已发表的相似的干预研究案例（见第三章）。

考虑到本研究前期对幼儿的体力活动游戏研究结果所提示的体力活动游戏对大班阶段幼儿的身心发展更为显著，大班幼儿的学习能力、适应能力和身体运动能力相对中班、小班幼儿更为成熟，因此教育干预实践将大班幼儿作为主要的研究对象。干预对象为合作幼儿园中随机抽选的 60 名大班幼儿，并将其随机分为两组分别作为对照组和干预组，每组各 30 人。在教育干预实践开始前得到了所有干预对象幼儿家长的知情同意。

在教育干预实践开展的合作幼儿园中，每日常规的户外体育活动主要有三种形式，其中第一种是集体体育活动，以教师组织幼儿集体进行的身体素质（力量、耐力、灵敏、协调、平衡能力）练习为主，教师在练习中为活动的主导。体力活动游戏会被穿插在活动过程中，但每个游戏时间较短，游戏的安排零散，游戏间的关联度不高，游戏中幼儿的自主性基本不被考虑。

第二种是自主区域体育活动，幼儿在限定的区域内，利用区域内现有的体育和游戏设施器材，自主选择和自主进行体力活动和游戏。教师仅对幼儿进行看护，不对幼儿的体力活动和游戏进行参与或引导。第三种是晨间早操活动，主要包括教师带领和组织的律动操、广播体操、模仿操、轻器械操以及队列整理等体操练习活动，短小且轻缓的游戏会被作为早操临近结束时的放松活动。需要说明的是，由于该园中仅有 1 名毕业于体育教育专业的专职体育教师，因此每个班的集体体育活动每周仅有 1 次固定由专职体育教师组织和教授，其他时间均由各班代班教师负责组织和教授。

考虑到对于合作幼儿园常规活动安排的优先保证，本研究选择在除晨间早操活动之外的户外体育活动时间对参与调查幼儿进行体力活动游戏课程化的教育干预。教育干预实践每周进行两次，每次的总时长控制在 30 分钟以内，以避免对参与调查幼儿的体力活动和游戏造成过度干预。每周教育干预具体时间段的选择由代班教师在前一周安排并通知课题组。对于该段时间原计划的体育活动形式不做固定要求，尽量保证集体体育活动和自主区域体育活动均衡兼顾。对照组的幼儿在干预活动过程中以原计划的组织和形式进行体育活动，由干预实践替换掉的干预组的原计划活动不进行补回。干预组与对照组幼儿每日户外体育活动的总时间相同，除 30 分钟干预活动以外的其他户外体育活动的时间安排和内容形式也相同。

同一周内的两次干预活动依据"幼儿体力活动游戏课程化框架设计思维导图"（见图 7 - 1）选择相同的"区域"，以控制游戏活动的难度，提高幼儿的成就感。"区域"的选择、游戏中的具体项目和路线设计由课题组成员协助干预教师灵活安排和控制，同一周内的第一次干预活动由合作幼儿园教师（不指定专业体育教师或代班教师，依该时间段原计划的教师人员安排进行）和课题组成员共同组织和实施完成，第二次干预活动由合作幼儿园教师（与该周第一次干预活动中的教师相同）独立完成。在 11 周教育干预实践期间，由于与幼儿园常规安排冲突和天气影响，实际最终完成有效干预共 12 次。

教育干预的具体实施安排为：第 1~5 周的每一次教育干预只从"迷宫区"、"障碍区"和"闯关区"选用一个"区域"活动内容，第 6~9 周每次教育干预选取两个"区域"活动内容，第10周和第11周的每次教育干预中完成了糅合三个"区域"游戏元素的活动内容。反复强化又循序渐进的内容，既照顾了大多数幼儿的接受能力，多变有趣的活动内容又能够激发幼儿的活动热情。

（二）测量法

1. 幼儿体力活动参与情况测量

为了对幼儿的体力活动水平进行客观的测量与分析，本研究使用了在国际上许多相关研究中较多使用的三轴加速度传感器（生产商，ActiGraph；产地，美国）作为测量工具。利用加速度传感器对学龄前儿童体力活动测试的结果与最大摄氧量测试法所获得的结果之间相关度高（r=0.82），具有较高的可靠性。[①]

本研究对60位幼儿共进行了3次测量，限于课题组所持有的传感器数量，每个测量周期约为3周，每位幼儿在每次测量中都确保完成了一天的测量，其中基线数据的测量时间为干预活动开始前的3周（2018年2月26日至3月16日），第二次测量时间为干预结束后（2018年6月4日至22日），第三次测量时间为干预三个月之后（2018年9月10日至28日）。带班教师将加速度传感器通过弹力带系于幼儿的右侧髋关节上，佩戴时间从幼儿早晨入园后起至下午3点止，加速度传感器在幼儿佩戴期间自动对幼儿在幼儿园内一日的体力活动情况数据进行收集。参考已有的加速度传感器应用于幼儿的研究文献，[②]传感器被设定为每15秒对幼儿的体力活动数据进行一次收集，每分钟所采集到的数据根据每15秒采集期中的计数值划分为久坐或静止（小于37.5计数/15秒）、轻缓体力活动（38～419计数/15秒）和中高强度体力活动（大于420计数/15秒）以及总体的体力活动（轻缓和中高强度体力活动之和）。所获得的数据中持续60分钟以上的零数据时间段被认为是无效时间段，不被计入总佩戴时间，如幼儿在一天内的总佩戴时间小于

① R. R. Pate et al. , "Validation and Calibration of an Accelerometer in Preschool Children," *Obesity* 11 (2006): 2000 – 2006.

② H. G. Williams et al. , "Motor Skill Performance and Physical Activity in Preschool Children," *Obesity* 6 (2008): 1421 – 1426; D. P. Cliff et al. , "Relationships between Fundamental Movement Skills and Objectively Measured Physical Activity in Preschool Children," *Pediatric Exercise Science* 4 (2009): 436 – 449.

5 小时则当天所测得数据被认定为无效数据。加速度传感器的配套软件 ActiLife 用于提取数据、检查无效时间和计算体力活动水平。图 7 – 5 为参与调查幼儿在佩戴加速度传感器（腰间设备）进行测量中和数据提取部分界面。

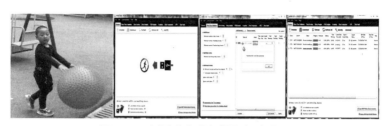

图 7 – 5 测量中和数据提取部分界面

2. 幼儿运动能力测试

由于研究对象来自广州市内幼儿园，因此，本部分研究对于参与教育干预实践幼儿的运动能力测试项目的选择参考了《国家体质测定标准》[①] 测试项目、《3 – 6 岁儿童学习与发展指南》[②] 以及广东省教育厅关于"幼儿体质测查标准"的督导评估指导方案，结合目前所调研的广东省内幼儿园体育活动普遍开展的体育活动内容项目，最终将测试内容确定为 20 米快跑、立定跳远、掷沙包、单脚站立、拍球共 5 项内容，各项目的具体测试方法参见本书第四章第一节第二小节中运动能力测试里的相关描述细节。运动能力测试项目的研究基线数据测试时间为正式干预实践开始的前一周（2018 年 3 月 12 日至16 日），结局数据测试时间为干预结束后的第二周（2018 年 6 月 4 日至 8 日）。

（三）问卷调查法

本部分研究对于参与教育干预实践幼儿的情绪与行为心理健康表现和亲社会行为发展情况的测试和评估依然使用本课题前期研究所采用的《长处与困难量表（家长版）》，具体得分细化到情绪问题、品行问题、多动症状、同伴相处和亲社会行为 5 个分维度以及"长处与困难"总分的得分指标，

---

① 国家体育总局编《国民体质测定标准》（幼儿部分），人民体育出版社，2003。

② 中华人民共和国教育部：《3 – 6 岁儿童学习与发展指南》，2012 年 10 月 9 日，http：// www. moe. gov. cn/srcsite/A06/s3327/201210/t20121009_ 143254. html。

由于此量表的设计目的主要是检出幼儿在情感、行为和亲社会行为上所存在的问题，除了"亲社会行为"维度以外的其他 5 项得分与心理健康的关系皆表现为分数越高存在问题越多，越需要得到重视。问卷的信效度检验具体参见本书第四章幼儿园之外的体力活动游戏对幼儿发展的影响中第 79 ~ 80 页情绪与行为心理健康表现测量里的相关描述细节。问卷测试在干预前后共两次，测试时间分别为 2018 年 3 月 1 日至 16 日和 2018 年 6 月 4 日至 15 日。

（四）数据统计分析

本部分研究采用 SPSS 24.0 软件对参与教育干预实践幼儿的体力活动及身心健康相关指标测试结果数据进行统计分析。其中，体力活动测试结果各组数据均通过正态分布检验，以平均数与标准差进行样本描述，继而采用双因素重复测量法分析干预过程对幼儿体力活动的影响；运动测试指标结果数据符合正态分布，以平均数与标准差进行样本描述，组间比较选用独立样本 T 检验，同组前后比较选用配对样本 T 检验；情绪与行为心理健康表现结果数据样本分布类型呈非正态分布，以中位数和四分位间距进行样本描述，组间比较与同组前后比较选用非参数检验（Wilcoxcon 秩和检验）。假设检验标准设定 P < 0.05 在统计学上具有显著性差异。

二　结果与分析

（一）教育干预对幼儿体力活动参与（基于活动强度水平）的影响

本节对幼儿的轻缓体力活动、中高强度体力活动、总体的体力活动和久坐或静止状态在干预前（基线）、干预后、干预结束三个月后的测量结果分别进行了描述性统计，所采集到的各组样本数据均符合正态分布趋势，测量结果以平均数和标准差进行描述。并重点对中高强度体力活动和久坐或静止状态这两项最能够代表幼儿体力活动参与情况的测量结果进行了统计分析，利用重复测量方差分析模型对这两个指标在不同组别和不同测量时点所存在的差异进行了比较。

1. 幼儿体力活动参与基本情况

课题组在干预前（基线）、干预后以及干预结束三个月后分别对参与调查幼儿的体力活动进行了三次测量，共获得有效数据第一次测量 60 人（对照组 30 人，干预组 30 人），第二次测量 58 人（对照组 29 人，干预组 29 人），第三次 57 人（对照组 27 人，干预组 30 人）。测量结果显示为每小时内体力活动的总时长，并根据活动强度水平的不同划分为轻缓体力活动、中高强度体力活动、总体的体力活动和久坐或静止状态，分别进行统计（见表 7 - 1）。

在所测量的幼儿活动行为中，中高强度体力活动和久坐或静止状态两个指标最能够体现幼儿在幼儿园内的体力活动的参与情况，因此根据测量结果，按照每日在园 8 个小时（合作幼儿园每日入园时间为 8：00，离园时间为 16：00）的时长计算出了幼儿在园期间的每日总时长。结果显示幼儿在园内的每日中高强度体力活动不足一小时，而久坐或静止状态则超过 4 个小时。干预活动在一定程度上促进了干预组幼儿的中高强度体力活动（时长达到 57.84 分钟/小时），同时减少了幼儿的久坐或静止状态（时长为 246.24 分钟/小时）。但干预组在干预活动后表现的体力活动水平的改善在干预后三个月的跟踪测量结果中已经消失了（见图 7 - 6）。

2. 干预活动对于幼儿中高强度体力活动的影响

本节分析将幼儿中高强度体力活动时长测量结果作为因变量，三次不同的测量时点［干预前（基线）、干预后、干预后三个月］和幼儿所属的组别（对照组、干预组）作为自变量，建立双因素重复测量方差分析模型。主体间效应检验结果显示，不同的测量时点获得的测量结果间存在显著差异（F = 86.859，P < 0.001），并且测量时点与组别之间存在显著的交互效应（F = 80.399，P < 0.001）。图 7 - 7 "测量时点与组别因素轮廓（中高强度体力活动）"展示了幼儿平均每小时进行的中高强度体力活动时长在不同组别和不同测量时点的单独走势以及交互趋势。从图中的折线可以看出对照组的三次测量结果相对平稳，而干预组在干预后的测量结果中表现出了与干预前（基线）相比上升的趋势，而在干预后三个月的跟踪测量结果中又下降了。两条折线的相交则反映了两个自变量之间存在交互效应。

由于测量时点和组别之间存在显著的交互效应，继而对两个自变量与因变量的关系分别进行简单效应的进一步分析。测量时点的简单效应成对比较

表7-1 幼儿体力活动参与情况的描述统计

单位：分钟/小时

		轻缓体力活动			中高强度体力活动			总体的体力活动			久坐或静止状态		
		干预前（基线）	干预后	干预后3个月	干预前（基线）	干预后	干预后3个月	干预前（基线）	干预后	干预后3个月	干预前（基线）	干预后	干预后3个月
对照组	人数	30	29	27	30	29	27	30	29	27	30	29	27
	平均值	21.67	21.03	21.51	5.87	6.11	5.84	27.54	27.14	27.35	32.46	32.86	32.65
	标准差	1.91	2.00	1.69	2.32	2.12	2.05	4.20	3.94	3.67	4.20	3.94	3.67
干预组	人数	30	29	30	30	29	30	30	29	30	30	29	30
	平均值	21.35	22.00	20.34	5.26	7.23	5.05	26.61	29.22	25.35	33.39	30.78	34.65
	标准差	2.85	2.24	5.92	1.67	2.23	1.83	4.25	4.33	7.50	4.25	4.33	7.50

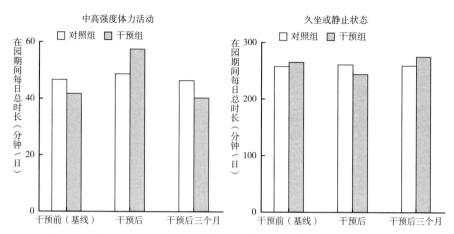

图 7-6 幼儿每日在园期间对照组与干预组三次体力活动行为测量结果
（左，中高强度体力活动；右，久坐或静止状态）

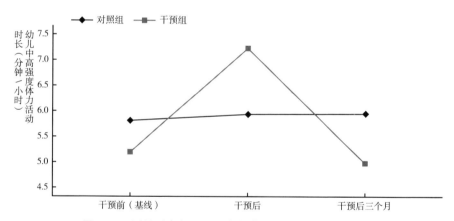

图 7-7 测量时点与组别因素轮廓（中高强度体力活动）

结果显示，在对照组中，三次测量的结果之间并不存在显著的差异；在干预组中，第二次测量也就是干预后的中高强度体力活动时长测量结果与其他两次测量结果相比表现出了显著的差异，其中，第一次测量得到的中高强度体力活动时长比第二次测量结果的平均值低 2.028 且 $P < 0.001$，第三次测量结果的平均值（干预后三个月的追踪）比第二次测量结果的平均值低 2.247 且 $P < 0.001$，第一次和第三次测量结果之间不存在显著差异。具体参数结果见表 7-2。

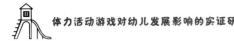

表7-2　测量时点的简单效应成对比较结果（中高强度体力活动）

组别	测量时点#		平均值差值	标准误差	显著性	差值的95%置信区间	
						下限	上限
对照组	1	2	-0.128	0.140	0.742	-0.473	0.216
		3	-0.150	0.133	0.604	-0.477	0.178
	2	1	0.128	0.140	0.742	-0.216	0.473
		3	-0.022	0.145	0.998	-0.380	0.337
	3	1	0.150	0.133	0.604	-0.178	0.477
		2	0.022	0.145	0.998	-0.337	0.380
干预组	1	2	-2.028*	0.132	0.000	-2.354	-1.701
		3	0.219	0.126	0.241	-0.091	0.529
	2	1	2.028*	0.132	0.000	1.701	2.354
		3	2.247*	0.138	0.000	1.908	2.586
	3	1	-0.219	0.126	0.241	-0.529	0.091
		2	-2.247*	0.138	0.000	-2.586	-1.908

注：* 平均值差值的显著性水平为 0.05。
#测量时点编码为 1. 干预前（基线）；2. 干预后；3. 干预后三个月。

　　组别的简单效应成对比较结果显示，在干预前（基线）测量结果中，干预组与对照组的中高强度体力活动时长之间并不存在显著的差异；在干预后的测量结果中干预组与对照组存在显著差异，对照组的中高强度体力活动时长的均值比干预组的平均值低 1.292 且 P＝0.022＜0.05；在干预后三个月的测量结果中，干预组与对照组之间不存在显著的差异。具体参数结果见表 7-3。

表7-3　组别的简单效应成对比较结果（中高强度体力活动）

测量时点	组别#		平均值差值	标准误差	显著性	差值的95%置信区间	
						下限	上限
干预前（基线）	1	2	0.607	0.496	0.226	-0.388	1.602
	2	1	-0.607	0.496	0.226	-1.602	0.388
干预后	1	2	-1.292*	0.548	0.022	-2.391	-0.193
	2	1	1.292*	0.548	0.022	0.193	2.391
干预后三个月	1	2	0.976	0.516	0.064	-0.059	2.011
	2	1	-0.976	0.516	0.064	-2.011	0.059

注：* 平均值差值的显著性水平为 0.05。
#组别编码为 1. 对照组；2. 干预组。

以上分析结果提示在干预结束后的短期（两周）内，干预组幼儿的中高强度体力活动得到了一定的促进，并且干预组幼儿的中高强度体力活动在当时显著多于对照组幼儿，但这一效果并未得到长期持续。在干预结束三个月后，干预组幼儿的中高强度体力活动表现又回到了干预前的状态。

3. 干预活动对于幼儿久坐或静止状态的影响

本节分析将幼儿久坐或静止状态时长测量结果作为因变量，三次不同的测量时点［干预前（基线）、干预后、干预后三个月］和幼儿所属的组别（对照组、干预组）作为自变量，建立双因素重复测量方差分析模型。主体间效应检验结果显示，不同的测量时点获得的测量结果间存在显著差异（F = 79.527，P < 0.001），并且测量时点与组别之间存在显著的交互效应（F = 155.543，P < 0.001）。图 7-8 "测量时点与组别因素轮廓（久坐或静止状态）"展示了幼儿平均每小时进行的久坐或静止活动时长在不同组别和不同测量时点的单独走势以及交互趋势。从图中的折线可以看出对照组的三次测量结果相对平稳，而干预组在干预后的测量结果中表现出了与干预前（基线）相比下降的趋势，而在干预后三个月的跟踪测量结果中又上升。两条折线的相交则反映了两个自变量之间存在交互效应。

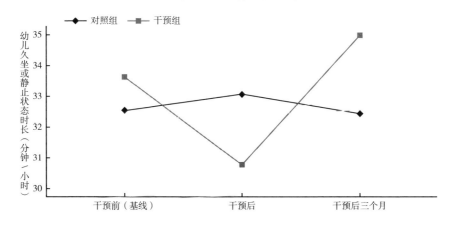

图 7-8 测量时点与组别因素轮廓（久坐或静止状态）

由于测量时点和组别之间存在显著的交互效应，继而对不同测量时点、不同组别与幼儿的久坐或静止状态时长的关系分别进行简单效应成对比较的进一步分析。测量时点的简单效应成对比较结果显示，在对照组中，第一次测量得到的久坐或静止状态时长与第二次测量结果之间存在显著差异，平均值差值为 −0.544（P = 0.008 < 0.05），而第一次和第三次测量结果之间不存在显著差异，第二次和第三次测量结果之间也不存在显著差异；在干预组中，第二次测量干预后的久坐或静止状态时长结果与其他两次测量结果都表现出了显著的差异，其中，与第一次测量得到的久坐或静止状态时长的平均值比第二次测量结果的平均值高 2.858 且 P < 0.001，第三次测量（干预后三个月的追踪）比第二次测量结果的平均值高 3.955 且 P < 0.001，第一次和第三次测量结果之间不存在显著差异。具体参数结果见表 7 − 4。

表 7 − 4　测量时点的简单效应成对比较结果（久坐或静止状态）

组别	测量时点#		平均值差值	标准误差	显著性	差值的 95% 置信区间	
						下限	上限
对照组	1	2	− 0.544 *	0.173	0.008	− 0.970	− 0.119
		3	0.089	0.523	0.998	− 1.200	1.379
	2	1	0.544 *	0.173	0.008	0.119	0.970
		3	0.633	0.451	0.419	− 0.478	1.745
	3	1	− 0.089	0.523	0.998	− 1.379	1.200
		2	− 0.633	0.451	0.419	− 1.745	0.478
干预组	1	2	2.858 *	0.163	0.000	2.455	3.261
		3	− 1.097	0.495	0.090	− 2.318	0.124
	2	1	− 2.858 *	0.163	0.000	− 3.261	− 2.455
		3	− 3.955 *	0.427	0.000	− 5.007	− 2.903
	3	1	1.097	0.495	0.090	− 0.124	2.318
		2	3.955 *	0.427	0.000	2.903	5.007

注：＊平均值差值的显著性水平为 0.05。
#测量时点编号为 1. 干预前（基线）；2. 干预后；3. 干预后三个月。

组别的简单效应成对比较结果显示，在干预前（基线）测量结果中，干预组与对照组的久坐或静止状态时长之间并不存在显著的差异；在干预后的测量结果中干预组与对照组存在显著差异，对照组的久坐或静止状态时长的均值比干预组的平均值高 2.296 且 P = 0.035 < 0.05；在干预后三个月的测量结果中，干预组与对照组之间不存在显著差异。具体参数结果见表 7 - 5。

表 7 - 5　组别的简单效应成对比较结果（久坐或静止状态）

测量时点	组别#		平均值差值	标准误差	显著性	差值的95%置信区间	
						下限	上限
干预前（基线）	1	2	- 1.106	1.059	0.301	- 3.229	1.018
	2	1	1.106	1.059	0.301	- 1.018	3.229
干预后	1	2	2.296 *	1.061	0.035	0.168	4.425
	2	1	- 2.296 *	1.061	0.035	- 4.425	- 0.168
干预后3 个月	1	2	- 2.292	1.535	0.141	- 5.370	0.786
	2	1	2.292	1.535	0.141	- 0.786	5.370

注：* 平均值差值的显著性水平为 0.05。
　　#组别编码为 1. 对照组；2. 干预组。

以上分析结果提示在干预结束后的短期（两周）内，干预组幼儿的久坐或静止状态受到了一定的抑制，并且干预组幼儿的久坐或静止状态在当时显著少于对照组幼儿，但这一效果同样未能得到长期持续。干预结束三个月后，干预组儿童的久坐或静止状态又回到了干预前的状态。未接受干预的对照组幼儿则在第二次测量（学期中后期）结果中表现出了久坐或静止状态比第一次测量结果的显著增加，而发生在第二学期初的第三次测量与同样是学期初的第一次测量相比则无明显差异，这一结果所显示的幼儿在学期中所表现的倦怠有必要引起教师的关注。

（二）教育干预对幼儿运动能力的影响

本节从 20 米快跑、立定跳远、投掷沙包、单脚站立、拍球 5 项评估指标对干预组与对照组参与调查幼儿的运动能力分别进行了组间差异比较、同组前后差异比较和不同性别差异比较。身高和体重作为干预前的基本信息也进行了采集。为了提高检验的敏感度，本研究选择对原始测量数据进行统计分析，未对各项指标进行等级划分处理。所测得干预组和对照组样本的各项指标均符合正态分布，故差异比较分析均选用参数检验方法。

1. 幼儿运动能力基本情况

本研究在合作幼儿园随机抽取了 60 名参与游戏教育干预研究的幼儿园大班幼儿，并对随机分组后的 30 名干预组幼儿与 30 名对照组幼儿在干预前后分别进行了运动能力测量，具体结果见表 7-6、表 7-7。

表 7-6　干预前幼儿运动能力测量结果（平均数 ± 标准差）

	干预组			对照组		
	男 ($N=18$)	女 ($N=12$)	总体 ($N=30$)	男 ($N=16$)	女 ($N=14$)	总体 ($N=30$)
身高（厘米）	112.57 ±6.21	110.00 ±4.17	111.29 ±5.35	111.29 ±3.16	108.91 ±4.37	110.96 ±4.05
体重（公斤）	20.50 ±3.16	19.50 ±2.31	20.00 ±2.76	20.00 ±2.14	20.00 ±3.52	20.00 ±2.74
20 米快跑（秒）	5.68 ±0.36	5.86 ±0.56	5.75 ±0.45	5.62 ±0.65	5.88 ±0.44	5.74 ±0.56
立定跳远（厘米）	104.97 ±9.70	100.78 ±11.45	103.30 ±10.45	99.29 ±19.11	98.1 ±10.56	98.74 ±15.46
拍球（次/分钟）	104.67 ±13.27	93.42 ±18.07	100.17 ±16.08	102.80 ±11.84	103.20 ±12.87	103.00 ±12.11
投掷沙包（厘米）	545.37 ±53.73	496.00 ±62.30	525.62 ±61.40	537.24 ±56.48	486.97 ±55.89	513.78 ±60.83
单脚站立（秒）	70.97 ±27.11	75.69 ±21.19	72.86 ±24.63	64.20 ±32.24	82.76 ±20.82	72.74 ±27.31

表 7-7　干预后幼儿运动能力测量结果（平均数 ± 标准差）

	干预组			对照组		
	男 ($N=18$)	女 ($N=12$)	总体 ($N=30$)	男 ($N=16$)	女 ($N=14$)	总体 ($N=30$)
20 米快跑（秒）	5.29 ±0.43	5.60 ±0.48	5.41 ±0.47	5.36 ±0.65	5.66 ±0.47	5.50 ±0.58
立定跳远（厘米）	110.69 ±8.75	111.26 ±11.75	110.92 ±9.86	108.60 ±12.25	106.87 ±11.81	107.79 ±11.87
拍球（次/分钟）	117.56 ±12.55	104.25 ±16.05	112.23 ±15.29	115.38 ±14.62	115.00 ±9.62	115.20 ±12.33

	干预组			对照组		
	男 ($N=18$)	女 ($N=12$)	总体 ($N=30$)	男 ($N=16$)	女 ($N=14$)	总体 ($N=30$)
投掷沙包(厘米)	590.81 ±33.31	536.10 ±53.48	568.92 ±49.78	565.89 ±49.77	513.65 ±49.51	541.51 ±55.52
单脚站立(秒)	83.69 ±35.19	80.83 ±20.47	82.54 ±29.78	78.22 ±32.28	94.68 ±58.20	85.90 ±46.12

2. 干预组和对照组在干预前后的组间差异比较

在本研究干预前，随机分配的干预组和对照组各30名幼儿在运动能力评估指标得分上组间比较均无显著差异，在为期11周的干预结束后，对干预组和对照组幼儿再次进行了运动能力测量结果的组间比较，两组幼儿仅在"投掷沙包"项目上存在显著差异（$T = -2.014$，$P = 0.049 < 0.05$）（见表7-8），干预组幼儿（$568.92 ± 49.78$）的成绩明显好于对照组幼儿（$541.51 ± 55.52$）（见表7-7）。

3. 干预组和对照组在干预前后各自同组差异比较

本研究同时对随机分配的干预组和对照组各30名幼儿的运动能力5项评估指标分别在干预前后的测量结果进行了两个相关样本的差异检验。配对样本T检验结果显示干预组幼儿在干预后与干预前在5项运动能力测量结果中皆具有显著差异，具体统计参数结果见表7-9，进一步比较各项测量结果的前后均值（具体数值见表7-6、表7-7），干预后比干预前均表现出显著的提高；对照组幼儿干预前后配对样本T检验结果则显示，除"单脚站立"以外的其他4项运动能力测量结果皆具有显著差异，具体统计参数结果见表7-10，进一步比较各项测量结果的前后均值（具体数值见表7-6、表7-7），干预后比干预前在20米跑、立定跳远、拍球和投掷沙包4个项目上的成绩均表现出显著的提高。可以推断随着年龄的增长（经过11周后再测），无论是干预组还是对照组的幼儿的运动能力都有不同程度的提高，而在平衡能力方面则只有经过11周教育干预的干预组幼儿表现出显著的提高。

表7-8 干预前后干预组与对照组运动能力测量总体结果独立样本T检验结果

		方差方程的 Levene 检验		均值方程的 T 检验					差值的 95% 置信区间	
		F	Sig.	T	df	Sig.（双侧）	均值差值	标准误差值	下限	上限
20米快跑（前）	假设方差相等	1.568	0.216	0.068	58	0.946	-0.009	0.131	-0.272	0.254
	假设方差不相等			0.068	58.188	0.946	-0.009	0.131	-0.272	0.254
立定跳远（前）	假设方差相等	1.356	0.249	1.336	58	0.187	-4.553	3.408	-11.374	2.268
	假设方差不相等			-1.336	50.921	0.187	-4.553	3.408	-11.395	2.288
拍球（前）	假设方差相等	2.583	0.113	0.771	58	0.444	2.833	3.675	-4.523	10.190
	假设方差不相等			0.771	53.906	0.444	2.833	3.675	-4.535	10.202
投掷沙包（前）	假设方差相等	0.101	0.752	-0.751	58	0.456	-11.843	15.780	-43.430	19.744
	假设方差不相等			-0.751	57.995	0.456	-11.843	15.780	-43.430	19.744
单脚站立（前）	假设方差相等	0.142	0.708	-0.017	58	0.987	-0.113	6.714	-13.552	13.326
	假设方差不相等			-0.017	57.391	0.987	-0.113	6.714	-13.555	13.329
20米快跑（后）	假设方差相等	2.040	0.159	0.671	58	0.505	0.092	0.137	-0.182	0.366
	假设方差不相等			0.671	55.417	0.505	0.092	0.137	-0.182	0.366
立定跳远（后）	假设方差相等	3.098	0.084	-1.110	58	0.272	-3.128	2.818	-8.769	2.513
	假设方差不相等			-1.110	56.114	0.272	-3.128	2.818	-8.773	2.517
拍球（后）	假设方差相等	1.527	0.222	0.805	58	0.424	2.900	3.601	-4.307	10.107
	假设方差不相等			0.805	55.363	0.424	2.900	3.600	-4.315	10.115
投掷沙包（后）	假设方差相等	1.673	0.201	-2.014*	58	0.049	-27.417	13.615	-54.670	-0.164
	假设方差不相等			-2.014	57.324	0.049	-27.417	13.615	-54.677	-0.157
单脚站立（后）	假设方差相等	0.214	0.646	0.335	58	0.739	3.354	10.023	-16.709	23.418
	假设方差不相等			0.335	49.598	0.739	3.354	10.023	-16.782	23.490

注：* 均值差值的显著性水平为 0.05。

表 7-9 干预前后干预组测量结果配对样本 T 检验结果

	平均值	标准偏差	标准误差平均值	差值的95%置信区间		T	df	显著性（双尾）
				下限	上限			
干预组	20米快跑（前）－20米快跑（后）	0.34133	0.43991	0.08032	0.17707	0.50560	4.250*	29	0.000
	立定跳远（前）－立定跳远（后）	-7.62467	6.49972	1.18668	-10.05170	-5.19763	-6.425*	29	0.000
	拍球（前）－拍球（后）	-12.13333	6.32855	1.15543	-14.49645	-9.77021	-10.501*	29	0.000
	投掷沙包（前）－投掷沙包（后）	-43.30333	35.04249	6.39785	-56.38841	-30.21825	-6.768*	29	0.000
	单脚站立（前）－单脚站立（后）	-9.68933	14.76852	2.69635	-15.20399	-4.17468	-3.593*	29	0.001

注：* 均值差值的显著性水平为 0.05。

表7-10 干预前后对照组总体测量结果配对样本T检验结果

对照组	平均值	标准偏差	标准误差平均值	差值的95%置信区间		T	df	显著性（双尾）
				下限	上限			
20米快跑（前）－20米快跑（后）	0.24067	0.53582	0.09783	0.04059	0.44075	2.460*	29	0.020
立定跳远（前）－立定跳远（后）	-9.05000	10.56565	1.92901	-12.99528	-5.10472	-4.692*	29	0.000
拍球（前）－拍球（后）	-12.20000	8.32694	1.52028	-15.30933	-9.09067	-8.025*	29	0.000
投掷沙包（前）－投掷沙包（后）	-27.73000	20.49392	3.74166	-35.38256	-20.07744	-7.411*	29	0.000
单脚站立（前）－单脚站立（后）	-13.15667	38.42247	7.01495	-27.50385	1.19052	-1.876	29	0.071

注：* 均值差值的显著性水平为0.05。

4. 不同性别幼儿的差异比较

具体到不同性别幼儿所表现出的差异，干预组的统计分析结果如下：对干预组男童与女童之间在教育干预前运动能力的 5 个项目测量结果进行独立样本 T 检验发现，男童与女童的"投掷沙包"成绩存在显著差异（T = 2.314，P = 0.028 < 0.05），其他 4 项男女童的成绩无显著差异，干预前男童的"投掷沙包"成绩均值为 545.37 厘米，女童的为 496.00 厘米，表现了男童相对女童在投掷能力上的优势；干预后，男童与女童的"拍球"（T = 2.487，P = 0.019 < 0.05）和"投掷沙包"（T = 3.463，P = 0.002 < 0.05）项目的测量结果存在显著差异，在"拍球"项目上男童测量结果均值（117.56 次/分钟）高于女童（104.25 次/分钟），"投掷沙包"项目男童的测量结果均值（590.81 厘米）高于女童（536.10 厘米），其他 3 个项目的测量结果没有显著差异，具体结果见表 7 - 11（文中数据见表 7 - 6、表 7 - 7、表 7 - 11）。

进而利用配对样本 T 检验方法对干预组男童在干预前后的测量情况进行比较发现，5 项测量结果的显著性皆具有统计学意义（具体参数见表 7 - 12），前后成绩的均值（见表 7 - 6、表 7 - 7）显示干预后的测量结果明显优于干预前；干预组女童干预前后在"立定跳远"、"拍球"和"投掷沙包" 3 项测量结果上具有显著的差异（具体参数见表 7 - 13），且干预后的测量结果明显优于干预前（具体均值见表 7 - 6、表 7 - 7）。

对对照组男童与女童之间在干预前运动能力的 5 个项目测量结果进行的独立样本 T 检验结果显示，只在"投掷沙包"（T = 2.444，P = 0.021 < 0.05）项目上男童与女童的测量数据存在显著差异，男童的投掷沙包测量结果均值为 537.24 厘米，女童为 486.97 厘米，表现了男童相对女童在投掷能力上的优势；干预后，男童与女童只有"投掷沙包"项目测量数据存在显著差异（T = 2.875，P = 0.008 < 0.05），男童的均值（565.89 厘米）高于女童（513.65 厘米），其他 4 个项目测量结果没有显著差异，具体结果见表 7 - 14。利用配对样本 T 检验方法对对照组男童在干预前后的测量情况进行比较发现，在"立定跳远"、"拍球"和"投掷沙包" 3 项测量结果的

表7-11 干预前后干预组男童与女童运动能力测量结果独立样本T检验结果

	方差方程的 Levene 检验		均值方程的 T 检验					差值的 95% 置信区间	
	F	Sig.	T	df	Sig.(双侧)	均值差值	标准误差值	下限	上限
20米快跑(前) 假设方差相等	4.958	0.034	-1.102	28	0.280	-0.18333	0.16636	-0.52410	0.15744
假设方差不相等			-1.009	16.934	0.327	-0.18333	0.18172	-0.56685	0.20018
立定跳远(前) 假设方差相等	0.258	0.616	1.078	28	0.290	4.18889	3.88414	-3.76742	12.14520
假设方差不相等			1.042	20.942	0.309	4.18889	4.01887	-4.17020	12.54798
拍球(前) 假设方差相等	1.303	0.263	1.969	28	0.059	11.25000	5.71431	-0.45524	22.95524
假设方差不相等			1.850	18.760	0.080	11.25000	6.08126	-1.48924	23.98924
投掷沙包(前) 假设方差相等	1.397	0.247	2.314*	28	0.028	49.37222	21.33520	5.66906	93.07539
假设方差不相等			2.245	21.236	0.036	49.37222	21.99515	3.66175	95.08269
单脚站立(前) 假设方差相等	0.587	0.450	-0.508	28	0.616	-4.71917	9.29774	-23.76473	14.32640
假设方差不相等			-0.534	27.171	0.598	-4.71917	8.84443	-22.86111	13.42278
20米快跑(后) 假设方差相等	0.675	0.418	-1.879	28	0.071	-0.31472	0.16753	-0.65790	0.02845
假设方差不相等			-1.836	21.844	0.080	-0.31472	0.17143	-0.67040	0.04096
立定跳远(后) 假设方差相等	1.734	0.199	-0.152	28	0.881	-0.56722	3.73929	-8.22682	7.09237
假设方差不相等			-0.143	18.953	0.888	-0.56722	3.96910	-8.87605	7.74161
拍球(后) 假设方差相等	0.633	0.433	2.487*	28	0.019	13.13889	5.28332	2.31649	23.96128
假设方差不相等			2.356	19.372	0.029	13.13889	5.57691	1.48144	24.79633
投掷沙包(后) 假设方差相等	4.006	0.055	3.463*	28	0.002	54.71111	15.79921	22.34789	87.07433
假设方差不相等			3.159	16.704	0.006	54.71111	17.31946	18.12088	91.30134
单脚站立(后) 假设方差相等	0.411	0.527	0.254	28	0.802	2.86306	11.28091	-20.24485	25.97096
假设方差不相等			0.281	27.634	0.781	2.86306	10.18289	-18.00810	23.73421

注: * 均值差值的显著性水平为 0.05。

表 7-12 干预前后干预组男童运动能力测量结果配对样本 T 检验结果

干预组	配对差值					T	df	显著性（双尾）
	平均值	标准偏差	标准误差平均值	差值的95%置信区间				
				下限	上限			
20米快跑（前）－20米快跑（后）	0.39389	0.42591	0.10039	0.18209	0.60569	3.924*	17	0.001
立定跳远（前）－立定跳远（后）	-5.72222	4.01066	0.94532	-7.71667	-3.72777	-6.053*	17	0.000
拍球（前）－拍球（后）	-12.88889	6.48880	1.52943	-16.11570	-9.66208	-8.427*	17	0.000
投掷沙包（前）－投掷沙包（后）	-45.43889	34.56850	8.14787	-62.62940	-28.24838	-5.577*	17	0.000
单脚站立（前）－单脚站立（后）	-12.72222	15.13232	3.56672	-20.24735	-5.19710	-3.567*	17	0.002

注：* 均值差值的显著性水平为 0.05。

表 7 - 13　干预前后干预组女童运动能力测量结果配对样本 T 检验结果

干预组		配对差值					T	df	显著性（双尾）
		平均值	标准偏差	标准误差平均值	差值的 95% 置信区间				
					下限	上限			
	20 米快跑（前）－20 米快跑（后）	0.26250	0.46749	0.13495	-0.03453	0.55953	1.945	11	0.078
	立定跳远（前）－立定跳远（后）	-10.47833	8.46826	2.44458	-15.85881	-5.09786	-4.286*	11	0.001
	拍球（前）－拍球（后）	-11.00000	6.17914	1.78377	-14.92604	-7.07396	-6.167*	11	0.000
	投掷沙包（前）－投掷沙包（后）	-40.10000	37.03978	10.69246	-63.63395	-16.56605	-3.750*	11	0.003
	单脚站立（前）－单脚站立（后）	-5.14000	13.54607	3.91041	-13.74676	3.46676	-1.314	11	0.215

注：* 均值差值的显著性水平为 0.05。

显著性皆具有统计学意义（具体参数见表 7 - 15），前后数据的均值比较（见表 7 - 6、表 7 - 7）显示 11 周教育干预后的测量结果优于干预前；对照组女童干预前后同样在"立定跳远"、"拍球"和"投掷沙包" 3 项测量结果上显示了显著的差异（具体参数见表 7 - 16），且干预后测得数据优于干预前数据（具体均值见表 7 - 6、表 7 - 7）。

本研究同时对干预前后干预组男童与对照组男童、干预组女童与对照组女童分别进行了独立样本 T 检验，结果显示：在干预前后两次测量中，干预组男童与对照组男童的测量结果均无显著差异；干预组女童与对照组女童在干预前后的测量结果也均无显著差异，具体统计参数见表 7 - 17、表 7 - 18。

（三）教育干预前后幼儿情绪与行为心理健康表现比较

本节从情绪问题、品行问题、多动症状、同伴相处、亲社会行为 5 个维度上的表现出发对干预组与对照组幼儿的情绪与行为心理健康表现分别进行了组间差异比较、同组前后差异比较和不同性别差异比较，具体评价包括 5 个维度的单独评分及总分（综合前 4 个维度情况的得分）共计 6 项得分。根据两组参与调查幼儿的此 6 项得分不满足正态分布的数据特点，因此差异比较分析均采用 Wilcoxcon 秩和检验。

1. 幼儿情绪与行为心理健康表现基本情况

本研究利用《长处与困难量表》（家长版）对参与调查的 30 名干预组幼儿与 30 名对照组幼儿在干预前后分别进行了情绪问题、品行问题、多动症状、同伴相处、亲社会行为各维度的心理健康表现测量，得分具体结果见表 7 - 19、表 7 - 20。

2. 干预组和对照组在干预前后的组间差异比较

在本研究进行的教育干预前，随机分配的干预组和对照组各 30 名幼儿在 6 项指标得分上组间比较均无显著差异，表 7 - 21 为具体统计参数结果。

表7-14 干预前后对照组男童与女童运动能力测量结果独立样本 T 检验结果

		方差方程的 Levene 检验		均值方程的 T 检验					差值的 95% 置信区间	
		F	Sig.	T	df	Sig.（双侧）	均值差值	标准误差值	下限	上限
20米快跑（前）	假设方差相等	0.441	0.512	-1.210	28	0.236	-0.24768	0.20466	-0.66691	0.17155
	假设方差不相等			-1.241	26.516	0.225	-0.24768	0.19955	-0.65747	0.16212
立定跳远（前）	假设方差相等	2.337	0.138	0.205	28	0.839	1.17946	5.75487	-10.60886	12.96779
	假设方差不相等			0.213	23.931	0.833	1.17946	5.54739	-10.27152	12.63045
拍球（前）	假设方差相等	0.612	0.441	-0.089	28	0.930	-0.40179	4.51125	-9.64266	8.83909
	假设方差不相等			-0.089	26.697	0.930	-0.40179	4.53721	-9.71632	8.91275
投掷沙包（前）	假设方差相等	0.001	0.975	2.444*	28	0.021	50.26607	20.56903	8.13232	92.39982
	假设方差不相等			2.446	27.549	0.021	50.26607	20.55403	8.13200	92.40014
单脚站立（前）	假设方差相等	0.183	0.672	0.727	28	0.473	7.32527	10.07662	-13.31575	27.96628
	假设方差不相等			0.748	25.913	0.461	7.32527	9.79458	-12.81107	27.46161
20米快跑（后）	假设方差相等	1.471	0.235	-1.401	28	0.172	-0.29446	0.21014	-0.72492	0.13599
	假设方差不相等			-1.431	27.169	0.164	-0.29446	0.20573	-0.71646	0.12754
立定跳远（后）	假设方差相等	0.002	0.963	0.392	28	0.698	1.72857	4.40982	-7.30453	10.76167
	假设方差不相等			0.393	27.714	0.697	1.72857	4.39863	-7.28582	10.74296
拍球（后）	假设方差相等	2.622	0.117	0.082	28	0.935	0.37500	4.59162	-9.03051	9.78051
	假设方差不相等			0.084	26.130	0.934	0.37500	4.46785	-8.80658	9.55658
投掷沙包（后）	假设方差相等	0.020	0.888	2.875*	28	0.008	52.23750	18.16920	15.01958	89.45542
	假设方差不相等			2.876	27.512	0.008	52.23750	18.16257	15.00342	89.47158
单脚站立（后）	假设方差相等	0.683	0.416	-0.975	28	0.338	-16.46268	16.89315	-51.06674	18.14138
	假设方差不相等			-0.939	19.701	0.359	-16.46268	17.52343	-53.05150	20.12614

注：* 均值差值的显著性水平为 0.05。

表 7-15　干预前后对照组男童运动能力测量结果配对样本 T 检验结果

			配对差值						
		平均值	标准偏差	标准误差平均值	差值的 95% 置信区间		T	df	显著性（双尾）
					下限	上限			
对照组	20 米快跑（前）－20 米快跑（后）	0.26250	0.50236	0.12559	-0.00519	0.53019	2.090	15	0.054
	立定跳远（前）－立定跳远（后）	-9.30625	12.91162	3.22791	-16.18637	-2.42613	-2.883*	15	0.011
	拍球（前）－拍球（后）	-12.56250	7.78861	1.94715	-16.71276	-8.41224	-6.452*	15	0.000
	投掷沙包（前）－投掷沙包（后）	-28.65000	21.82595	5.45649	-40.28023	-17.01977	-5.251*	15	0.000
	单脚站立（前）－单脚站立（后）	-2.05563	19.39475	4.84869	-12.39036	8.27911	-0.424	15	0.678

注：* 均值差值的显著性水平为 0.05。

表 7 - 16 干预前后对照组女童运动能力测量结果配对样本 T 检验结果

对照组	配对差值						T	df	显著性（双尾）
	平均值	标准偏差	标准误差平均值	差值的 95% 置信区间					
				下限	上限				
20 米快跑（前）－20 米快跑（后）	0.21571	0.58992	0.15766	-0.12490	0.55633		1.368	13	0.194
立定跳远（前）－立定跳远（后）	-8.75714	7.51641	2.00885	-13.09699	-4.41729		-4.359*	13	0.001
拍球（前）－拍球（后）	-11.78571	9.18342	2.45437	-17.08806	-6.48337		-4.802*	13	0.000
投掷沙包（前）－投掷沙包（后）	-26.67857	19.62225	5.24427	-38.00812	-15.34902		-5.087*	13	0.000
单脚站立（前）－单脚站立（后）	-25.84357	50.34101	13.45420	-54.90960	3.22246		-1.921	13	0.077

注：* 均值差值的显著性水平为 0.05。

表7-17 干预前后干预组男童与对照组男童运动能力测量结果独立样本T检验结果

项目	方差方程相等	方差方程的 Levene 检验		均值方程的 T 检验					差值的 95% 置信区间	
		F	Sig.	T	df	Sig.（双侧）	均值差值	标准误差值	下限	上限
20米快跑（前）	假设方差相等	2.608	0.116	-0.291	32	0.773	-0.05125	0.17597	-0.40968	0.30718
	假设方差不相等			-0.282	22.716	0.781	-0.05125	0.18178	-0.42755	0.32505
立定跳远（前）	假设方差相等	3.298	0.079	-1.111	32	0.275	-5.67847	5.10887	-16.08490	4.72796
	假设方差不相等			-1.072	21.658	0.295	-5.67847	5.29536	-16.67046	5.31351
拍球（前）	假设方差相等	0.648	0.427	-0.428	32	0.672	-1.85417	4.33527	-10.68483	6.97649
	假设方差不相等			-0.431	31.998	0.670	-1.85417	4.30557	-10.62435	6.91601
投掷沙包（前）	假设方差相等	0.119	0.732	-0.430	32	0.670	-8.13472	18.90998	-46.65310	30.38365
	假设方差不相等			-0.429	31.089	0.671	-8.13472	18.96729	-46.81431	30.54486
单脚站立（前）	假设方差相等	0.023	0.882	0.510	32	0.613	5.19313	10.17869	-15.54020	25.92645
	假设方差不相等			0.505	29.496	0.617	5.19313	10.28536	-15.82745	26.21370
20米快跑（后）	假设方差相等	3.490	0.071	0.429	32	0.671	0.08014	0.18678	-0.30031	0.46059
	假设方差不相等			0.419	25.505	0.679	0.08014	0.19128	-0.31342	0.47369
立定跳远（后）	假设方差相等	3.560	0.068	-0.579	32	0.567	-2.09444	3.62017	-9.46848	5.27959
	假设方差不相等			-0.567	26.809	0.575	-2.09444	3.69231	-9.67296	5.48070
拍球（后）	假设方差相等	0.451	0.507	-0.468	32	0.643	-2.18056	4.65841	-11.66943	7.30832
	假设方差不相等			-0.464	29.801	0.646	-2.18056	4.70147	-11.78493	7.42382
投掷沙包（后）	假设方差相等	1.054	0.312	-1.734	32	0.093	-24.92361	14.37606	-54.20669	4.35947
	假设方差不相等			-1.694	25.726	0.102	-24.92361	14.71268	-55.18165	5.33442
单脚站立（后）	假设方差相等	0.174	0.680	-0.471	32	0.641	-5.47347	11.63173	-29.16653	18.21958
	假设方差不相等			-0.473	31.961	0.639	-5.47347	11.57113	-29.04423	18.09728

表 7-18 干预前后干预组女童与对照组女童运动能力测量结果独立样本 T 检验结果

		方差方程的 Levene 检验		均值方程的 T 检验					差值的 95% 置信区间	
		F	Sig.	T	df	Sig.(双侧)	均值差值	标准误差值	下限	上限
20米快跑(前)	假设方差相等	0.999	0.328	0.067	24	0.947	0.01310	0.19577	-0.39094	0.41714
	假设方差不相等			0.066	20.807	0.948	0.01310	0.19950	-0.40203	0.42822
立定跳远(前)	假设方差相等	0.128	0.724	-0.618	24	0.542	-2.66905	4.31742	-11.57977	6.24167
	假设方差不相等			-0.614	22.681	0.545	-2.66905	4.34556	-11.66553	6.32744
拍球(前)	假设方差相等	1.237	0.277	1.610	24	0.120	9.79762	6.08564	-2.76252	22.35776
	假设方差不相等			1.568	19.521	0.133	9.79762	6.24740	-3.25476	22.85000
投掷沙包(前)	假设方差相等	0.684	0.416	-0.390	24	0.700	-9.02857	23.17547	-56.86038	38.80324
	假设方差不相等			-0.386	22.394	0.703	-9.02857	23.37726	-57.46067	39.40353
单脚站立(前)	假设方差相等	0.001	0.974	-0.830	24	0.415	-6.85131	8.25703	-23.89297	10.19035
	假设方差不相等			-0.829	23.261	0.416	-6.85131	8.26857	-23.94551	10.24290
20米快跑(后)	假设方差相等	0.036	0.851	0.320	24	0.752	0.05988	0.18720	-0.32648	0.44625
	假设方差不相等			0.320	23.285	0.752	0.05988	0.18742	-0.32756	0.44732
立定跳远(后)	假设方差相等	0.195	0.663	-0.947	24	0.353	4.39024	4.63535	-13.95713	5.17665
	假设方差不相等			-0.948	23.432	0.353	-4.39024	4.63343	-13.96543	5.18496
拍球(后)	假设方差相等	2.470	0.129	2.076	24	0.052	10.58333	5.17491	0.09716	21.26383
	假设方差不相等			1.998	17.304	0.066	10.58333	5.38143	-0.76095	21.92761
投掷沙包(后)	假设方差相等	0.279	0.602	-1.111	24	0.278	-22.45000	20.20668	-64.15453	19.25453
	假设方差不相等			-1.104	22.722	0.281	-22.45000	20.33174	-64.53789	19.63789
单脚站立(后)	假设方差相等	0.805	0.379	0.782	24	0.442	13.85226	17.71112	-22.70169	50.40621
	假设方差不相等			0.832	16.613	0.417	13.85226	16.63944	-21.31629	49.02081

表 7 - 19 参与调查幼儿干预前测量结果 ［中位数（P75 ~ P25）］

	干预组			对照组		
	男 （N = 18）	女 （N = 12）	总体 （N = 30）	男 （N = 16）	女 （N = 14）	总体 （N = 30）
情绪问题	1.5 (2.75 ~ 0)	2 (3 ~ 1.75)	2 (2 ~ 0)	1 (3 ~ 0)	1 (3 ~ 0)	1 (3 ~ 0)
品行问题	1 (2 ~ 1)	2 (3 ~ 1)	1.5 (2.25 ~ 1)	2 (3 ~ 0)	1 (2 ~ 1)	2 (3 ~ 0.75)
多动症状	5 (6 ~ 2)	3 (5.75 ~ 1.75)	4 (6 ~ 2)	2 (6 ~ 1)	4 (4 ~ 2)	4 (5 ~ 1)
同伴相处	0 (1 ~ 0)	2 (1.25 ~ 1)	1 (1 ~ 0)	1 (2 ~ 0)	1 (1.5 ~ 0)	1 (2 ~ 0)
亲社会行为	9 (10 ~ 7)	9.5 (10 ~ 7.75)	9 (10 ~ 7)	8 (10 ~ 7)	9 (9 ~ 7.5)	9 (9.25 ~ 7)
总分	7.5 (10 ~ 6)	8.5 (10.5 ~ 4.75)	8 (10.25 ~ 6)	7 (14.5 ~ 3.5)	7 (10.5 ~ 4.5)	7 (12 ~ 4)

表 7 - 20 参与调查幼儿干预后测量结果 ［中位数（P75 ~ P25）］

	干预组			对照组		
	男 （N = 18）	女 （N = 12）	总体 （N = 30）	男 （N = 16）	女 （N = 14）	总体 （N = 30）
情绪问题	1.5 (2.75 ~ 0)	2 (3 ~ 1.75)	2 (3 ~ 1)	0 (3 ~ 0)	2 (4 ~ 1)	2 (3 ~ 0)
品行问题	0.5 (2 ~ 0)	1 (1.25 ~ 0)	1 (2 ~ 0)	1 (2.5 ~ 0)	1 (3 ~ 0)	1 (3 ~ 0)
多动症状	2 (4.75 ~ 2)	2.5 (5 ~ 0.75)	2 (5 ~ 1.75)	2 (5.5 ~ 2)	3 (5 ~ 1)	3 (5 ~ 1.75)
同伴相处	0 (1 ~ 0)	1 (3.25 ~ 0)	1 (2 ~ 0)	1 (2 ~ 1)	1 (4.5 ~ 0)	1 (3 ~ 0)
亲社会行为	9 (10 ~ 7)	10 (10 ~ 10.75)	9 (9.25 ~ 7)	9 (9.5 ~ 6)	8 (9.5 ~ 7)	8 (9.25 ~ 6)
总分	7 (8 ~ 2.25)	8.5 (10.5 ~ 4.75)	7 (9 ~ 3.75)	6 (8 ~ 4)	9 (14.5 ~ 4)	6 (11.75 ~ 4)

表 7 – 21　干预前干预组与对照组独立样本检验结果

单位：分

	情绪问题	品行问题	多动症状	同伴相处	亲社会行为	总分
Mann-Whitney U	427.500	447.500	385.500	433.500	381.000	384.000
Wilcoxon W	892.500	912.500	850.500	898.500	846.000	849.000
Z	−0.342	−0.038	−0.963	−0.258	−1.051	−0.980
渐进显著性（双尾）	0.732	0.970	0.336	0.796	0.293	0.327

在为期 11 周的教育干预结束后，对干预组和对照组幼儿再次进行了心理健康表现测量，两组幼儿在所评价的 6 项指标得分组间比较依然不存在显著差异。但值得注意的是，对于两组幼儿在"亲社会行为"维度的评价，秩和检验结果 $Z = -1.935$，$P = 0.053$，已经接近 0.05 的差异显著认定标准。且干预组与对照组相应的"亲社会行为"得分组中值分别为"9"分和"8"分（见表 7 – 20），干预组得分高于对照组（注：亲社会行为维度分值越高相关情况越好），再结合本书第四章对幼儿情绪与行为心理健康表现的跟踪评价结果中，亲社会行为随着幼儿的成长在群体内部的表现差异性逐渐显著的结果判断，干预活动可能对幼儿在这一维度的表现产生了潜在的积极影响。具体数据统计结果见表 7 – 22。

表 7 – 22　干预后干预组与对照组独立样本检验结果

单位：分

	情绪问题	品行问题	多动症状	同伴相处	亲社会行为	总分
Mann-Whitney U	391.500	406.500	408.500	383.500	323.000	436.500
Wilcoxon W	856.500	871.500	873.500	848.500	788.000	901.500
Z	−0.885	−0.677	−0.622	−1.033	−1.935	−0.200
渐进显著性（双尾）	0.376	0.498	0.534	0.302	0.053	0.841

3. 干预组和对照组在干预前后各自同组差异比较

本研究同时对随机分配的干预组和对照组各 30 名幼儿的情绪问题、品行问题和亲社会行为表现等 6 项指标分别在干预前后的得分情况进行了两个相关样本的差异检验，结果显示（见表 7-23、表 7-24）对照组幼儿整体在干预前后的测量结果无显著差异；表 7-24 所示干预组幼儿干预后比干预前在"品行问题"（Z = -2.134，P = 0.033 < 0.05），"多动症状"（Z = -2.308，P = 0.021 < 0.05）和"总分"（Z = -2.063，P = 0.039 < 0.05）三个指标上的得分有显著改善，组中值（见表 7-19、表 7-20）分别由干预前的 1.5、4、8 降低到干预后的 1、2、7（"品行问题"、"多动症状"和"总分"的分值越低反映幼儿的情绪与行为心理健康表现状况越好）。

表 7-23　对照组幼儿干预前后两个相关样本检验结果[a]

单位：分

	情绪问题 前－后	品行问题 前－后	多动症状 前－后	同伴相处 前－后	亲社会行为 前－后	总分 前－后
Z	-1.098[b]	-0.624[c]	-0.230[c]	-1.107[b]	-0.308[b]	-1.098[b]
渐进显著性（双尾）	0.272	0.533	0.818	0.268	0.758	0.272

注：a. Wilcoxon 带符号秩检验；b. 基于正秩；c. 基于负秩。

表 7-24　干预组幼儿干预前后两个相关样本检验结果[a]

单位：分

	情绪问题 前－后	品行问题 前－后	多动症状 前－后	同伴相处 前－后	亲社会行为 前－后	总分 前－后
Z	-1.035[b]	-2.134[c] *	-2.308[c] *	-0.420[b]	-0.331[b]	-2.063[c] *
渐进显著性（双尾）	0.301	0.033	0.021	0.675	0.741	0.039

注：a. Wilcoxon 带符号秩检验；b. 基于正秩；c. 基于负秩；* 渐进显著性（双尾）P < 0.05。

4. 不同性别幼儿的差异比较

具体到不同性别幼儿所表现的差异，本研究结果显示，对照组在前后两次测量中男童与女童之间的情绪与行为心理健康表现比较在各维度评价指标上均无显著差异（见表 7-25、表 7-26）。干预组在干预前后两次测量中的"同伴相处"指标上，男童状况皆显著好于女童，干预前 Z = -2.439，P = 0.015 < 0.05，干预后 Z = -2.749，P = 0.006 < 0.05（见表 7-27、表 7-28），值得注意的是，干预前男女童"同伴相处"得分组中值分别为 0、

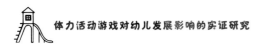

2，但干预后差距缩小为0、1（见表7-19、表7-20）。

进一步分析干预组男童干预前后情况，"多动症状"（$Z = -1.968$，$P = 0.049 < 0.05$，干预前中值=5，干预后中值=2）和"总分"（$Z = -2.063$，$P = 0.039 < 0.05$，干预前中值=7.5，干预后中值=7）在干预后比干预前表现出显著的改善。而对照组男童干预前后情况比较，在6个评分指标上皆未发现显著差异。干预组女童干预前后情况比较，在6个评分指标上皆未发现显著差异，而对照组女童前后两次测量在"同伴相处"指标上，干预前的测量结果要好于干预后的测量结果（$Z = -2.095$，$P = 0.036 < 0.05$，干预前中值=1，干预后中值=2，分值越低反映的幼儿所遇到的心理健康障碍越少），对照组女童这一表现与本书第四章对幼儿情绪与行为心理健康表现的跟踪评价结果中，"同伴相处"维度所表现的随着女童的成长负面情况增多的现象相符合。具体统计结果见表7-29。

表7-25　干预前对照组男女童独立样本检验结果[a]

	情绪问题	品行问题	多动症状	同伴相处	亲社会行为	总分
Mann-Whitney U	110.000	97.500	107.500	105.000	99.500	108.000
Wilcoxon W	263.000	188.500	198.500	196.000	252.500	199.000
Z	-0.022	-0.557	-0.127	-0.244	-0.474	-0.105
渐进显著性（双尾）	0.983	0.577	0.899	0.807	0.636	0.916

注：a. 分组变量为男、女。

表7-26　干预后对照组男女童独立样本检验结果[a]

	情绪问题	品行问题	多动症状	同伴相处	亲社会行为	总分
Mann-Whitney U	82.000	98.500	109.500	81.000	107.000	82.000
Wilcoxon W	235.000	189.500	262.500	234.000	260.000	235.000
Z	-1.233	-0.524	-0.042	-1.282	-0.149	-1.233
渐进显著性（双尾）	0.218	0.601	0.966	0.200	0.881	0.218

注：a. 分组变量为男、女。

表 7 – 27　干预前干预组男女童独立样本差异检验结果[a]

	情绪问题	行为问题	多动症状	同伴相处	亲社会行为	总分
Mann-Whitney U	91. 000	77. 500	93. 500	58. 000	98. 000	92. 500
Wilcoxon W	227. 000	213. 500	198. 500	194. 000	234. 000	228. 500
Z	− 0. 905	− 1. 493	− 0. 779	− 2. 439 *	− 0. 607	− 0. 817
渐进显著性（双尾）	0. 366	0. 135	0. 436	0. 015	0. 544	0. 414

注：a. 分组变量为男 、女 ；* 渐进显著性 （双尾）P < 0.05。

表 7 – 28　干预后干预组男女童独立样本检验结果[a]

	情绪问题	行为问题	多动症状	同伴相处	亲社会行为	总分
Mann-Whitney U	80. 500	110. 000	109. 500	50. 000	83. 000	73. 000
Wilcoxon W	216. 500	215. 000	245. 500	186. 000	219. 000	209. 000
Z	− 1. 355	− 0. 089	− 0. 106	− 2. 749 *	− 1. 279	− 1. 631
渐进显著性（双尾）	0. 175	0. 929	0. 916	0. 006	0. 201	0. 103

注：a. 分组变量为男 、女 ；* 渐进显著性 （双尾）P < 0.05。

表 7 – 29　干预前后干预组、对照组幼儿两相关样本差异检验结果[a]

	干预组				对照组			
	男		女		男		女	
	Z	渐进显著性（双尾）	Z	渐进显著性（双尾）	Z	渐进显著性（双尾）	Z	渐进显著性（双尾）
情绪问题 前 – 后	− 0. 624[b]	0. 533	− 0. 733[b]	0. 463	− 0. 442[b]	0. 659	− 1. 394[b]	0. 163
品行问题 前 – 后	− 1. 099[c]	0. 272	− 1. 945[c]	0. 052	− 0. 628[c]	0. 530	− 0. 201[c]	0. 840
多动症状 前 – 后	− 1. 968[c] *	0. 049	− 1. 191[c]	0. 234	− 0. 211[c]	0. 833	− 0. 198[c]	0. 843
同伴相处 前 – 后	− 1. 098[c]	0. 272	− 1. 191[b]	0. 234	− 0. 159[c]	0. 874	− 2. 095[b] *	0. 036
亲社会表现 前 – 后	− 0. 040[b]	0. 968	− 0. 420[b]	0. 674	− 0. 699[c]	0. 485	− 0. 823[c]	0. 410
总分 前 – 后	− 2. 063[c] *	0. 039	− 0. 945[c]	0. 340	− 0. 237[c]	0. 813	− 0. 942[b]	0. 346

注：a. Wilcoxon 带符号秩检验；b. 基于正秩 . ；c. 基于负秩 . ；* 渐进显著性 （双尾）P < 0.05。

第五节　讨论

一　体力活动游戏课程化教育干预对幼儿体力活动参与的影响

每日一小时的中高强度体力活动已经成为国际公认的幼儿体力活动水平推荐标准，但无论是既往的研究还是本研究的测量结果均显示，幼儿的中高强度体力活动离此标准尚有一段距离，而久坐或静止状态在幼儿一天的活动中占较高的比例。这一现状无论是对于幼儿的身心健康发展还是对于幼儿未来良好运动习惯的养成都是巨大的挑战。

经过 11 周的体力活动游戏课程化的教育干预，干预组幼儿的体力活动的参与情况不仅相对于对照组有了改善并且对比自身干预前也有了显著的改善，其中每日的中高强度体力活动时长超过了 50 分钟，说明了教育干预对促进幼儿体力活动有积极效果。但由于幼儿在干预活动后的中高强度体力活动依然未能达到每日一小时的推荐标准，因此教育干预的结构设计和内容选择还需要进一步的改进和完善。同时从对照组的表现来看，虽然学期中与学期初的中高强度体力活动未显示显著的差异，幼儿在学期中后期的久坐或静止状态却显著较学期初多，这一结果所反映的幼儿在学期中后期可能存在的倦怠状态有必要引起教师注意。建议幼儿园对安排在学期中后期阶段的常规教学活动进行优化，一方面在户外活动中要积极创设新颖的体力活动游戏场景和主题，另一方面在室内的学科教学中适当增加体力活动游戏内容，可以作为解决这一问题的途径。

在干预结束三个月后的跟踪测量结果中，干预的积极影响基本完全消失，干预组幼儿的体力活动参与情况又恢复到了干预前的状态。从干预周期的角度考虑，本研究的干预频率和周期的设计建立在对大量类似研究的综合分析结果之上（见第三章），干预后的相关结局指标也表现了一定程度的改善，但干预后三个月的跟踪测量结果显示，这一积极影响的时效并不长，仅一个体力活动游戏课程化干预周期对于幼儿良好运动习惯的养成显然是不够的；就干预开展时间和结局指标测量的时间考虑，干预结束后一个月幼儿就进入了暑假，最后一次测量正是选择在了幼儿刚刚返校后的学期初，因此也不能排除幼儿在暑假期间的两个月的家庭生活方式在一定程度上弱化了之前的干预对幼儿体力活动参与带来的积极效果。在未来的研究中一方面有必要将幼儿在长假期中的生活作息情况和体力活动行为数据纳入研究采集范围，另一方面增加干预研究周期的重复次数，并延长追踪调查的跨度，以便为体力活动游戏课程化教育干预方案的改善和优化提供更为有效的依据。

二　体力活动游戏课程化教育干预对幼儿运动能力的影响

从整体上讲，经过 11 周的体力活动游戏课程化的教育干预实践，干预组的幼儿只在"投掷沙包"项目上的测量结果显著好于对照组幼儿，而在"20 米快跑"、"立定跳远"、"拍球"和"单脚站立"项目上两组的测量结果没有明显的差异，结合教育干预的设计考虑，究其原因可能在于干预中多次创设的有明确投掷目标的场景激发了干预组幼儿自觉改进动作的意识和投掷练习的兴趣。

对教育干预前后的运动能力 5 项指标测量结果进行的比较分析发现，干预组幼儿的所有项目表现在干预后比干预前均得到了显著的提高；对照组幼儿前后两次测量结果比较则显示，除"单脚站立"项目以外的其他 4 项表现为干预后比干预前有显著的提高。据此印证了幼儿的运动能力水平总体上来说随着年龄的增长而提高的发展趋势，并且可以推测在相对较短的时间跨度里，幼儿的平衡能力比其他运动能力指标更需要得到有针对性的练习才能够得到有效的提高。

本研究对于幼儿运动能力发展在不同性别上的差异也进行了分析。无论是干预前还是干预后，无论是干预组男童与对照组男童，还是干预组女童与对照组女童，在各项运动能力指标测量结果上均无显著差异。分别对各组情况进行分析，干预前"投掷沙包"项目干预组男童成绩显著好于女童成绩，男女童的其他项目表现不存在显著差异，经过体力活动游戏课程化的教育干预实践后，男童"投掷沙包"和"拍球"项目的成绩好于女童的，男女童的其他项目成绩不存在显著差异；干预前对照组男童"投掷沙包"项目的成绩好于女童的，男女童其他项目成绩在干预前不存在显著差异，干预后的再测结果显示，男童的"投掷沙包"项目的成绩仍好于女童的，男女童其他项目则均不存在显著差异。综合分析两组男女童的测量表现发现，幼儿园大班的男童在上肢力量上普遍相对好于女童，本研究所实施的体力活动游戏课程化的教育干预对男童球类控制能力的提高作用较为显著。

进而对比男女童各自组内干预前后的测量表现，干预组男童在所有项目上的成绩都得到了显著的提高，女童则在"立定跳远"、"拍球"和"投掷沙包"3个项目上的成绩有显著的提高，女童的"20米快跑"和"单脚站立"的成绩在干预前后测量未表现出显著的差异；对照组男童和女童均在"单脚站立"、"立定跳远"、"拍球"和"投掷沙包"4个项目上的干预后成绩好于干预前成绩，在"20米快跑"项目上男女童的干预前后表现均无显著差异。这一结果进一步提示了本研究所实施的体力活动游戏课程化教育干预对于提高男童下肢力量和平衡能力相对女童来说具有更为显著的作用。

三 体力活动游戏课程化教育干预对幼儿情绪与行为心理健康表现的影响

在经过11周的体力活动游戏课程化的教育干预实践后，干预组和对照组幼儿在"情绪问题"、"品行问题"、"多动症状"、"同伴相处"和"亲社会行为"各维度以及"总分"得分评价上均未表现出显著差异。但统计参数显示了在"亲社会行为"维度上，接受教育干预的干预组幼儿比未接受干预的幼儿表现出了向好的倾向，或许这一效果能够通过优化干预方案或调整干预周期得以进一步的显著化。在分别对干预组和对照组幼儿干预前后的表现进行分析后发现，从整体来看对照组幼儿在干预前后的情绪与行为心理健康表现评价结果无显著差异；而对比干预前，干预组幼儿在干预后在"品行问题"、"多动症状"和"总分"3个指标上的表现皆有显著改善。进一步验证了本研究所实施的体力活动游戏课程化教育干预对于参与调查幼儿总体心理健康发展存在积极作用的可能。

具体到本研究教育干预对不同性别幼儿的影响，对照组幼儿前后两次测量结果中的男女童之间在各评价指标上均无显著差别；干预组无论是在干预前还是在干预后，男童在"同伴相处"指标上的表现皆显著好于女童的，但干预后女童与男童在这一指标上的差距得以缩小。进一步比较对照组男童前后两次的测量情况，分析结果显示其在6个评分指标得分上皆无显著差异，而干预组男童的"多动症状"和"总分"两个评价指标上的表现在干预后有了显著的改善；对女童的情绪与行为心理健康表现分析发现，对照组女童在"同伴相处"维度上的干预前结果显著优于干预后结果，而干预组女童在干预前后6个评价指标上的表现皆未发现显著差异。通过对性别差异影响的分析发现，本研究所设计的体力活动游戏课程化的教育干预对于男童"多动症状"的改善和总体情绪与行为心理健康表现的改善有积极的作用；而对于女童来说，在"同伴相处"方面所遇到的问题有可能会随着年龄的增长而增多，本研究尝试的教育干预则有可能减缓这一负向发展趋势。

第六节　小结

第一，在以游戏课程化作为思路搭建的体力活动游戏课程化框架中，游戏是其核心精神。体力活动游戏课程化教育实践的主题和内容创设应充分考虑幼儿在游戏中本应体验到的"期待与惊奇""理解与力量""快乐与美感"等这些丰富的游戏元素，理解并利用幼儿游戏之独特的发展性、冒险性和教育性。体力活动游戏课程化就是一个在提升幼儿园体力活动游戏的系统性和教育价值的同时，为幼儿搭建一个体育活动与游戏互为生长的平台，为幼儿教师提供灵活易操作的体力活动游戏设计和组织解决方案的教育实践过程。

第二，本研究发现幼儿每日在幼儿园的常规活动中的中高强度体力活动普遍未能达到世界卫生组织每日一小时的推荐量，且久坐或静止状态占比高。幼儿体力活动不充足的情况需要得到关注和改善。以体力活动游戏课程化为理念设计的教育干预实践能够对促进幼儿的体力活动参与起到中短期的积极效果，但更为长期的积极影响仍有待通过教育干预实践方案的进一步完善和长期的追踪研究得以实现。同时，对幼儿体力活动的测量方法仍需进行进一步的探索，以便在保证测量的客观性和准确性的同时，能够降低操作仪器费用成本以扩大研究的样本量。

第三，将促进运动能力发展的身体练习内容融入场景游戏，一方面能够增强游戏的教育性，有的放矢地系统提高幼儿的运动能力，另一方面能够摆脱传统的身体练习的枯燥和单调，激发幼儿的运动兴趣和自主探索身体能力的热情。本研究中的体力活动游戏课程化教育干预在促进运动能力发展方面，男童的效果与女童的效果相比要更为显著，在未来的研究中有必要进一步优化针对提高女童跑跳能力和平衡能力的干预内容。

第四，在改善幼儿情绪与行为心理健康表现所存在的障碍方面，虽然体力活动游戏课程化教育干预结果未显示干预后干预组幼儿与未接受干预的对照组幼儿之间整体上的显著差异，但对于干预组男童群体自身前后"多动症状"的改善具有一定的积极效果，同时在改善女童群体在"同伴相处"上存在的问题也具有一定的作用。但鉴于幼儿心理发展的复杂性，想要更全面和深入地评估体力活动游戏课程化教育干预对幼儿心理健康的影响，仍需补充更细致和充分的心理健康的评价指标，并建立更完善的追踪研究方案。

第八章 总结与展望

第一节 总结

本研究通过对游戏理论和幼儿发展理论的梳理，分析了不同类型幼儿体力活动游戏与幼儿发展之间的生理和心理机制；运用荟萃分析的方法评估既往研究中幼儿园教育干预对幼儿体力活动参与的影响，并探索不同干预方案对于幼儿总体的体力活动和中高强度体力活动的影响差异；通过对幼儿在幼儿园之外的体力活动与游戏的跟踪调查，探讨了多种因素对幼儿发展的影响，并尝试论证体力活动游戏在其中的积极作用；采用客观非参与式观察法对幼儿园户外自主游戏活动时间中幼儿的体力活动水平、同伴构成、活动场景、活动中的互动、活动的发起者和活动中的干预情况进行了系统地观测记录和评估分析；通过实地观测、访谈与问卷调查了解在幼儿园的教学实践中幼儿的体育活动和体力活动游戏的开展情况与特点、幼儿园教师对于幼儿体育活动和体力活动游戏，特别是对以"打闹"游戏为典型代表的幼儿自主体力活动游戏的认知与态度；最后，在前期研究的基础上秉持游戏课程化理念进行了幼儿体力活动游戏课程化框架的设计、教育实践探索和效果评估分析。综合以上研究得出以下观点。

第一，游戏是幼儿的天性，是幼儿成长过程中必不可少的活动。幼儿在游戏中能够体验到"期待与惊喜"、"理解与力量"和"快乐与美感"这些丰富的游戏元素。与成年人的游戏相比，幼儿的游戏更具发展性、教育性和冒险性。体力活动游戏是幼儿游戏中一种重要的游戏形式，儿童发展理论是在教育活动中理解和把握幼儿体力活动游戏的理论基础，幼儿的大脑、身体、认知能力和社会情感发展特点是开展幼儿体育活动相关研究和实践的基础。在学前教育中，游戏是促进幼儿全面发展的重要活动，也是幼儿体育活动的基本形式，不同类型的体力活动游戏是幼儿体育活动的重要载体。回顾以往的研究发现，基于幼儿园的教育干预能够促进幼儿体力活动的参与；综合体育活动（体力活动游戏）、多学科融合和运动场地创设改善等多种教育手段，在体育活动课程中加入更多融入了教育目标的自主游戏形式，对幼儿教师提供教育支持和设定 11 周的中短期干预周期，可以作为教育干预促进幼儿体力活动的优化方案参考；将幼儿的在园时间作为观测时间段，利用加速度传感器测量幼儿不同强度体力活动的活动时长，能够更客观和敏锐地反映教育干预的效果。

第二，幼儿在幼儿园之外进行的体力活动游戏的活动频率和活动项目都存在差异，幼儿个体间的这些差异显示了体力活动游戏对于降低幼儿超重风险、促进幼儿运动能力的发展和改善幼儿情绪与行为心理健康表现等方面的积极作用。但体力活动游戏在不同年龄和性别幼儿身上所产生的影响有所差异，幼儿 3～4 岁时在身体发展指标上比在心理发展指标上的受益更为明显，以身体练习类游戏为代表的体力活动游戏能够显著地降低这个年龄段幼儿的超重风险，女童在运动能力发展上受益较为显著；当幼儿 5～6 岁时，体力活动游戏对于幼儿身心健康发展的价值更为全面，并且那些包含了更多社会交往元素的体力活动游戏逐渐显示更为突出的价值；同时久坐或静止类的活动对于幼儿的运动能力发展可能存在负面的影响。分析结果在为幼儿园体力活动游戏在不同年龄和性别幼儿间的开展提供依据的同时，也提示了幼儿园之外的家庭和社区促进幼儿体力活动游戏的重要性。

第三，幼儿园的户外自主游戏活动中幼儿的中高强度体力活动不足，女童在游戏中的活跃度比男童更低。在户外活动中为幼儿提供充足和多样的小型便携运动器材能够对提高幼儿的中高强度体力活动产生积极的影响。游戏中的社会交往元素是影响幼儿在幼儿园户外自主游戏中体力活动水平的重要因素，积极的社交和互动行为能够促进幼儿的中高强度体力活动。研究同时发现教师在幼儿的户外自主游戏中的角色普遍较为被动，大多数教师将绝大部分注意力集中在户外自主游戏的安全风险控制上，对幼儿的体力活动水平的关注和积极的引导相对缺乏。建议未来的相关研究进一步开发、完善和推广幼儿体力活动系统观察工具，鼓励幼儿教师依据实际观察结果对游戏环境进行优化和对幼儿自主游戏进行积极和科学的引导，以保证幼儿每日在幼儿园中充足的体力活动。

第四，无论是幼儿园教师还是幼儿园管理人员对于幼儿体力活动游戏的态度整体来说是积极的。但教师在组织开展幼儿体育活动课程和体力活动游戏时依然不同程度地受限于场地空间和体育活动游戏活动器材，体育教育专业知识的支持也是教师的普遍需求。出于安全考虑，教师对于幼儿相对激烈的自主体力游戏活动的态度相对保守，参与或干预手段相对简单且专业性有待提升。建议幼儿园以开发利用园内资源、体力活动游戏多样化创设、探讨教师在幼儿自主游戏活动中的角色等为主题，进一步丰富幼儿体力活动游戏相关教研活动，给予教师更多的专业支持，有效地发挥教师的主观能动性。

第五，学前教育中的健康教育要坚持以游戏为基本活动形式，游戏课程化理念指导下的教育干预能够更加高效地发挥体力活动游戏的教育价值。本研究在探索幼儿园体力活动游戏课程化的教育实践中发现，将体力活动游戏赋予课程化的体系和教育目标能够在较短的干预周期内对于提高幼儿体力活动的参与和强度水平、发展运动能力起到显著的积极作用，其中在运动能力的发展方面男童受益较女童明显；在对于幼儿的情绪与行为心理健康表现方面，中短期的教育干预对于幼儿改善情绪行为问题和促进亲社会行为的影响相对有限，并且男童和女童在不同心理健康维度指标上的受影响程度也有所差异，男童的"多动症状"问题经过教育干预得到了一定程度的缓解，女童则在"同伴关系"问题上有所改善；对于促进幼儿体力活动参与的积极效果目前仍仅表现在中短期的时间范围内。

第六，建议幼儿园教师在游戏课程化的理念下，以《3－6岁儿童学习与发展指南》为依据，细化身体动作和技能的发展目标，坚持游戏精神第一，坚持全科融合的理念，坚持适宜性教育，深化全纳教育理念，从幼儿的知、情、意全面发展的角度对体力活动游戏内容进行选择和完善；在教育过程中打破幼儿自发的自主体力活动游戏和教师引导的有组织的身体练习活动和引导游戏之间的壁垒，重视教师在教学过程中的观察与评价，鼓励幼儿同伴间的交流与分享；在教育活动效果的评价中将定性与定量评价相结合，不囿于"一元"健康观进行多维度评价，短期效果与长期影响评价并重。

第二节　展望

首先，受限于研究实际操作的可行性，本次研究所招募的幼儿来源于广州市主城区，地区的局限性决定了本课题研究结果难以完全代表我国幼儿的整体情况，并且有可能减弱了一些参与调查幼儿在人口学变量上的差别，比如在关于幼儿在幼儿园之外的体力活动游戏对幼儿发展影响的研究部分，研究结果仅显示幼儿的家庭背景与幼儿发展水平之间少数的显著的联系；由于幼儿园对同时进行体育活动的幼儿人数的常规设置数量有限，以及研究过程中所使用的体力活动测量设备数量有限，目前已获得的体力活动游戏课程化教育干预研究样本数量较少。以上问题将在后续的研究中通过进一步扩大研究样本选取的范围、继续与幼儿园合作推广体力活动游戏课程化的教育干预来加以改善。

其次，由于跟踪调查的调查时间跨度较长、研究前期的合作幼儿园较少，加上低龄幼儿的相关调查具有一定的难度，因此本课题研究未能将幼儿园小班幼儿纳入所有的调研项目，后续的研究将争取更多幼儿园的支持，探索更适合低龄幼儿的调研和干预方法，弥补本课题对于幼儿园小班幼儿群体研究的不足。

再次，在幼儿发展的相关评价指标变量的选择上有待进一步丰富，比如补充对于幼儿认知发展水平的测评，同时将幼儿成长的环境因素指标进一步细化，比如将父母与幼儿的相处模式、幼儿所在社区的特点等纳入研究体系，以便对幼儿体力活动游戏和幼儿发展之间的关联进行更进一步的分析。

最后，观察法和加速度传感器测量法是目前国际上在幼儿体力活动研究领域普遍使用的两种主要的客观测评工具，本研究对两种测评工具都进行了尝试，但发现两种测评工具在实际操作中都存在不足。观察法耗时长，且对观察人员的专业经验要求高；精度得到国际研究认可的加速度传感器则全部为造价极高的进口产品，难以支持研究样本数量的扩大，难以在教学科研实践中进行推广。在今后的研究中有必要利用我国国产可穿戴设备的价格优势，对可替代的加速度传感器进行符合国际研究规范的信效度研究，为我国幼儿体育活动相关研究的可持续发展提供支持。

参考文献

中文文献

1. 参见 https：//sdqinfo. org。

2. 参见 https：//www. who. int/childgrowth/standards/bmi_ for_ age_ field/en/。

3. 参见 https：//www. who. int/news－room/fact－sheets/detail/physical－activity。

4. 陈成滨、陈杰：《中文版长处和困难问卷心理测量学特性研究综述》，《中国公共卫生》2017 年第 4 期。

5. 陈梦谣：《教育专家聚焦幼儿健康发展》，《新华网》2019 年 5 月 20 日，http：//education. news. cn/2019－05/20/c_ 1210138690. htm。

6. 陈轩等：《中班幼儿抑制控制能力和社会适应的关系》，《中国健康心理学杂志》2020 年第 6 期。

7. 陈月文等：《幼儿园户外活动质量与儿童动作发展的关系》，《学前教育研究》2013 年第 4 期。

8. 丁念金：《课程内涵之探讨》，《全球教育展望》2012 年第 5 期。

9. 杜亚松等：《长处和困难问卷研究》，《心理科学》2006 年第 6 期。

10. 方慧等：《儿童体力活动变化趋势特征及其对体适能影响的追踪研究》，《体育科学》2018 年第 6 期。

11. 广州市教育局：《2016 年广州市教育统计手册》，2017 年 5 月 18 日，http：//jyj. gz. gov. cn/gk/sjtj/content/post_ 5293844. html。

12. 郭井双、潘秀丽、汪作朋:《体育游戏对 3～6 岁学前儿童心理发展的影响》,《哈尔滨体育学院学报》2012 年第 2 期。

13. 国家体育总局编《国民体质测定标准》（幼儿部分）,人民体育出版社,2003。

14. 〔德〕汉斯、格奥尔格·加达默尔:《真理与方法——哲学诠释学的基本特征》,洪汉鼎译,上海译文出版社,2004。

15. 郝晓岑、王凯珍、毛阳涛:《积极生态系统下美国幼儿体育政策研究》,《中国体育科技》2017 年第 5 期。

16. 华爱华:《幼儿户外游戏的挑战与安全》,《体育与科学》2009 年第 4 期。

17. 吉戎昊:《首都体育学院教授王凯珍:幼儿足球游戏缺乏科学的课程和活动内容》,《新华网》2019 年 11 月 27 日,http://www.xinhuanet.com/sports/2019-11/27/c1125280913.htm。

18. 寇建华、杜亚松、夏黎明:《儿童长处和困难问卷（父母版）上海常模的信度和效度》,《上海精神医学》2005 年第 1 期。

19. 蓝翠娟、李晶:《母亲工作状况对儿童情绪行为问题的影响:母亲思维方式的调节作用和家庭养育环境的中介作用》,《学前教育研究》2020 年第 2 期。

20. 李秉德主编《教学论》,人民教育出版社,2001。

21. 李静、任娜娜、黄琴林:《幼儿园体育课运动量的调查分析》,《学前教育研究》2009 年第 11 期。

22. 林崇德主编《发展心理学》,人民教育出版社,1995。

23. 刘兴等:《基于身体素质的体操、游戏健身组合对 5～6 岁幼儿身体素质的干预与评价研究》,《沈阳体育学院学报》2011 年第 1 期。

24. 刘焱:《儿童游戏通论》,北京师范大学出版社,2004。

25. 路飞扬:《传感器结合问卷对南体幼儿园儿童体力活动的研究》,硕士学位论文,南京体育学院,2014。

26. 全明辉等:《基于加速度传感器的学龄前儿童体力活动簇集特征研究》,《上海体育学院学报》2020 年第 2 期。

27. 全明辉等：《体力活动与学龄前儿童认知能力关联关系的中介变量研究》，《体育科学》2017 年第 2 期。

28. 施良方：《课程定义辨析》，《教育评论》1994 年第 3 期。

29. 施良方：《课程理论——课程的基础、原理与问题》，教育科学出版社，1996。

30. 苏坚贞等：《上海市 3－6 岁幼儿参与园外体育运动的现状分析》，《学前教育研究》2012 年第 9 期。

31. 王家良主编《循证医学》，人民卫生出版社，2006。

32. 王坚红主编《学前教育评价——理论·方法·实践》，人民教育出版社，1994。

33. 王凯珍等：《北京市 3～6 岁幼儿家庭亲子体育游戏的现状》，《体育学刊》2010 年第 10 期。

34. 王振宇：《论游戏课程化》，《幼儿教育》2018 年第 12 期。

35. 王振宇：《游戏课程化——一种课程新模式》，亚洲幼教年会论文，青岛，2019 年 10 月。

36. 辛利、庄弼、周毅：《动作教育在幼儿园课程设置中的地位》，《体育学刊》2015 年第 6 期。

37. 徐卓亚：《体育游戏对儿童心理健康的影响》，《少林与太极》（中州体育）2013 年第 7 期。

38. 许玮：《健康教育联合心理辅导在儿童体格、心理发育中的应用研究》，《中国妇幼保健》2018 年第 24 期。

39. 杨文登：《美国心理健康教育的循证实践：理论、实施及启示》，《外国教育研究》2017 年第 6 期。

40. 〔美〕约翰逊等编著《游戏与儿童早期发展》，华爱华等译，华东师范大学出版社，2006。

41. 张加蓉：《幼儿园户外活动新视点》，《学前教育研究》1996 年第 6 期。

42. 张秀兰：《国内首部〈学龄前儿童（3～6 岁）运动指南〉出炉建议全天身体活动 3 小时以上》，2018 年 6 月 9 日，http：//news. sina. com. cn/c/

2018 - 06 - 09/doc - ihcscwxc3750556. shtml。

43. 张夷等：《南昌市学龄前儿童体力活动水平及影响因素分析》，《中国学校卫生》2020 年第 2 期。

44. 赵广高等：《体力活动对学龄前儿童身体生长的影响》，《上海体育学院学报》2017 年第 4 期。

45. 赵伟、张莹：《体育游戏背景下音乐速度对 4 ~ 5 岁幼儿体力活动水平的影响》，《中国体育科技》2018 年第 1 期。

46. 赵星等：《幼儿园不同类型户外体育活动的强度水平及相关影响因素》，《体育科学》2016 年第 8 期。

47. 中国社会科学院语言研究所词典编辑室编《现代汉语词典》，商务印书馆，2014。

48. 中华人民共和国国务院：《国务院关于当前发展学前教育的若干意见》，2010 年 11 月 21 日，http：//www. moe. gov. cn/jyb_ xxgk/moe_ 1777/moe_ 1778/201011/t20101124_ 111850. html。

49. 中华人民共和国教育部：《3 - 6 岁儿童学习与发展指南》，2012 年 10 月 9 日，http：//www. moe. gov. cn/srcsite/A06/s3327/201210/t20121009_ 143254. html。

50. 中华人民共和国教育部：《幼儿园工作规程》，2016 年 2 月 9 日，http：//www. moe. gov. cn/srcsite/A02/s5911/moe_ 621/201602/t20160229_ 23151. html。

52. 中华人民共和国教育部：《幼儿园教育指导纲要（试行）》，2001 年 7 月 2 日，http：//www. moe. gov. cn/srcsite/A06/s3327/200107/t20010702 81984. html。

53. 周桂勋：《〈纲要〉与〈指南〉导向的游戏课程化》，《陕西学前师范学院学报》2019 年第 5 期。

54. 〔美〕朱迪斯·范霍恩等：《以游戏为中心的幼儿园课程》，史明洁等译，中国轻工业出版社，2017。

55. 庄弼等：《构建广东省幼儿体育活动"三维动作"内容体系的研究》，

《体育学刊》2019 年第 2 期。

56. 庄弼等:《幼儿体育活动及其内容体系的思考》,《体育学刊》2015 年第 6 期。

57. 庄弼:《幼儿期的动作发展影响一生》,《中国教育报》2019 年 4 月 7 日,第 2 版。

英文文献

1. AAHPERD, *Active Start: A Statement of Physical Activity Guidelines for Children from Birth to Age 5. 2nd ed.* , Reston: VA: AAHPERD, 2009.

2. A. Ansari, K. Pettit, E. Gershoff, "Combating Obesity in Head Start: Outdoor Play and Change in Children's Body Mass Index," *Journal of Developmental and Behavioral Pediatrics* 8 (2015).

3. A. Brett et al., "Play in Preschool Classrooms: Perceptions of Teachers and Children," *Journal of Early Childhood Teacher Education* 1 (2002).

4. A. D. Pellegrini, "Elementary School Children's Playground Behavior: Implications for Social Cognitive Development," *Children's Environment Quarterly* 2 (1990).

5. A. D. Pellegrini, "Elementary School Children's Rough-and-Tumble Play," *Early Childhood Research Quarterly* 4 (1989).

6. A. D. Pellegrini et al., "A Short-Term Longitudinal Study of Children's Playground Games in Primary School: Implications for Adjustment to School and Social Adjustment in the USA and the UK," *Social Development* 1 (2004).

7. A. D. Pellegrini & P. K. Smith, "Physical Activity Play: The Nature and Function of a Neglected Aspect of Play," *Child Development* 3 (1998).

8. A. D. Pelligrini, R. M. Holmes, "The Role of Recess in Primary School," in D. Singer, R. Golinkoff, K. Hirsh-Pasek, eds., *Play = Learning: How Play Motivates and Enhances Children's Cognitive and Socio-Emotional Growth* (New

York: Oxford University Press, 2006).

9. Albert Bandura, "Social Cognitive Theory," in W. Donsbach, ed., *International Encyclopedia of Communication* (Oxford: Blackwell, 2008).

10. A. Nicolopoulou, "Play, Cognitive Development, and the Social World: Piaget, Vygotsky, and Beyond," *Human Development* 1 (1993).

11. A. Raustorp et al., "Accelerometer Measured Level of Physical Activity Indoors and Outdoors during Preschool Time in Sweden and the United States," *Journal of Physical Activity & Health* 6 (2012).

12. A. R. Goodman, "Strengths and Difficulties Questionnaire as a Dimensional Measure of Child Mental Health," *Journal of the American Academy of Child & Adolescent Psychiatry* 4 (2009).

13. A. S. Garner, J. P. Shonkoff, B. S. Siegel, et al., "Committee on Psychosocial Aspects of Child and Family Health; Committee on Early Childhood, Adoption, and Dependent Care; Section on Developmental and Behavioral Pediatrics. Early Childhood Adversity, Toxic Stress, and the Role of the Pediatrician: Translating Developmental Science into Lifelong Health," *Pediatrics* 129 (2012).

14. Australian Curriculum, Assessment and Reporting Authority, *The Shape of the Australian Curriculum: Health and physical Education*, August 2012, https://docs.acara.edu.au/resources/Shape_of_the_Australian_Curriculum_Health_and_Physical_Education.pdf.

15. B. E. Hatfield, A. P. Williford, "Cortisol Patterns for Young Children Displaying Disruptive Behavior: Links to a Teacher-Child, Relationship Focused Intervention," *Prevention Science* 1 (2017).

16. Bernard Suits, "Words on Play," in Morgan and Meier, eds., *Philosophic Inquiry in Sport* (*Champaign* IL: Human Kinetics, 1988).

17. Brian Sutton-Smith, "Evolving a Consilience of Play Definitions: Playfully," in S. Reifel, ed., *Play Contexts Revisited*, *Play & Culture Studies* (Stamford,

CT: Ablex, 1999).

18. C. Boldeman et al. , "Impact of Preschool Environment upon Children's Physical Activity and Sun Exposure," *Preventive Medicine* 4 (2006).

19. C. E. Van et al. , "Preschooler's Physical Activity Levels and Associations with Lesson Context, Teacher's Behavior, and Environment during Preschool Physical Education," *Early Childhood Research Quarterly* 2 (2012).

20. C. H. Hillman et al. , "Effects of the FIT, Kids Randomized Controlled Trial on Executive Control and Brain Function," *Pediatrics* 134 (2014).

21. Cochrane Hand book for Systematic Review of Interventions, update March 2011, http: //handbook − 5 − 1. cochrane. org。

22. D. A. Christakis, F. J. Zimmerman, M. M. Garrison, "Effect of Block Play on Language Acquisition and Attention in Toddlers: A Pilot Randomized Controlled Trial," *Archives of Pediatrics & Adolescent Medicine* 10 (2007).

23. De M. Craemer et al. , "The Effect of a Kindergarten-Based, Family-Involved Intervention on Objectively Measured Physical Activity in Belgian Preschool Boys and Girls of High and Low SES: The ToyBox-study," *The International Journal of Behavioral Nutrition and Physical Activity* 1 (2014).

24. Department for Education (UK): *Statutory Framework for the Early Year's Foundation Stage*, 31 March 2014, https: //www. gov. uk/government/ publications/early − years − foundation − stage − framework − − 2.

25. D. K. Routh, C. S. Schroeder, L. A. Otuama, "Development of Activity Level in Children," *Developmental Psychology* 10 (1974).

26. D. Paquette et al. , "Prevalence of Father-Child Rough-and-Tumble Play and Physical Aggression in Preschool Children," *Eurpean Journal of Psychology of Education* 2 (2003).

27. D. P. Cliff et al. , "Relationships between Fundamental Movement Skills and Objectively Measured Physical Activity in Preschool Children," *Pediatric Exercise Science* 4 (2009).

28. Eleni Mellou, "Play Theories: A Contemporary Review," *Early Child Development and Care* 1 (1994).

29. Elliott S. Gordon et al., "Effectiveness of Physical Activity Interventions for Preschoolers: A Meta-Analysis," *Research Quarterly for Exercise and Sport* 3 (2013).

30. Ellis Michael J., *Why People Play*, Englewood Cliffs NJ: Prentice-Hall, 1973.

31. Eric Scott, Jaak Panksepp, "Rough-and-Tumble Play in Human Children," *Aggressive Behavior* 6 (2003).

32. Erik Homburger Erikson, *Toys and Reasons*, New York: Norton, 1977.

33. Esther Thelen, "Determinants of Amounts of Stereotyped Behavior in Normal Human Infants," *Ethology and Sociobiology* 2 (1980).

34. Esther Thelen, "Rhythmical Stereotypies in Normal Human Infants," *Animal Behaviour* 3 (1979).

35. G. Cardon et al., "The Contribution of Preschool Playground Factors in Explaining Children's Physical Activity During Recess," *International Journal of Behavioral Nutrition and Physical Activity* 11 (2008).

36. Gordon M. Burghardt, "A Brief Glimpse at the Long Evolutionary History of Play," *Animal Behavior and Cognition* 2 (2014).

37. Gregory Bateson, "A Theory of Play and Fantasy," *Psychiatric Research Reports* 2 (1955).

38. Gregory Bateson, *Steps to an Ecology of Mind*, Chicago: The University of Chicago Press, 2000.

39. G. S. Hall, *Adolescence*, New York: Appleton, 1908.

40. H. G. Williams et al., "Motor Skill Performance and Physical Activity in Preschool Children," *Obesity* 6 (2008).

41. H. K. Laurent, G. T. Harold, L. Leve, et al., "Understanding the Unfolding of Stress Regulation in Infants," *Development Psychopathol* 28 (2016).

42. Jaak Panksepp: *Affective Neuroscience: The Foundations of Human and Animal Emotions*, New York: Oxford University Press, 1998.

43. J. A. Byers & C. Walker, "Refining the Motor Training Hypothesis for the Evolution of Play," *American Naturalist* 1 (1995).

44. J. A. C. Sterne et al., "Recommendations for Examining and Interpreting Funnel Plot Asymmetry in Meta-Analyses of Randomized Controlled Trials," *BMJ* 3 (2011).

45. J. A. Mather, R. C. Anderson, "Exploration Play and Habituation in Octopuses," *Journal of Comparative Psychology* 3 (1999).

46. J. Carson, V. Burks, R. Pare, "Parent-Child Physical Play: Determinants and Consequences," in K. Mac-Donald ed., *Parent-Child Play* (Albany: State University of New York Press, 1993).

47. J. Cohen, "Statistical Power Analysis," *Current Directions in Psychological Science* 1 (1992).

48. Jean Piaget & Barbel Inbelder, *The Psychology of the Child*, New York: Basic Books, 2000.

49. Jean Piaget, *Play, Dreams and Imitation in Childhood*, trans. by C. Gattegno & F. M. Hodgson (London: Routledge & Kegan Paul, 1972).

50. J. L. Dansky, I. Silverman, "Effects of Play on Associative Fluency in Preschool-Aged Children," *Development Psychology* 1 (1973).

51. J. L. Flanders et al. "Rough-and-Tumble Play and the Regulation of Aggression: An Observational Study of Father-Child Play Dyads," *Aggressive Behavior* 5 (2009).

52. Johan Huizinga, *Homo Ludens: A Study of the Play-Element in Culture*, Boston: Beacon Press, 1955.

53. J. P. T. Higgins et al., "Measuring Inconsistency in Meta-Analyses," *British Medical Journal* 7414 (2003).

54. J. S. Gubbels et al., "Interaction between Physical Environment, Social

Environment, and Child Characteristics in Determining Physical Activity at Child Care," *Health Psychology* 1 (2011).

55. J. T. Braggio et al. "Sex Differences in Apes and Children," *Recent Advances in Primatology* 1 (1978).

56. Karl Groos, *The Play of Animals*, New York: Appleton, 1898.

57. Kerrie Lewis Graham and Gordon M. Burghardt, "Current Perspectives on the Biological Study of Play: Signs of Progress," *The Quarterly Review of Biology* 4 (2010).

58. K. I. Dias et al., "International Comparison of the Levels and Potential Correlates of Objectively Measured Sedentary Time and Physical Activity among Three-to-Four-Year-Old Children," *International Journal of Environmental Research and Public Health* 16 (2019).

59. K. R. Fisher et al. "Conceptual Split? Parents' and Experts' Perceptions of Play in the 21st Century," *Journal of Applied Developmental Psychology* 4 (2008).

60. L. Atkinson et al., "Stress Physiology in Infancy and Early Childhood: Cortisol Flexibility, Attunement and Coordination," *Journal of Neuroendocrinol* 8 (2016).

61. Lev Vygotsky, "Play and I'ts Role in the Mental Development of the Child," in J. Bruner, A. Jolly, K. Sylva, eds., *Play* (New York: Basic Books, 1976).

62. Lev Vygotsky, *Psychology of Child Development*, Moscow: EKSMO, 2003.

63. L. Kohlberg, "Stages and Aging in Moral Development Some Speculations," *Gerontologist* 4 (1973).

64. L. L. Stone et al., "Psychometric Properties of the Parent and Teacher Versions of the Strengths and Difficulties Questionnaire for 4 – to – 12 – Year-Olds: A Review," *Clinical Child and Family Psychology Review* 3 (2010).

65. M. Dowda et al., "Parental and Environmental Correlates of Physical Activity of Children Attending Preschool," *Archives of Pediatrics & Addolessent*

Medicine 10 (2011).

66. M. J. Colwell, E. W. Lindsey, "Preschool Children's Pretend and Physical Play and Sex of Play Partner: Connections to Peer Competence," *Sex Roles* 52 (2005).

67. M. J. Gruber, B. D. Gelman, C. Ranganath, "States of Curiosity Modulate Hippocampus-Dependent Learning Via the Dopaminergic Circuit," *Neuron* 2 (2014).

68. M. Longue, H. Harvey, "Preschool Teachers' Views of Active Play," *Journal of Research in Childhood Education* 3 (2009).

69. M. Parten, "Social Participation among Preschool Children," *Journal of Abnormal and Social Psychology* 28 (1932).

70. M. Tannock, "Rough and Tumble Play: AnInvestigation of the Perceptions of Educators and Young Children," *Early Childhood Education Journal* 4 (2008).

71. M. T. Tannock, "Observing Young Children's Rough-and-Tumble Play," *Australasian Journal of Early Childhood* 2 (2011).

72. M. Wenner, "The Serious Need for Play," *Scientific Amenrican Mind* 1 (2009).

73. Peter Gray, "Evolutionary Functions of Play: Practice, Resilience, Innovation, and Cooperation," in P. K. Smith & J. Roopnarine, eds. , *The Cambridge Handbook of Play: Developmental and Disciplinary Perspectives* (Cambridge, UK: Cambridge University Press, 2019).

74. P. Jarvis, "Rough and Tumble Play: Lessons in Life," *Evolutionary Psychology* 1 (2006).

75. P. Kersten et al. , "A Systematic Review of Evidence for the Psychometric Properties of the Strengths and Difficulties Questionnaire," *International Journal of Behavioral Development* 1 (2016).

76. P. K. Smith, K. Connolly: *The Ecology of Preschool Behaviour*, Cambridge:

Cambridge University Press, 1980.

77. P. Smith, "Play Fighting and Real Fighting: Perspectives on Their Relationship," in A. Schmitt et al., eds., *New Aspects of Ethology* (New York: Plenum Press, 1997).

78. P. Tucker, "The Physical Activity Level of Preschool-aged Children: A Systematic Review," *Early Childhood Research Quarterly* 4 (2008).

79. Randolph Feezell, "A Pluralist Conception of Play," *Journal of the Philosophy of Sport* 2 (2010).

80. R. M. Ryan & E. L. Deci, "Intrinsic and Extrinsic Motivation From a Self-Determination Theory Perspective: Definitions, Theory, Practices, and Future Directions," *Contemporary Educational Psychology* 61 (2020).

81. Robert Coe, "It's the Effect Size, Stupid: What Effect Size is and Why It is Important," *The British Educational Research Association Annual Conference*, Exeter, 12 – 14 September, 2002.

82. R. R. Pate et al., "Physical Activity Among Children Attending Preschools," *Pediatrics* 5 (2004).

83. R. R. Pate et al., "Prevalence of Compliance with a New Physical Activity Guideline for Preschool-Age Children," *Childhood Obesity* 4 (2015).

84. R. R. Pate et al., "Validation and Calibration of an Accelerometer in Preschool Children," *Obesity* 11 (2006).

85. R. R. Pate, J. R. O 'Neill, W. H. Brown, et al., "Prevalence of Compliance with a New Physical Activity Guideline for Preschool-Age Children," *Child. Obes* 11 (2015).

86. Sandra Aamodt: *Welcome to Your Child's Brain: How the Mind Grows from Conception to College*, New York: Bloomsbury USA, 2011.

87. Sandseter, Ellen Beate Hansen, "Characteristics of Risky Play," *Journal of Adventure Education and Outdoor Learning* 1 (2009).

88. Sigmund Freud, *Beyond the Pleasure Principle*, New York: Norto, 1961.

89. Sigmund Freud Repression, *The Standard Edition of the Complete Psychological Works of Sigmund Freud*, London: Hogarth, 1957.

90. S. Maatta et al. "Children's Physical Activity and the Preschool Environment: The Moderating Role of Gender," *Early Childhood Research Quarterly* 1 (2019).

91. S. M. George, *Early Childhood Education Today*, NJ: Pearson Education, 2004.

92. S. M. Siviy, "Play and Adversity: How the Playful Mammalian Brain Withstands Threats and Anxieties," *Am J Play* 2 (2010).

93. S. Neaum, *Child Development for Early Childhood Studies*, Exeter: Learning Matters, 2010.

94. Standards and Test Agency (UK): *Early Years Foundation Stage Profile 2019 Handbook*, 10 December 2018, https://www.gov.uk/government/publications/early-years-foundation-stage-profile-handbook.

95. Stuart L. Brown, "Discovering the Importance of Play Through Personal Histories and Brain Images," *American Journal of Play* 4 (2009).

96. Terry Marks-Tarlow, "The Play of Psychotherapy," *American Journal of Play* 3 (2012).

97. Thomas Henricks, "The Nature of Play: An Overview," *American Journal of Play* Fall (2008).

98. Thomas S. Henricks, "Play as Self-Realization Toward a General Theory of Play," *American Journal of Play* 2 (2014).

99. T. L. McKenzie et al., "Physical Activity Levels and Prompts in Young Children at Recess: A Two-Year Study of A Bi-Ethnic Sample," *Research Quarterly for Exercise and Sport* 68 (1997).

100. T. L. Reed, M. H. Brown, S. A. Roth, "Friendship Formation and Boys' Rough and Tumble Play: Implications for Teacher Education Programs," *Journal of Early Childhood Teacher Education* 3 (2000).

101. T. S. Toub, V. Rajan, R. Golinkoff, et al. "Playful Learning: A Solution to

the Play Versus Learning Dichotomy," in David C. Geary and Daniel B. Berch eds. , *Evolutionary Perspectives on Education and Child Development* (New York: Springer, 2016) .

102. T. Whatson, V. Stirling: *Development and Flexibility*, Milton Keynes: The Open University, 1992.

103. Urie Bronfenbrenner, "Environments in Developmental Perspective: Theoretical and Operational Models," in S. L. Friedman, T. D. Wachs, eds. , *Measuring Environment Across the Life Span: Emerging Methods and Concepts* (Washington: American Psychological Association, 1999) .

104. W. C. McGrow: *An Ecological Study of Children's Behaviour*, London: Academic Press, 1972.

105. W. H. Brown et al. , "Assessing Preschool Children's Physical Activity: The Observational System for Recording Physical Activity in Children-Preschool Version," *Research Quarterly for Exercise and Sport* 2 (2006) .

106. W. H. Brown et al. "Social and Environmental Factors Associated with Preschoolers' Nonsedentary Physical Activity," *Child Development* 1 (2009) .

107. W. O. Eaton, A. P. Yu, "Are Sex Differences in Child Motor Activity Level a Function of Sex Differences in Maturational Status?" *Child Development* 4 (1989) .

108. World Health Organisation, *Global Cecommendations on Physical Activity for Health*, Geneva, Switzerland: World Health Organisation, 1 January 2010, https: //www. who. int/publications – detail – redirect/9789241599979.

109. Y. A. Ognnaike, "Early Childhood Education and Human Factor: Connecting Theories and Perspectives," *Review of Human Factor Studies* 1 (2015) .

附件1

幼儿活动与游戏（幼儿园之外）调查问卷

亲爱的家长：

您好！为了了解幼儿在幼儿园之外的活动和游戏情况，"运动参与中游戏元素对学前儿童发展影响的实证研究"课题组诚邀您填写以下问卷。请您如实填写所有问题，问题答案没有对错之分。关于涉及您的隐私的问题，课题组向您保证只用于本课题研究，绝不会泄漏或滥用。非常感谢您的支持！

"运动参与中游戏元素对学前儿童发展影响的实证研究"课题组

第一部分　基本情况

1. 您的孩子的性别是：

A 男　　　　　　　　B 女

2. 您的孩子的主要看护人的性别是：

A 男　　　　　　　　B 女

3. 您的孩子的主要看护人的年龄是：

A 18～29 岁　　　　　　B 30～39 岁　　　　　　C 40 岁及以上

4. 您的孩子的主要看护人的受教育情况是：

    A 初中及以下   B 高中及中专

    C 大学专科及本科   D 硕士研究生及以上

5. 家庭中较高收入来源人的职业是：

    A 专业技术或管理人员   B 普通文职人员

    C 农业、手工业、服务业体力劳动者

6. 您的孩子的出生年月是：

7. 您的孩子的姓名拼音首字母是：

8. 您的手机号码（仅用于不超过两次的跟踪回访）是：

第二部分　幼儿活动与游戏（第一次调查填写用）

以下 1~8 题是有关您（或者是孩子的其他成年看护人）和您的孩子在幼儿园之外共同进行的活动。

1. 和孩子一起玩积木和拼图：

    A 从来没有过   B 偶尔并少于一周 1 次

    C 一周 1~2 次   D 一周 3~4 次

    E 一周 5 次及以上

2. 和孩子一起玩电子游戏：

    A 从来没有过   B 偶尔并少于一周 1 次

    C 一周 1~2 次   D 一周 3~4 次

    E 一周 5 次及以上

3. 和孩子一起去图书馆：

    A 从来没有过   B 偶尔并少于一周 1 次

    C 一周 1~2 次   D 一周 3~4 次

    E 一周 5 次及以上

4. 读书或者讲故事给孩子听：

    A 从来没有过   B 偶尔并少于一周 1 次

    C 一周 1~2 次   D 一周 3~4 次

E 一周 5 次及以上

5. 和孩子一起用电子终端（电脑、手机或者平板电脑）学习教育类内容：

    A 从来没有过   B 偶尔并少于一周 1 次

    C 一周 1～2 次   D 一周 3～4 次

    E 一周 5 次及以上

6. 和孩子一起进行体力活动游戏：

    A 从来没有过   B 偶尔并少于一周 1 次

    C 一周 1～2 次   D 一周 3～4 次

    E 一周 5 次及以上

7. 和孩子一起参观博物馆、植物（动物）园：

    A 从来没有过   B 偶尔并少于一周 1 次

    C 一周 1～2 次   D 一周 3～4 次

    E 一周 5 次及以上

8. 和孩子一起去购物：

    A 从来没有过   B 偶尔并少于一周 1 次

    C 一周 1～2 次   D 一周 3～4 次

    E 一周 5 次及以上

    以下 9～12 题是有关您的孩子独自或和小伙伴一起，在幼儿园之外的活动与游戏。

9. 孩子独自玩电脑、手机或平板电脑：

    A 从来没有过   B 偶尔并少于一周 1 次

    C 一周 1～2 次   D 一周 3～4 次

    E 一周 5 次及以上

10. 孩子独自或和小伙伴一起玩"过家家"游戏：

    A 从来没有过   B 偶尔并少于一周 1 次

    C 一周 1～2 次   D 一周 3～4 次

    E 一周 5 次及以上

11. 孩子独自或和小伙伴一起涂色、画画或玩积木、拼插模型：

    A 从来没有过   B 偶尔并少于一周 1 次

    C 一周 1~2 次   D 一周 3~4 次

    E 一周 5 次及以上

12. 孩子独自或和小伙伴一起唱歌跳舞：

    A 从来没有过   B 偶尔并少于一周 1 次

    C 一周 1~2 次   D 一周 3~4 次

    E 一周 5 次及以上

以下 13~17 题是一些常见的体力活动游戏，请您根据孩子在幼儿园之外的运动爱好和习惯实际情况选择。

13. 玩攀爬游戏：

    A 从来没有过   B 偶尔并少于一周 1 次

    C 一周 1~2 次   D 一周 3~4 次

    E 一周 5 次及以上

14. 玩球：

    A 从来没有过   B 偶尔并少于一周 1 次

    C 一周 1~2 次   D 一周 3~4 次

    E 一周 5 次及以上

15. 和小伙伴一起玩追逐打闹游戏：

    A 从来没有过   B 偶尔并少于一周 1 次

    C 一周 1~2 次   D 一周 3~4 次

    E 一周 5 次及以上

16. 骑儿童自行车、三轮车或踏板车：

    A 从来没有过   B 偶尔并少于一周 1 次

    C 一周 1~2 次   D 一周 3~4 次

    E 一周 5 次及以上

17. 玩轮滑类游戏：

    A 从来没有过   B 偶尔并少于一周 1 次

C 一周 1 ~ 2 次　　　　　　　　　　D 一周 3 ~ 4 次

E 一周 5 次及以上

第三部分　幼儿活动和游戏（第二次调查填写用）

以下 1 ~ 7 题有关您（或者是孩子的其他成年看护人）和您的孩子在幼儿园之外共同进行的活动。

1. 和孩子一起玩电子游戏：

　　A 从来没有过　　　　　　　　　　B 偶尔并少于一周 1 次

　　C 一周 1 ~ 2 次　　　　　　　　　　D 一周 3 ~ 4 次

　　E 一周 5 次及以上

2. 和孩子一起去图书馆：

　　A 从来没有过　　　　　　　　　　B 偶尔并少于一周 1 次

　　C 一周 1 ~ 2 次　　　　　　　　　　D 一周 3 ~ 4 次

　　E 一周 5 次及以上

3. 读书或者讲故事给孩子听：

　　A 从来没有过　　　　　　　　　　B 偶尔并少于一周 1 次

　　C 一周 1 ~ 2 次　　　　　　　　　　D 一周 3 ~ 4 次

　　E 一周 5 次及以上

4. 和孩子一起用电子终端（电脑、手机或者平板电脑）学习教育类内容：

　　A 从来没有过　　　　　　　　　　B 偶尔并少于一周 1 次

　　C 一周 1 ~ 2 次　　　　　　　　　　D 一周 3 ~ 4 次

　　E 一周 5 次及以上

5. 和孩子一起进行体力活动游戏：

　　A 从来没有过　　　　　　　　　　B 偶尔并少于一周 1 次

　　C 一周 1 ~ 2 次　　　　　　　　　　D 一周 3 ~ 4 次

　　E 一周 5 次及以上

6. 和孩子一起参观博物馆、植物（动物）园：

　　A 从来没有过　　　　　　　　　　B 偶尔并少于一周 1 次

C 一周 1～2 次   D 一周 3～4 次

E 一周 5 次及以上

7. 和孩子一起去购物：

A 从来没有过   B 偶尔并少于一周 1 次

C 一周 1～2 次   D 一周 3～4 次

E 一周 5 次及以上

以下 8～13 题是关于您的孩子独自或和小伙伴一起，在幼儿园之外的活动与游戏。

8. 孩子独自玩电脑、手机或平板电脑：

A 从来没有过   B 偶尔并少于一周 1 次

C 一周 1～2 次   D 一周 3～4 次

E 一周 5 次及以上

9. 孩子独自或和小伙伴一起玩"过家家"游戏：

A 从来没有过   B 偶尔并少于一周 1 次

C 一周 1～2 次   D 一周 3～4 次

E 一周 5 次及以上

10. 孩子独自或和小伙伴一起涂色、画画或玩积木、拼插模型：

A 从来没有过   B 偶尔并少于一周 1 次

C 一周 1～2 次   D 一周 3～4 次

E 一周 5 次及以上

11. 孩子独自或和小伙伴一起唱歌跳舞：

A 从来没有过   B 偶尔并少于一周 1 次

C 一周 1～2 次   D 一周 3～4 次

E 一周 5 次及以上

12. 孩子独自进行娱乐类阅读：

A 从来没有过   B 偶尔并少于一周 1 次

C 一周 1～2 次   D 一周 3～4 次

E 一周 5 次及以上

13. 平均每个星期，孩子注视（观看）电子屏幕的总时间？

（工作日）_____小时；（周末）_____小时。

以下 14~16 题是一些常见的体力活动游戏，请您根据孩子在幼儿园之外的运动爱好和习惯实际情况选择。

14. 大运动量的体力活动游戏，比如奔跑、攀爬、跳跃、球类运动：

A 从来没有过　　　　　　　　B 偶尔并少于一周 1 次

C 一周 1~2 次　　　　　　　　D 一周 3~4 次

E 一周 5 次及以上

15. 和小伙伴一起玩追逐打闹游戏：

A 从来没有过　　　　　　　　B 偶尔并少于一周 1 次

C 一周 1~2 次　　　　　　　　D 一周 3~4 次

E 一周 5 次及以上

16. 骑儿童自行车、三轮车或踏板车：

A 从来没有过　　　　　　　　B 偶尔并少于一周 1 次

C 一周 1~2 次　　　　　　　　D 一周 3~4 次

E 一周 5 次及以上

附件2

幼儿身体质量指数等级评价 Z 分数评分简表[*]

	月龄（月）	Z 分数相应身体质量指数（BMI）取值	
		1 个标准差	2 个标准差
男	48 ~ 50	16. 7	18. 2
	51 ~ 57	16. 6	18. 2
	58 ~ 60	16. 6	18. 3
	63 ~ 65	16. 7	18. 3
	66 ~ 69	16. 7	18. 4
	69 ~ 71	16. 7	18. 5
	72	16. 8	18. 5
	73 ~ 75	16. 8	18. 6
	76	16. 8	18. 7
	77 ~ 78	16. 9	18. 7
	79 ~ 80	16. 9	18. 8
	81 ~ 82	17	18. 9
	83 ~ 84	17	19
女	48 ~ 49	16. 8	18. 5
	50 ~ 53	16. 8	18. 6
	58 ~ 60	16. 9	18. 8
	61 ~ 64	16. 9	18. 9
	65 ~ 67	16. 9	19
	68 ~ 70	17	19. 1
	71 ~ 72	17	19. 2
	73 ~ 74	17	19. 3

续表

| 月龄(月) | Z 分数相应身体质量指数(BMI)取值 | |
	1 个标准差	2 个标准差
75	17.1	19.3
76～77	17.1	19.4
78	17.1	19.5
79	17.2	19.5
80～81	17.2	19.6
82	17.2	19.7
83	17.3	19.7
84	17.3	19.8

（表格最左列为"女"，跨全部月龄行）

资料来源：WHO 儿童发展评价之 BMI 评价，https：//www. who. int/childgrowth/standards/bmi_ for_ age_ field/en/。

附件3

长处与困难量表（家长版）

请您对于下面的各个题，在符合您孩子情况的相应选项下画勾，备选项分别为"不符合"、"有点符合"、"完全符合"。请根据孩子过去六个月或这一学期的行为来回答。即使您对某一题不是十分确定，也请务必回答每一道题。谢谢您的支持！

孩子的姓名的拼音首字母： 孩子的性别： 孩子的出生年月：

	不符合	有点符合	完全符合
1. 能体谅到别人的感受			
2. 不安定、过分活跃、不能保持安静			
3. 经常抱怨头痛、肚子痛或恶心			
4. 很乐意与别的小孩分享东西(糖果、玩具、笔等等)			
5. 常发脾气，易怒			
6. 比较孤独，大多时候倾向独自玩耍			
7. 一般来说比较顺从，通常能够听从成年人的要求			
8. 有很多担忧，经常表现出忧虑			
9. 对受伤、沮丧或是生病的人，表现出关心，乐意提供帮助			
10. 坐着的时候，会持续不断地摆弄手脚或扭动身子			
11. 至少有一个好朋友			
12. 经常与别的小孩吵架或打架			

续表

	不符合	有点符合	完全符合
13. 经常不高兴、情绪低落或哭泣			
14. 一般来说,在小伙伴中受欢迎			
15. 容易分心,不能全神贯注			
16. 在新的环境下,会紧张或爱粘人,自信心不强			
17. 爱护比自己年纪小的小孩			
18. 经常撒谎			
19. 被别的小孩作弄或欺负			
20. 经常自愿地帮助别人(父母、老师或其他小孩)			
21. 做事前会思考			
22. 从家里、幼儿园或其他地方偷东西			
23. 跟成年人相处比跟同龄儿童相处融洽			
24. 对很多事物感到害怕,容易受惊吓			
25. 做事情能坚持到底,注意力持久			

附件4

幼儿教师对于幼儿体育活动和体力活动
游戏的认知与态度访谈提纲

1. 如何看待喜欢运动的幼儿？
2. 如何理解教师在幼儿体育活动和体力活动游戏中的角色定位？
3. 教师在幼儿体育活动和体力活动游戏中承担什么职责？
4. 幼儿体育活动和体力活动游戏的开展所面临的障碍是什么？
5. 促进幼儿在园内的体育活动和体力活动游戏的有利因素是什么？

附件5

幼儿园教师对于"打闹"游戏的认知
与态度调查问卷

亲爱的老师:

您好!为了解"打闹"游戏在幼儿中发生的情况和幼儿教师对于"打闹"游戏的看法,"运动参与中游戏元素对学前儿童发展影响的实证研究"课题组诚邀您填写以下问题。本问卷为匿名作答形式,并且所有问题没有对错之分,敬请您如实填写。非常感谢您的支持!

"运动参与中游戏元素对学前儿童发展影响的实证研究"课题组

1. 您的性别:

    A 男　　　　　　　B 女

2. 您的年龄:

    A 25 岁以下　　　　B 26～35 岁　　　　C 26～45 岁　　　　D 46 岁及以上

3. 所在幼儿园办学性质:

    A 民办　　　　　　B 公办

4. 所在幼儿园评级:

    A 未评级　　　　　B 规范园　　　　　C 市一级以上园

5. 学历：

    A 中职及以下　　　　B 专科　　　　　　　C 本科　　　　　　　D 研究生

6. 职称：

    A 三级及以下　　　B 二级　　　　　　　C 一级　　　　　　　D 高级

7. 是否具有体育教育专业背景：

    A 是　　　　　　　B 否

8. 以下这些不同类型"打闹"游戏在您所在幼儿园的孩子们中出现的情况：

    口头玩笑或大叫大笑：　　A 完全没有　B 有一些　C 比较多　D 非常多

    击拳或拍打：　　　　　　A 完全没有　B 有一些　C 比较多　D 非常多

    戳点或抓：　　　　　　　A 完全没有　B 有一些　C 比较多　D 非常多

    打架或摔跤：　　　　　　A 完全没有　B 有一些　C 比较多　D 非常多

    压在同伴身上：　　　　　A 完全没有　B 有一些　C 比较多　D 非常多

    追逐：　　　　　　　　　A 完全没有　B 有一些　C 比较多　D 非常多

    旋转：　　　　　　　　　A 完全没有　B 有一些　C 比较多　D 非常多

    挠痒痒：　　　　　　　　A 完全没有　B 有一些　C 比较多　D 非常多

    打滚：　　　　　　　　　A 完全没有　B 有一些　C 比较多　D 非常多

    扇打：　　　　　　　　　A 完全没有　B 有一些　C 比较多　D 非常多

    保护与救援：　　　　　　A 完全没有　B 有一些　C 比较多　D 非常多

9. 以下这些不同类型"打闹"游戏在您所在幼儿园的男童中出现的情况：

    口头玩笑或大叫大笑：　　A 完全没有　B 有一些　C 比较多　D 非常多

    击拳或拍打：　　　　　　A 完全没有　B 有一些　C 比较多　D 非常多

    戳点或抓：　　　　　　　A 完全没有　B 有一些　C 比较多　D 非常多

    打架或摔跤：　　　　　　A 完全没有　B 有一些　C 比较多　D 非常多

    压在同伴身上：　　　　　A 完全没有　B 有一些　C 比较多　D 非常多

    追逐：　　　　　　　　　A 完全没有　B 有一些　C 比较多　D 非常多

    旋转：　　　　　　　　　A 完全没有　B 有一些　C 比较多　D 非常多

    挠痒痒：　　　　　　　　A 完全没有　B 有一些　C 比较多　D 非常多

    打滚：　　　　　　　　　A 完全没有　B 有一些　C 比较多　D 非常多

扇打： A 完全没有 B 有一些 C 比较多 D 非常多

保护与救援： A 完全没有 B 有一些 C 比较多 D 非常多

10. 以下这些不同类型"打闹"游戏在您所在幼儿园的女童中出现的情况：

口头玩笑或大叫大笑： A 完全没有 B 有一些 C 比较多 D 非常多

击拳或拍打： A 完全没有 B 有一些 C 比较多 D 非常多

戳点或抓： A 完全没有 B 有一些 C 比较多 D 非常多

打架或摔跤： A 完全没有 B 有一些 C 比较多 D 非常多

压在同伴身上： A 完全没有 B 有一些 C 比较多 D 非常多

追逐： A 完全没有 B 有一些 C 比较多 D 非常多

旋转： A 完全没有 B 有一些 C 比较多 D 非常多

挠痒痒： A 完全没有 B 有一些 C 比较多 D 非常多

打滚： A 完全没有 B 有一些 C 比较多 D 非常多

扇打： A 完全没有 B 有一些 C 比较多 D 非常多

保护与救援： A 完全没有 B 有一些 C 比较多 D 非常多

11. 您认为以下不同类型"打闹"游戏形式导致幼儿违反日常行为规范的可

能是？

口头玩笑或大叫大笑： A 完全不可能 B 有少许可能

C 有一些可能 D 非常可能

击拳或拍打： A 完全不可能 B 有少许可能

C 有一些可能 D 非常可能

戳点或抓： A 完全不可能 B 有少许可能

C 有一些可能 D 非常可能

打架或摔跤： A 完全不可能 B 有少许可能

C 有一些可能 D 非常可能

压在同伴身上： A 完全不可能 B 有少许可能

C 有一些可能 D 非常可能

追逐： A 完全不可能 B 有少许可能

C 有一些可能 D 非常可能

旋转:	A 完全不可能	B 有少许可能
	C 有一些可能	D 非常可能

挠痒痒:	A 完全不可能	B 有少许可能
	C 有一些可能	D 非常可能

打滚:	A 完全不可能	B 有少许可能
	C 有一些可能	D 非常可能

扇打:	A 完全不可能	B 有少许可能
	C 有一些可能	D 非常可能

保护与救援:	A 完全不可能	B 有少许可能
	C 有一些可能	D 非常可能

12. 您认为以下不同类型的"打闹"游戏所适合什么性别的幼儿?

口头玩笑或大叫大笑:	A 只适合男童	B 只适合女童
	C 男童女童都适合	

击拳或拍打:	A 只适合男童	B 只适合女童
	C 男童女童都适合	

戳点或抓:	A 只适合男童	B 只适合女童
	C 男童女童都适合	

打架或摔跤:	A 只适合男童	B 只适合女童
	C 男童女童都适合	

压在同伴身上:	A 只适合男童	B 只适合女童
	C 男童女童都适合	

追逐:	A 只适合男童	B 只适合女童
	C 男童女童都适合	

旋转:	A 只适合男童	B 只适合女童
	C 男童女童都适合	

挠痒痒:	A 只适合男童	B 只适合女童
	C 男童女童都适合	

打滚:	A 只适合男童	B 只适合女童

C 男童女童都适合

扇打：　　　　　　　　A 只适合男童　　　　　　B 只适合女童

C 男童女童都适合

保护与救援：　　　　　A 只适合男童　　　　　　B 只适合女童

C 男童女童都适合

13. 您对幼儿的"打闹"游戏会采取以下的干预措施吗？

立即制止：　　　　　　A 完全不采用　　　　　　B 有时会采用

C 较常采用　　　　　　D 总是采用

将幼儿引导至安全区域：A 完全不采用　　　　　　B 有时会采用

C 较常采用　　　　　　D 总是采用

拥抱，安抚：　　　　　A 完全不采用　　　　　　B 有时会采用

C 较常采用　　　　　　D 总是采用

与幼儿的父母沟通：　　A 完全不采用　　　　　　B 有时会采用

C 较常采用　　　　　　D 总是采用

对幼儿加强安全教育：　A 完全不采用　　　　　　B 有时会采用

C 较常采用　　　　　　D 总是采用

调整幼儿活动环境（以保证安全）：

A 完全不采用　　　　B 有时会采用　　　　C 较常采用　　　　D 总采用

引导幼儿从打闹游戏调整为和缓、安静的活动：

A 完全不采用　　　　B 有时会采用　　　　C 较常采用　　　　D 总是采用

保持旁观，如果幼儿间没有冲突发生就不予以干预：

A 完全不采用　　　　B 有时会采用　　　　C 较常采用　　　　D 总是采用

先警告提醒，未果则予以制止：

A 完全不采用　　　　B 有时会采用　　　　C 较常采用　　　　D 总是采用

14. 您在以下何种情境下会对于幼儿的"打闹"游戏进行干预或制止？

A 幼儿在游戏中出现明令禁止的行为

B 出现幼儿可能受伤的风险

C 参与游戏的幼儿过于兴奋

D 游戏开始转变为打架或争斗

15. 您对幼儿"打闹"游戏作出判断和采取干预措施的最主要依据是。

A 幼儿园的规章制度

B 专业知识

C 教学经验

D 同事间的共识

图书在版编目（CIP）数据

体力活动游戏对幼儿发展影响的实证研究/郭叶著
. -- 北京：社会科学文献出版社，2022.6
ISBN 978 - 7 - 5228 - 0152 - 0

Ⅰ.①体⋯　Ⅱ.①郭⋯　Ⅲ.①体育课－教学研究－学
前教育　Ⅳ.①G613.7

中国版本图书馆 CIP 数据核字（2022）第 090507 号

体力活动游戏对幼儿发展影响的实证研究

著　　者／郭　叶

出 版 人／王利民
责任编辑／王　展
文稿编辑／杨言妮
责任印制／王京美

出　　版／社会科学文献出版社·皮书出版分社（010）59367127
　　　　　　地址：北京市北三环中路甲 29 号院华龙大厦　邮编：100029
　　　　　　网址：www.ssap.com.cn
发　　行／社会科学文献出版社（010）59367028
印　　装／三河市龙林印务有限公司

规　　格／开　本：787mm×1092mm　1/16
　　　　　　印　张：19.25　字　数：291 千字
版　　次／2022 年 6 月第 1 版　2022 年 6 月第 1 次印刷
书　　号／ISBN 978 - 7 - 5228 - 0152 - 0
定　　价／88.00 元

读者服务电话：4008918866